第四届文汇·彭心潮优秀图书出版基金资助项目
2013年湖北省公益出版基金资助项目

商务印书馆企业制度研究

（1897-1949）

范　军　何国梅／著

Shangwuyinshuguan
Qiye Zhidu Yanjiu

華中師範大學出版社

新出图证(鄂)字 10 号

图书在版编目(CIP)数据

商务印书馆企业制度研究(1897—1949)/范　军　何国梅 著.
—武汉:华中师范大学出版社,2014.12
(出版学建设丛书)
ISBN 978-7-5622-6862-8

Ⅰ.①上…　Ⅱ.①范…　②何…　Ⅲ.①商务印书馆—企业制度—研究—1897—1949　Ⅳ.①G239.22

中国版本图书馆 CIP 数据核字(2014)第 276263 号

商务印书馆企业制度研究(1897—1949)

作者:范　军　何国梅©　责任编辑:宋　泉　冯会平
责任校对:王　炜　封面设计:新视点
编辑室:学术出版中心　封面制作:胡　灿
出版发行:华中师范大学出版社　电话:027－67863220
社址:湖北省武汉市珞喻路 152 号
电话:027－67863040(发行部)　027－67861321(邮购)
传真:027－67863291
网址:http://www.ccnupress.com　电子信箱:hscbs@public.wh.hb.cn
印刷:武汉中远印务有限公司　督印:章光琼
字数:221 千字
开本:710 mm×1000 mm　1/16　印张:13.5
版次:2014 年 12 月第 1 版　印次:2014 年 12 月第 1 次印刷
定价:35.00 元

出版说明

随着时代的发展，特别是随着出版业的发展，出版学研究日益受到学界和业界的重视。为了进一步推动这门学科的发展，为学科建设贡献自己的力量，我们特组织策划了这套“出版学建设丛书”。为了体现丛书的建设性，除了推出国内的出版学（包括台港澳地区）的研究成果以外，我们还将适当吸纳国外出版领域的一些研究成果；在内容上，除了注重出版理论研究、出版史研究外，还兼顾出版实务研究。在开放性和包容性的原则指导下，这套丛书在整体上不一定按严格的体系性设计，但我们期望每一本书都有一定的特色或在某个领域有一定的创新。丛书从二〇一〇年起陆续推出，我们希望经过十年左右的努力，逐步形成规模，产生影响，切实为出版学学科大厦建设增砖添瓦。

华中师范大学出版社

二〇〇九年十二月

前　言

20 世纪 80 年代以来，以数字化为表征的人类传播方式的更迭宣告了信息时代的诞生。在历经了以文本方式为主的印刷时代和以电磁波为手段的电子传播时代之后，人类传播在其载体、媒介形态、功能和传播模式上实现了巨大的范式转换。数字时代的来临，使信息服务产业以更为独立的姿态，区别于电子信息产业而获得了高速的发展。而隶属于信息服务产业的出版业，在内外环境的交互影响之下，亦面临着更加复杂的生存与发展的选择。出版竞争加剧，不仅仅在行业内部的操作层面和战略层面呈现，更表现在相关联行业替代品的交叉竞争以及经济全球化所带来的国际竞争之上。数字化带来的出版传播形态更替和全球化、集团化、股份化发展引发的出版改革与调整，使出版业面临着新的竞争环境。技术、资本和市场成为决定市场化条件下出版行业角逐的重点和动力，而完善的现代企业制度则成为出版业竞争的内部驱动力，“制度决定高度”、“向管理要效益”逐步成为共识。

出版竞争在深度、广度和表现态势上的与日俱增，使世界范围内的出版集团化进程加快。20 世纪 90 年代，我国也开始了出版集团、发行集团或出版传媒集团的组建。1992 年 4 月，山东出版（集团）总社被批准成立。迄今为止，中国出版集团、中国科技出版传媒集团、中国教育出版传媒集团、上海世纪出版集团、江苏凤凰出版传媒集团、浙江出版联合集团、辽宁出版集团、四川出版集团、湖北长江出版传媒集团等陆续获批。我国的出版行业开始了集约化、多元化、产业化经营模式的更新，出版行业的宏观调整和微观改革也势在必行。而一些单体的出版机构包括上百家大学出版社也完成了从事业单位到文化企业的身份转化，建立现代出版企业制度被提上了议事日程。如何推动中国出版事业的繁荣、出版产业的发展，制度变革是关键的关键，从某种意义上甚至可以说“制度决定成败”。

我国当今的出版传媒业改革，无疑借鉴和学习了西方发达国家的经验；但"数典未敢忘中华"，如何从中国出版史特别是近现代优秀出版企业的发展史中汲取养分、总结经验和教训，也是可以而且必须做的功课。这里就有一个"路径依赖"的问题。

"路径依赖"理论是诺贝尔经济学奖获得者道格拉斯·C. 诺斯针对制度变迁问题而提出来的。他认为，制度变迁过程与技术变迁过程一样，存在着报酬递增和自我强化的机制。这种机制使制度变迁一旦走上了某条路径，它的既定方向会在以后的发展中得到自我强化。所以人们过去做出的选择决定了他们现在可能的选择。沿着既定的路径，经济和政治制度的变迁可能进入良性的循环轨道，迅速优化；也可能顺着原来的错误路径往下滑，甚至被"锁定"在某种效率的状态下而导致停滞。诺斯强调，社会文化路径选择与一个民族的文化传统有关。在诺斯看来，"路径依赖"中起关键作用的是文化。他尤其强调了解周围，认识自己，知道自己是如何走过来的，现在到了什么阶段，然后再看有什么可供选择的方案以及可以选择什么方案。① 诺斯认为，改革路径的选择是历史在起作用，经济的发展也是如此。无论政治制度本身，还是信仰制度，都与历史密切相关。它们的产生和演变受过去的影响，同时也限制了当前和过去改革路径的选择。如果我们不知道自己是如何走过来的，就不知道今后前进的方向。所以，对于企业改革问题的研究，十分重要的是了解自己的国情，了解自己的历史，从以外国经验为基础的理论模型回到以本国历史道路为背景的现实的选择中来②。这个道理也完全适用于出版企业的改革。晚清以降特别是民国时期出版企业产生、发展的历史，尤其是当时出版中心上海出版业的产生、发展和壮大，也包括它的曲折、失误，无疑都是我们今天绕不开的"路径依赖"。而在旧时沪上的出版企业中，最具典型意义的当属商务印书馆（为求行文简洁，下文中我们多以"商务"代称"商务印书馆"）。

于甲午战争战败之后、百日维新呼之欲出之时创办的商务印书馆，不论是在中国现代出版史还是文化产业发展史上，其璀璨与耀目都是不容置疑的。商务印书馆在社会激烈动荡、内外环境复杂纠结的情势下，顺应时

---

① ［美］道格拉斯·C. 诺斯：《历史经济绩效》，载《经济译文》，1994年第6期。

② 沈祖炜主编：《近代中国企业：制度和发展》，上海社会科学院出版社，1999年，第2页。

代发展，吸收了那一时代的各界精英和有志之士，凝聚成一支有着共同奋斗目标和满腔为国为民热忱的文化卫队，形成了权责相对明确、组织比较有效、管理较为科学的规范化的制度体系。尽管商务印书馆并没有明确自己近代企业的市场主体地位，其领导者也未以明确而严谨的出版产业理论、企业发展理论等作为立馆治馆之指导，但它却以一个时代使者的姿势，在中国的近代化过程中，自觉或不自觉地走出了一条企业化、现代化的道路。它的诸多行之有效的规章制度以及在具体实践中彰显的管理理念等，都与现代企业制度有着某种程度的契合与接轨，有些实际上是自觉地学习和移植了西方现代企业制度，同时又结合中国国情加以消化改造。这种契合与接轨、学习与改造，与其说是单纯的时代变革使然，是机缘巧合，不如说是商务印书馆几代领导者自觉地以开放的眼光、谦虚的态度，面向世界，审时度势，顺势而为，不断吸取内外部先进经验并积极与自身发展优势相结合的结果。

1897 年至 1949 年这一段时期，虽然中国实行的并不是市场经济，商务印书馆的企业制度并没有坚实的存在基础和完全适宜的土壤环境，但这个期间民族资本主义的发展、市场的逐步发育，尤其是租界的存在留下的特殊空间以及外国资本主义企业的示范作用，都为我国近代企业的生存和发展提供了有利的条件和可以仿效的模板。从现有资料来看，这一时期的商务印书馆，其法人制度是实际存在的，其核心是有限责任制度，其主要形式为公司制，而现代企业制度所应有的产权清晰、权责明确、政企分开、管理科学的基本特征，在这一时期的商务印书馆中在一定程度上得到了体现。这一时期，商务印书馆建立了相对完善的企业法人制度，它对自身的盈亏亦能自行负责，同时其出资者对商务印书馆负有有限责任并建立了较为科学的领导及组织管理制度。从这个意义上讲，我们对于商务印书馆的现代企业制度分析是可能的，也是有历史意义和现实价值的。虽然从我们现在的企业观来看，那一时期的商务印书馆，其资本管理、领导体制、组织制度、管理制度还较为初级，但是，“合伙制”也好，“公司制”也罢，相对于“原始”的混乱不堪与“传统”的低效繁杂，相较于完全以血缘亲情为纽带的家庭式作坊，它都更具有“先进性”和“世界性”。因而，我们对于商务印书馆现代企业制度的解读尽管还只是宽泛意义上的，但仍然具有重要的启示作用。

1897 年，夏瑞芳、高凤池、鲍咸恩、鲍咸昌等就职于洋人印务机构的同道，因为无法忍受西人轻视华人、怠慢华人的做法，集资 3 750 元大洋（下同）于上海江西路德昌里创办了商务印书馆。1901 年，张元济、印有模入股，实现商务的第一次增资。1903 年，商务与日本金港堂主原亮三郎等各出资 10 万元进行合作，后于 1905 年 12 月正式成立股份有限公司（注册资金 100 万元），开始了艰难而坚定的近代化进程。不论是早期合伙制的初创，还是张元济时期对于商务体制的不断改进和完善，乃至王云五时期科学管理的逐步推行，商务印书馆在产权制度、组织制度和管理制度方面，都走在了时代之前列，领出版企业之风骚。无论在出版文化界还是整个工商企业界，它都具有一定的典型性和代表性。

近些年来，对商务印书馆及其相关方面的研究成果日益丰富，其内容涉及商务印书馆的馆史研究、人物研究和商务书刊的个案研究三个方面，而从企业经营的角度对商务进行探讨的，专著方面目前主要有汪家熔的《商务印书馆史及其他——汪家熔出版史研究文集》、法国学者戴仁的《上海商务印书馆 1897—1949》以及朱永刚的《王云五的出版经营管理思想与实践》等。汪家熔呕心沥血、深入爬梳，研究了商务的一手资料，从其资本管理、经营方针、选题管理等六个方面进行整理和分析。戴仁则从出版史的角度出发，侧重探讨了商务印书馆在中国近代出版史上的地位和对时代的影响。比较而言，前者的资料丰富、论说有据，后者则在资料上显得单薄。两部都是从商务的经营管理层面进行研究的代表作，但汪先生的著作更重在对史料的辑录，因此在系统性上和理论深度上尚有挖掘空间，戴仁的著作则存在立论不稳和论述不深入的问题。朱永刚将王云五的出版管理进行贯通研究，对其上海时期、重庆时期和台湾时期的出版管理思想与实践都作了梳理与总结，扩大了既往的研究范围。而在此研究中，作者带着强烈的问题意识，用现代眼光观照历史，运用现代经营管理的理论如核心竞争力、学习型企业之类来进行历史的分析论述，使课题呈现出更多的新意和价值。但作者的年轻和实践经验的欠缺，以及历史掌握和学理准备的某些不足，使得论述的问题浅尝辄止，历史的厚度和理论的深度皆有待加强。2012 年，由华中师范大学出版社引进版权出版的王学哲、方鹏程合著的《商务印书馆百年经营史（1897－2007）》，则是对商务印书馆进行纵向研究的代表。作者是两位实业派人士，就职于台湾商务印书馆，熟悉商务历史，实践经验丰富。他们对商务印书馆跨越三个世纪的发展历程做了回顾和分析，将其百年发展史分为前后两个阶段进行介绍，其历史跨度大，涉及的范围包括上海、台湾、香港、吉隆坡及新加坡五处的商务发展。但该书侧重于宽角度和广视野的回望，因而在资料挖掘及整理、学理总结与理论升华上仍显得单薄。因此，从现有资料看，对于商务印书馆从产权、组织和管理三个方面的系统研究仍然是一个空白。但毋庸置疑的是，汪家熔和戴仁等人的著作对于本书的撰写都是具有极大的借鉴和参考意义的。

此外，王建辉的《出版与近代文明》、《文化的商务——王云五专题研究》对上海商务印书馆企业制度的某一方面或几个方面，也进行了或点或面的研究，且大多提纲挈领，把握到位。论文方面主要有潘文年的《20世纪前半期的商务印书馆给我国现代出版企业的启示》（《出版科学》，2007年第2期）、李映辉的《论商务印书馆早期的成功之道》（《长沙大学学报》，2003年第3期）等。从以上研究成果总体上来看，对上海商务印书馆的企业制度研究还过于零散，缺乏全面性和系统性，纵向角度与横向视野相结合的研究目前还没有，从而凸显出本书的研究价值与研究意义。

现代企业制度是以企业法人制度为基础，以企业产权制度为核心，以产权清晰、权责明确、政企分开、管理科学为条件而展开的，由各项具体制度所组成，用于规范企业基本经济关系的制度体系。在那个动乱的年代，商务印书馆以人才立馆、以制度建馆、以文化兴馆，实现了传统印刷业向出版业的进步，并进而实现了以出版业务为主体，辐射甚广的行业拓展，其多元化的经营方式、产业化的管理模式，对于我们今天出版行业的集团化、多元化发展有着巨大的借鉴和指导意义。出版机构的历史地位和社会作用，既要看它的出版物，也要看它的出版管理。而商务印书馆在这两个方面都创造了一流，留给后人太多的感慨和启示。

需要说明的一点是，虽然本书对于从成立至1949年前后的商务印书馆的产权、组织和管理进行了力所能及的整理和分析，但由于时代因素和社会环境的约束和影响，对于商务印书馆的现代企业制度体系并不做严格界定，而是力图以以史观史的观察视野对其进行解读。事实上，我们无法苛求历史，而只是做些史海拾贝的工作，力求能更加清晰地认识商务印书馆在这一时期乃至很长一段时期的先进性、“早熟性”、超越性和前瞻性，以期能对于我们今天出版行业的企业化、产业化和集团化发展提供有益的参考。

目　　录

第一章　中国近代出版企业的产生与发展

上海商务印书馆创办于西学东渐、各种思潮迭起的晚清时期，起初以3 750元（大洋）的资金组建而成，主要是承接印刷业务，故以此为名。建立之初，商务仅仅是一家单纯以牟利为目的的家庭式作坊，最多算是一个合伙制的小型工场。1902年，张元济受夏瑞芳的盛情邀请，在辅助教育的共同心愿之下，离开南洋公学，开始其“永不叙用叙大用”的历程。有着深厚儒学背景同时又受西学影响的张元济的加入，不仅使商务在管理上、业务上有很多提升和拓展，也改变了商务作为单纯营利机构的初级形态，逐渐走上了一条有着明确的出版志愿和文化自觉的道路。1903年，日本金港堂方面的股东为转移国内投资失利的压力与负面影响，打算在中国投资。商务利用这一大好机会，开展了近11年的与日方合作的合资时期。与金港堂股东方的合作，使商务在技术、出版结构、出版人才等方面都受益匪浅。更重要的是，商务通过这次合作，实现了自身股本的迅速增长。王云五的加入，使商务印书馆如虎添翼。在王云五的带领下，尽管商务历经诸多磨难，但仍然迎来了20世纪30年代中期的出版高峰期和事业鼎盛期。抗战时期的商务是艰难的，虽苦苦支撑但却始终坚持着出版的崇高使命。新中国成立之际，商务印书馆在张元济等董事的积极主导之下，顺应历史潮流，走上了新的发展道路。

商务印书馆的出现和崛起不是孤立的历史现象，而是有着自身政治的、文化的、经济的包括企业发展的时代背景和历史逻辑。有学者着眼于文化，对商务印书馆的因缘际会做过这样的分析：“在研究近现代中国出版业时，我们必定首先会想到商务印书馆，这不仅因为商务印书馆开创了中国近现代出版业，更主要的是，商务印书馆的历史命运，是与整个中国近现代文化问题的探讨结合在一起的。诞生于1897年的商务印书馆其本身就是近代中国文化发展的产物。如果不是近现代中西文化的交往，如果不是1895年甲午战争失败对广大中国士人形成巨大的思想冲击，如果不是戊戌变法失败，一大批士人流落民间，就不会有商务印书馆，也就不会有中国的近现代出版业。同样，如果不是商务印书馆中的一批文化人有意识地扶持和推动当时的各种文化思潮，有意识地出版各种思想文化出版物，中国的近现代文化探索，无疑也要逊色得多。翻阅商务印书馆的馆史资料，人们会注意到，差不多所有第一流的现代学人，都与商务印书馆打过交道……甚至一些重要的政界人物，如盛宣怀、孙中山、汪精卫、陈独秀等，也与商务印书馆有密切的交往关系。同样，影响近现代中国学术文化的许多重要著作、重要刊物，也都是由商务印书馆组织出版、发行的……因此，一部商务印书馆的历史，从一个侧面能够反映出中国思想文化的近现代历史，而且，从出版与文化史、文学史的关系着眼，将会使我们获得单单从文化史、文学史研究中所无法获得的新感受。"① 在此，作者是从文化的视角探寻商务印书馆产生和发展的背景、条件及贡献，言之成理，持之有据。国内还有研究者如王建辉把商务印书馆和北京大学比作中国现代学术文化的"双子星座"②，这里的着眼点也还是文化。李家驹供职于香港商务印书馆，作为"商务人"，他并不拘于"馆见"，在其博士学位论文《商务印书馆与近代知识文化的传播》中，一方面充分利用商务的第一手丰富资料，另一方面，所"采取的学术进路和研究方法"，又超越馆史之立场，而把"商务史"放置于知识史及文化史的范畴内作客观的考察和分析③。给李著作序的梁元生本人其实也是特别看重商务的文化史意义的。在这篇序言中，他就开宗明义写道："1897年商务印书馆在上海成立和开业，标志着近代中国出版史及文化史的一个新里程。从此商务印书馆走进中国近代史，并且起着转换文化及改变历史的作用，生产新知识、培养新国民和促进新社会的诞生。"

我们知道，商务印书馆属于典型的文化企业，既有文化的属性，又有经济的属性。商务人讲求文化为本，昌明教育，同时也一再声称"在商言

---

① 杨扬：《商务印书馆：民间出版业的兴衰》，上海教育出版社，2000年，第2—3页。

② 王建辉：《出版与近代文明》，河南大学出版社，2006年，第221页。

③ 梁元生：《序李家驹〈商务印书馆与近代知识文化的传播〉》，见李家驹：《商务印书馆与近代知识文化的传播》，商务印书馆，2005年。

商”。商务的出现和成熟、发展与壮大除了文化的逻辑，还有经济的逻辑、市场的逻辑、企业发展的逻辑。只有这两重逻辑在相当程度上契合，出版才有力量。“说到底，在一个市场化的文化空间中，思想是需要市场来支撑。”① 本书的主旨是研究商务印书馆的企业制度，因此我们这里有必要首先探讨它生长发育的“文化土壤”以外的“经济土壤”，有必要探讨它作为现代企业形成和发展的企业环境和内在逻辑。

第一节　近代中国企业产生和发展的历史轨迹

作为现代经济微观基础的企业，一直受到经济学家的高度重视。事实证明，企业的组织形态、运行机制和发展状况对整个国家、社会的经济乃至其他方面都有着巨大的影响。我们这里所说的企业是基于最普遍认可的概念，它是市场经济中的行为主体，通过一定的组织形式集合生产要素；它是独立进行产销活动的经济实体，有盈利的冲动。

有着几千年封建社会历史的中国，其基础是自给自足的农业经济，或者说就是一种自然经济。在自然经济占统治地位的社会，农民小生产者的主要生活和生产资料都是在经济单位内部得到满足的，同时也以自己的部分剩余产品去交换那些自己不能生产的产品。这种不以交换为目的的经济单位，无疑有别于市场经济条件下的行为主体。两千多年的封建中国像汪洋大海一样存在着这样的经济组织，世代绵延、生生不息。正如马克思在分析传统中国社会经济状况时所说，在“中国，小农业和家庭手工业的统一形成了生产方式的广阔基础”②。

一、传统社会的市场经济及其影响

说中国封建社会是自然经济的汪洋大海，其实并不意味着数千年间中国没有市场、市场行为和市场经济。“在进入近代以前的中国传统社会，商业和手工业都具有悠久的历史，市场经济曾相当繁荣。”③ 中国传统的

---

① 杨扬：《都市社会与五四运动——以民初商务印书馆的知识群体为例》，见《文学的凝视》，上海文艺出版社，2011 年。

② 《马克思恩格斯全集》第 25 卷，人民出版社，1975 年，第 373 页。

③ 沈祖炜主编：《近代中国企业：制度和发展》，上海社会科学院出版社，1999 年，第 5 页。

企业组织存在独资经营与合伙经营两种形式。独资经营即所谓的业主制，在中国传统社会，业主制企业普遍存在于中小工商业者中，也存在于规模较大的工商业资本家中。合伙经营即所谓的合伙制企业，包括一般合伙和股份合伙两种。一般合伙与股份合伙最重要的区别在于合伙资本是否划为等额“股份”。股份合伙普遍存在于晋商、徽商等地方商人的商业经营之中。不过，封建时代的商业、手工业活动中，活动主体缺乏明确的法律保护，财产权利受到家族、社会、国家等各方面非市场规范的制约，人格的独立是不完整的，资本与雇佣劳动的交换关系也尚未确立。行为主体的活动不能遵循追求利润最大化这种现代意义上的经济人的行为规范。尽管如此，传统商业和手工业的经营结构也是一种将生产要素组合起来进行产销活动的组织形式，特别是明清以来的私营商业和民间手工作坊、手工工场，更是一种以盈利为目的的经济组织。

因此，研究者认为：“传统商业和手工业既不同于近代企业，又有作为市场主体的某些共性。这种前近代社会的经济组织在进入近代社会后仍会长期存在，并对新式企业产生影响。”① 这种影响是广泛的、深入持久的，也是十分复杂的。无论是传统社会中的官府手工业、官营商业，还是民间作坊、工场、商号、行栈，其组织形式与经营方式，无不对近代企业造成影响。有的新式商业企业原本就是从传统的商号演变而来的，如上海早期的百货店是从传统的京货店、广货店演变而来，北京的瑞蚨祥、达仁堂等也是历史悠久的大商号。有的近代企业，特别是工业交通等新兴产业部门，是在外国资本主义的影响下形成的，但是传统经济中的合伙、合股等方式也对它们产生影响。如早期官督商办企业的官利制度、北洋政府时期的保息政策，都有着传统经济的痕迹。

中国古代的书籍生产、流通与消费，在相当长的时期都不足以构成一个行业，还称不上“出版业”。我国古代的雕版印刷术大抵是在唐朝发明的，而活字印刷术的出现则到了宋代。隋唐之前，“图书的手抄生产虽有一定的组织形态，政府部门管辖的抄书人数不少，一些书坊书肆也经常雇佣读书人为之抄书，但毕竟不能成百上千地复制同一本书籍。……由于手抄的限制，书籍的生产和流通都难以得到发展。那时用手抄复制书籍的手

① 沈祖炜主编：《近代中国企业：制度和发展》，上海社会科学院出版社，1999 年，第 5 页。

段，还很难说是出版"[1]。说"手抄出版"不是出版，学界并不都能认可，但由于受技术条件、生产规模的限制，这种出版的作用和影响有很大局限则是肯定的。雕版印刷的发明与普及，大大促进了出版业的形成和发展。唐宋以降的千余年，人们对书籍的社会作用越来越重视。"文人学者用它来传播思想，人民群众用它储存经验，封建大一统国家用它来沟通信息。这种发端于民间的工艺日益成为人们日常生活中不可或缺的事业，由于它能在较快的时间内复制成百上千的一模一样的复制品而渐渐进入流通领域，具有了商品的性质。正是从这个时候起，出版才作为一种社会的公共事业，一种手工业体系，一种文化的最新积累手段，一种牵涉许多门类的文化分支而相对独立出来，逐步形成了它的独特的形式、机构、格局以及人员建制。"[2] 从宋代开始，如果以经济形态进行划分，则整个社会的出版系统大致可以分为官刻、私刻和坊刻，即官办的正式出版机构、私营以及商办的书坊书肆。"这种三分天下的形式，自宋始，中经元、明，迄清朝鸦片战争前后，到最后为新的出版机构替代前，历时 900 年左右。"[3] 不同的刻书机构，经营的目的是不一样的。相比较而言，书坊刻书带有更浓厚的经济色彩。书坊的出版大多以盈利为目的，往往拥有自己的写工、刻工和印工，组织形态较为完整。它们往往前店后场，自己编辑、校雠、写刻，自己售卖。这是我国开始最早、分布最广、印书数量最大、内容丰富实用、形式多样的民间出版机构。但是从总体来看，中国古代的各类刻书经营未成规模，管理缺乏制度，与西方相比有着明显的差距。"印刷在西方社会中，主要是一种营利行业，随着工业革命而发展为一种庞大的出版工业，成为大众传播的主要工具。而在中国传统社会中，印刷术的主要功能并非牟利，却总含有一种很强烈的道德观念。包括毛晋在内的历代私人刻书家以至国家最高出版机构——国子监在印书时，并不善经营，只强调刻书对知识的传播和文化保存，重义轻利被认为是人生的一种美德，所谓'传先哲之精蕴，起后学之困蒙，亦利济之先务，积善之美谈'。……图书发行基本听任民间自行其是，各级政府几乎无所作为，故图书产量不低，然而流通渠道不畅，获得艰难，民间的图书发行业单打零敲，难以上

---

① 宋原放、李白坚：《中国出版史》，中国书籍出版社，1991 年，第 65 页。

② 宋原放、李白坚：《中国出版史》，中国书籍出版社，1991 年，第 65 页。

③ 宋原放、李白坚：《中国出版史》，中国书籍出版社，1991 年，第 65 页。

规模成气候。各级政府管理不力，书坊剽窃、盗版、擅刻、擅改屡见不鲜，认真总结这些历史教训，至今仍有现实意义。”① 显而易见，中国近现代出版的转型，民营出版业的发展，从体制、制度方面得益于传统书业者并不多。当然，传统的业主制出版机构在近现代得以延续，丰富了现代出版企业生态，有的如亚东图书馆还创造了堪称辉煌的业绩。

二、从传统的自然经济向资本主义经济的转轨

企业无不是随着市场的发育而发展的。严格意义上来说，企业是市场经济中才存在的市场主体。专家认为，“这种市场主体的形成和发展在中国历史上有两次高潮：第一次是在近代发生的传统的自然经济向资本主义经济的转轨；第二次是当前发生的传统计划经济向社会主义市场经济的转轨。就企业的本质和特征而言，两次转轨所提供的历史机遇有相似之处”②。

与西方国家的企业发展相比，我国近代的企业制度演变有自身的特点和不同的轨迹。它不是简单地沿着业主制—合伙制—股份制的轨道演进，而是相互交织，三轨并行。“其一，大批传统的商业、手工业组织继续存在，随着市场的拓展和它们本身的壮大，其组织形式由传统的业主制、合伙制缓慢地发展为股份制。其二，近代中国资本主义基本上是在外国资本主义的影响和刺激下产生的，因此在移植西方近代技术的同时，直接采用了西方的股份制形式。股份制在整个社会经济发展水平尚低的情况下，在某些领域却有相当的发展，不仅外国资本的托拉斯、跨国公司进入了中国，而且中国本国资本中也形成了企业集团。其三，中国早期近代化是由一批洋务派官僚推动，在政府主导下进行的，从一开始就采用了国家资本主义的官办企业的形式，在民国时期国家资本企业在金融、贸易和工业领域形成了垄断。既然是三种路径一起走，那么近代中国企业制度的多重性就同一般演化过程中的多重性不一样。一方面是低层次的企业形式普遍存在，另一方面相对于经济发展水平而言，企业制度又呈现出早熟性。在工商业比较发达的上海，这一特点更为突出。”③

---

① 肖东发：《中国图书出版印刷史论》，北京大学出版社，2001 年，第 343—344 页。

② 沈祖炜主编：《近代中国企业：制度和发展》，上海社会科学院出版社，1999 年，第 4 页。

③ 沈祖炜主编：《近代中国企业：制度和发展》，上海社会科学院出版社，1999 年，第 7—8 页。

从企业自身的建立和发展来看，中国近代的企业组织形态也随着经济近代化的发生发展而开始了由传统向近代的变迁。近代中国是一个新旧杂存，图新并不完全弃旧的特殊历史时期。一方面，那些传统的企业组织形式并没有消逝，而是与它们所适应的经济形态即手工业、传统的商业、钱庄等一起存续下来，并表现出顽强的生命力和适应能力，且在数量上还一直居于多数。即使在近代化程度最高的上海，绝大部分中小商店都是独资或者合伙经营的。而以独资或合伙形式经营的钱庄，在上海开埠以后直到 1927 年以前，一直处于发展之中。但另一方面，作为近代企业组织形态的股份公司的引进及其在中国的发展，又构成了中国经济近代化转型的最重要的内容，它所带来的制度创新和发展才是更具有革命性意义的。

股份制企业在近代中国的产生和发展有着自己特殊的土壤环境和历史轨迹。所谓股份制企业，就是以股份形式将社会上分散的私人资本和其他形式资本集中起来设立的企业，是商品和信用经济发展到一定阶段的产物，是社会化大生产时代的标志。“1872 年轮船招商局的诞生，标志着这种从西方引进的新型企业资本组织形式开始在中国社会中出现。此后，由于这种资本组织形式具有集资广泛、迅速以及集资成本低、适应生产社会化发展的要求等特点，逐渐发展成为近代中国新式工商企业主流的资本组织形式。”① 作为一种资本组织形式的股份制，在中国近代并非以单一的方式出现。例如，从存在时段、筹资形式、资本来源、资本性质和经营主体等方面考察，中国近代的股份制企业就至少出现过官督商办、民间资本和国家资本股份制三大类型。几类股份制企业往往以先后递进、交叉并列的方式存在于近代中国。

近代中国最早出现的股份制公司是在通商口岸由外商开办的，大多是洋行，如英商怡和洋行、宝顺洋行、广隆洋行、美商琼记洋行、旗昌洋行等等。中国人关于公司制的实践是在外商股份制公司中“附股”。这种情况在第一次鸦片战争之前就开始出现了。“华商附股为中国人自己投资创办公司作了理念上和实践上的准备。19 世纪 70 年代以后，当中国人效仿西方公司创办企业时，其主持者大多有过‘附股’的经历。”② 到洋务运

① 朱荫贵：《中国近代股份制企业研究》，上海财经大学出版社，2008 年，第 1 页。

② 江满情：《中国近代股份有限公司形态的演变——刘鸿生企业组织发展史研究》，华中师范大学出版社，2007 年，第 21 页。

动时期，中国人开始自办公司，起初就是官督商办性质的企业。这类股份制企业肇始于1872年成立的轮船招商局。该局的股本主要是依靠向社会募集商股，1873年，额定的资本白银100万两，先招收50万两，分作1000股，每股白银500两。当年实际招得47万两，至1882年，招足了全部资本。步轮船招商局后尘者，股份制企业后来渐成气候。到1903年，在航运、采掘、纺织、保险等行业中，总共出现了38家官督商办企业。[①]这种官督商办的企业不是依据法律注册，而是经过官员奏准设立，属于公司发展的特许主义阶段，带有旧时代、旧制度的明显印记和历史局限。

1904年是中国企业发展史上一个重要的年份，清政府颁布了《商人通例》和《公司律》，由此基本确立了公司制的准则主义原则，中国人的自办公司才真正被赋予了法人资格。《公司律》颁行之后，清政府商部颁布了《公司注册试办章程》，国人自办公司开始注册登记，公司的数量也就得以统计。晚清到民国，公司的数量一直在不断增长之中。1904年至1911年底，全国登记注册的公司大约在410家，其中股份有限公司比重最大。1904年—1908年间的228家注册公司中，股份有限公司达153家，占总数的67.1%。在1912年—1927年间注册登记的公司数量上升到2008家，在1927年—1938年间，注册的公司数量更达到了3 015家。从行业分布来看，这些公司的注册成立又与中国近代经济的发展构成和趋势相一致，反映了近代工商业的发展进程。如1904年—1912年的502家注册公司中，制造业公司最多，达到了149家；其次是商业服务业，为122家；再次是农、林、牧、渔业，为114家；最后是运输业、金融业和矿业，分别是37家、61家、19家[②]。数量只是一个方面，其实企业的品质、实力、规模、影响才是更重要的。实际上，近代中国企业的组织形态是业主制、合伙制和股份制三者并存。比如1931年时，上海各类企业中，独资企业总数达760家，合伙企业数达793家，分别占这一时期全部企业总数1 883家的40.36%和42.11%。但其资本额占比重却比较小，独资企业资本总额仅占全部资本总额的5.64%，合伙企业资本额占比也只有

---

① 杜恂诚：《民族资本主义与旧中国政府（1840—1937）》，上海社会科学院出版社，1991年，附录。

② 张忠民：《艰难的变迁——近代中国公司制度研究》，上海社会科学院出版社，2002年，第250—271页。

22.88%，二者相加也才 28.52%。[①] 可见，在经济中是否占主导地位并不取决于企业的数量。到国民政府时期，股份有限公司已经发展成为中国近代企业最重要的组织形式，代表着近代企业发展的趋势与方向。

上述中国近代经济和企业发展的演变，构成了中国传统出版业转型的经济土壤和企业环境。当然，出版业和其他企业相比，有一般企业的共性及相似轨迹，同时也有自己独特的社会的、文化的，包括经济、企业的内在逻辑，及其转型的内外部因素。

第二节　中国出版业的近代化转型

从企业组织的角度说，中国传统出版业无疑是以独资为主，兼有合伙经营的特点，从技术、形式、内容、贡献及影响来说，则也有自己的独特方面。“以木板刻印为出版技术特征，以线装竖排为装订排版形式，以经史子集为主要出版内容的传统出版业，自唐代以降，千余年连绵不绝，在繁荣中国传统学术文化、促进世界文明进步方面，作出了巨大贡献。若不是 1840 年的鸦片战争，古老中国在西方列强武力的冲击之下，被迫开始近代化之旅，传统的雕版印刷也许还会像往朝历代一样，波澜不惊地缓步前行。然而，历史是不能假设的。1842 年 8 月清朝政府与侵略者签订的城下之盟，决定了中国社会再也不可能按照自己固有的方向继续发展，中国古老的传统出版也在中国社会的近代化进程中，开启了行业变革的历史新途。”[②] 这个转型当然包含了十分丰富复杂的因素，包含了“技术的新手段，经营的新方式，出版物的新内容，出版观的新调整，出版职业的新确立，出版体制的新变迁，出版布局的新转移，出版文化的新递演”[③]，等等。拿技术来说，它就是最活跃的出版生产力要素。近代石印技术的传入与推广，铅印技术主流地位的确立，都极大地促进了我国印刷业的快速发展，同时也对图书装帧形态等产生了重要影响。不过，这里我们更关注的是作为出版企业制度如产权制度、组织制度、管理制度的近代化问题，即它为什么转型，又是如何转型的。

① 陈真编著：《中国近代工业史资料》（第四辑），生活·读书·新知三联书店，1961 年，第 58 页。

② 吴永贵编著：《中国出版史》（下册），湖南大学出版社，2008 年，第 3 页。

③ 吴永贵编著：《中国出版史》（下册），湖南大学出版社，2008 年，第 25 页。

一、在华教会和传教士出版活动的影响

“从历史上看，中国新式出版的起步，不是源于传统出版内部条件的自身成熟，而是来自外力的强力推动。新式出版最初发轫于外国传教士的出版活动。”① 在鸦片战争之前，西方传教士在华的文字出版活动就已起步。1813 年来华的伦敦会传教士米怜，主要工作就是协助马礼逊将翻译的著作刊刻印行。第二年他们得到了大英圣经公会近四千美元的资助，在澳门办印刷所并出版了 2 000 本木刻新约圣经，还有其他一些小册子。1815 年，又在东印度公司资助下出版了马礼逊编撰的汉英字典和英汉字典，全三卷至 1923 年出齐，计有 6 大本 4 595 页。在报刊方面，则有郭士立 1833 年在广州创办的《东西洋考每月统计传》（后来迁往新加坡发行），这份报刊被戈公振称为我国现代报刊的“第一种”。此外，还有热心文化出版活动的公理会的裨治文于 1832 年在广州创办的英文报刊《中国丛报》（亦译《中国文库》或《澳门月报》），直到 1851 年停刊，历时长达 20 年。②

1840 年鸦片战争之后，古老中华帝国的大门被西方列强打开，清政府原先对传教士的禁令逐步解除，各国传教士纷纷涌入中国各地，特别是通商口岸城市。据统计，至 19 世纪后期，来华的各教会团体约有八十多个，基督教的传教士仅 81 人；但到了 1890 年，便增加到一千余人。这批佩戴十字架的传教士进入中国，除了兴建学校、开办医院以外，还办报刊、设书局，创建了不少的新闻出版机构。具有现代概念的出版社传入中国及其发展演进的过程，和基督教传入中国的路线与过程有相当程度的契合。叶再生《现代印刷出版技术的传入与早期的基督教出版社》指出：“最早的一批出版社是基督教出版社。它首先出现在澳门和南洋一带城市，然后迁移或发展到香港、广州，并从这些地方扩展到上海、福州、宁波等沿海港口城市，最后深入到中国内地，并逐步向上海集中。基督教出版社在中国的创办，其模式，包括编辑工艺、经营管理方法等等，是从当时的英美移植来的。”③

---

① 吴永贵编著：《中国出版史》（下册），湖南大学出版社，2008 年，第 25 页。

② 参阅姚民权、罗伟虹：《中国基督教简史》，宗教文化出版社，2000 年，第 59—62 页。

③ 叶再生：《现代印刷出版技术的传入与早期的基督教出版社》，见中国近代现代出版史编纂组编：《中国近代现代出版史学术讨论会文集》，中国书籍出版社，1990 年，第 48 页。

英国伦敦教会的传教士麦都思1843年在上海创设了著名的印书机构——墨海书馆①。这是上海最早拥有铅印设备的编辑出版机构，也是中国内地第一个使用铅活字机器印刷的机构。墨海书馆的馆址设在上海县城东门外。1845年英租界开辟以后，伦敦教会购进山东路一段为地基，墨海书馆于1861年迁至这里的麦家圈。王韬就曾在这家书馆长期供职，从22岁到34岁一直担任编辑工作。该书馆从1843年开办，前后存在了二十多年，出版印行了《圣经》等宗教读物和一些科学启蒙书籍，还办有由伟力亚烈主编的月刊《六合丛谈》，影响颇为广泛。

美华书馆是我国近代出版史上又一家重要的印刷出版机构，由美国传教士创立，前身是1844年美国基督教（新教）长老会派在澳门开设的花华圣经书房。1845年迁往宁波，并更名为美华书馆；1860年再迁移到经济与文化都更繁荣的上海，地址在上海北京路18号（江西路口）。作为当时规模最大的出版印刷机构，美华书馆有工人一百多名，印刷及相应设备精良先进。其所使用的铅字及活字有大号、中号、小号和极小号等几种，并将铅字分为常用、备用和不常用几类，常用字最多，足够同时排印几部书籍。在当时，美华书馆规模大、出版物多，在出版界具有垄断地位。据统计，至1897年间，该书馆总共发行图书40万册，其中24万册为传教的劝世文。后期的美华书馆馆址，改在上海牯岭路80号，已经改由中国人经营。最后在1923年，美华书馆出盘给了商务印书馆。

美国纽约长老会1861年还在上海设立了清心书馆，又称清心书院。该书馆开办较早，早期还是以教育为主，1875年后出版了《小孩月报》、《图画新报》两种期刊。商务印书馆的创办人夏瑞芳、鲍咸恩、鲍咸昌都曾就读于清心书院，并结为好友。其中，夏瑞芳是11岁随母到上海，入清心堂读书，三年后入清心书院，半工半读，并开始信仰基督教。后来又先后在两家英文报馆担任排字工作。这些无疑对其后来的商务创设及运作产生了直接的影响。这一点后文我们还会论及。

从19世纪初叶到清王朝覆灭的约百年间，西方传教士在中国共办了

① 关于墨海书馆的创立时间，学术界有不同的说法。熊月之《西学东渐与晚清社会》（上海人民出版社1994年版）认为是1843年12月（见该书第183页），潘建国的博士后报告《清代后期上海地区的书局与晚清小说》（未刊稿）（国家图书馆收藏）认为是1844年（见报告第1页）。

57 家出版印刷机构[①]。有的是依托于布道站的，如前面提及的墨海书馆；有的是作为教育机构、慈善机构或医疗卫生机构的附属，如 1880 年的汕头英国长老会书馆；当然也还有比较单一的或以印刷出版为主要任务的机构，如美华书馆、福州卫理公会书馆、广学会，等等。这些书馆、印刷所中，基督教新教创立的为多，占到了 81%，其余为天主教会所设立。它们分布极为广泛，除了通商口岸、繁华都市，遍布全国许多地区，北至东北有 1881 年成立的牛庄哥伦比亚小书馆；南到台湾有 1884 年台南英国长老会书馆，还有 1890 年设立的海南岛长老会书馆；西边则有 1905 年创办的喀什福音堂印书馆。

传教士在华出版活动带有鲜明的"事业"性质和"非营利性"特征，其主要的使命是宣传宗教教义、传播上帝福音。"其出版的经费主要来源于各种不求经济利益回报的资助。这些资助有教会的资助、社会的捐助以及传教士个人的无私奉献。从经费的直接来源看，教会资助是主要的。"在管理上往往实行简单的成本管理，"如英华书院在印刷宗教品时一直实行印刷成本加 10%的方式收取印刷费。在管理形式上传教士出版机构多采取社团管理而非企业管理的形式，实行董事会、委员会制和秘书（总干事）制。这里的董事会不是如企业一样以资本为基础的董事会，而是一种以身份和地位为基础的事业机构董事会。特别是无论是董事会成员和秘书、干事，甚至是一般工作人员（除中国雇员外），他们往往是不支领薪水的"[②]。这些机构虽为非营利性的，但纯粹由教会补贴、不计成本的为数极少，因此它们仍然十分重视加强经营管理，确保效益。

传教士在华出版活动本质上是一种殖民主义文化侵略活动，但它在客观上促进了中西文化交流，对于长期处于封建思想禁锢下的中国读者来说具有极其深刻的启蒙作用。中国传统出版业的近代转型一是体现在技术上，二是体现在经营管理上，三是体现在人才培育上。

石印技术和铅印技术都是随着外国人的印刷出版活动传入中国的。1827 年广州出版的《广州记录报》是用英文铅字印刷机印制的。英华书

① 胡国祥：《近代传教士出版研究》，华中师范大学出版社，2013 年，第 141—142 页。

② 胡国祥：《近代传教士出版研究》，华中师范大学出版社，2013 年，第 147—148 页。

院 1843 年从马六甲迁来香港，是中国第一家拥有中文铅字设备的印刷机构。1853 年创刊的《遐迩贯珍》，就是用英华书院铅印设备印刷的。石印技术在鸦片战争前夕引入我国，1838 年创刊的《各国消息》就是石印出版的，当时在广州已有石印机三台。铅印和石印技术的引进为国人办报刊、办书局创造了有利条件。"近代出版的发展是一种由传统的非商业性出版向商业性出版发展的过程。商业出版对于印刷的要求就是有速度、有规模，就是高效低价，只有以机械活字为主要特征的近代印刷才能满足这种要求。近代印刷业的发展为近代出版业的发展提供了土壤，也提供了必要的技术条件和产业支撑。换个角度也可以说，中国近代出版业的发展是从印刷近代化开始的。而在中文印刷近代化的过程中，传教士作出了重要贡献。"① 此说言之成理。

传教士的编译出版机构大多具有西方同类机构的特点。在组织模式上，或采用公司制，或采用会社制，规模较大者还实行股份制，设立类似于董事会的管理部门。其最典型者当属 1887 年设立的同文书会（1892 年改为"广学会"）。它由英、美、加拿大等国的传教士、商人、海关和外交官员等 39 人联合发起，由时任中国海关总税务司的英国人赫德任总理。次年成立董事会，以赫德为会长，德国驻上海总领事福克为副会长，英国传教士韦廉臣为督办。其他机构不如同文书会那样典型，但亦具有程度不同的类似模式特征。英华书馆于 1843 年由马六甲迁至香港，1847 年再迁上海，始终保持着原有组织模式；益智书会由外国传教士与英美商人联合开办，具有类似于同文书会的会社组织模式。这些印刷出版机构，在经营管理方面大多具有比较健全而明确的分工，设有行政领导、翻译编辑、印刷和发行等部门或专职人员。各机构一般多由主办教会委派行政领导或联合发起者组成董事会，负责机构的全面工作；再由行政领导者聘请翻译和编辑人员，专事编译工作。有的机构自设印刷所和发行部，亦均聘专人负责。②

教会出版机构培育了新式的中国出版人，如黄胜、梁发等，而王韬则

① 胡国祥：《近代传教士出版研究》，华中师范大学出版社，2013 年，第 147—148 页。

② 虞和平主编：《中国现代化历程》（第一卷），江苏人民出版社，2007 年，第 88 页。

是其中一个典型代表，至于商务印书馆所谓“教会派”中诸元老得益于教会出版印刷机构的培养甚多，是不言自明的。

二、外国在华商人从事出版活动的示范作用

外国传教士在华出版活动主要是事业性质的，也有少数采取了企业经营模式，但真正从企业制度、出版经营的角度为国人办出版提供经验和样板的应该是外国商人创办的新闻出版机构。中文商业报纸的迅猛发展给国人办报办刊出书更为直接的刺激和启示。19 世纪后期，由外商创办的中文商业报刊在上海出现，其中最早的一份是北华捷报馆于 1861 年 11 月 19 日创办的《上海新报》。该报由字林洋行出版，初为周刊，1862 年 5 月 7 日起由周刊改为周三刊，初创时日约销售 300 份。外商所办商业报纸影响最大的要数《申报》以及《字林西报》、《新闻报》。我们过去研究这些报纸、报馆以及报人，往往仅限于新闻传播史的视野，其实它们所具有的企业史的价值与出版史是同等重要的。文化机构的企业化是近代中国的一个新趋势、新变化。所谓企业化，就是按照资本主义商品生产与商品流通的规律与方式来经营文化事业，从而在科学管理和规模效应的基础上通过大批量生产以降低成本来达到占领和扩大市场并获取利润的目的。这里我们重点看看《申报》的新闻理念、出版理念和经营管理。①

《申报》是英国商人安纳斯脱·美查等人集资创办的。1872 年 4 月 30 日，《申报》（初名《申江新报》）创刊，起初为两日刊，从第五期起改为日报，用毛太纸单面印刷。1874 年 9 月 11 日起，《申报》开始增加篇幅，更换纸张，改用赛连纸印刷。1877 年 6 月 20 日，《申报》再次扩宽版面。自 1879 年 4 月 27 日起，《申报》取消每周休刊一天的办法，星期日照常出刊。1884 年，《申报》业务上进一步改进，篇幅进一步扩充，新闻报道进一步加强，纸张质量进一步提高，带来的效果是读者增加、广告激增，效益大幅上升。

美查是一个商人，建报馆、出报纸的目的是赚钱，“在商言商”是其从事出版活动的明确理念。但要赚钱，就得面向市场，赢得读者和广告客户，因此美查对报纸的质量与社会影响就非常重视。《申报》创刊之前，

① 参阅方汉奇主编：《中国新闻传播史》（第二版），中国人民大学出版社，2009 年，第 58—61 页。

美查曾派与王韬相识的钱昕伯去香港考察学习中文报纸的经营运作情况。报纸创刊后，他将编辑大权交给蒋芷湘、钱昕伯等中国文人。在外国人所办的报刊中，一直由中国人主持笔政的，这是第一家。在美查的精心策划下，《申报》发行量不断上升。在广告、发行等报业经营上，《申报》积累了不少经验。在创刊的第一年内，它采用廉价销售的营销策略，本埠每张8文，外埠10文，趸售6文，还雇佣报童在街头叫卖。出版不满半年，日销售数已达3000份以上，并从上海渗透到江浙等地。1873年，《申报》进一步加强外埠的发行工作，先后在杭州、福州、广州、北京、长沙、沙市、宜昌等城市设立分销处，聘请经理人员负责该报在当地的发行事宜。没有设分销处的地区，则委托信局代邮。1877年6月20日，《申报》刊出告白，宣布该报每日销数约为八九千份。这在当时是很了不起的数字。《申报》还积极宣传广告的作用，向社会招刊广告（即告白），广告收费50字起码，每天收费250文，字数多、刊期长的费用递增，以鼓励各界人士踊跃刊登广告，充分挖掘了报纸“二次售卖”的价值。

我们还需要特别关注的是《申报》的产权制度、组织制度、商业化运作等方面的内容。这种新的制度建设对于中国本土的民族民间报业、书业的引导与示范作用是极其重要的。资本主义为报业带来了充足的资金、先进的技术与广阔的市场。资本主义生产关系渗透到报纸生产的全过程，使报纸的商业化倾向在内部机制上集中体现为一种资本主义企业生产性质。正是在这个意义上，列宁说过：“资本主义使资产阶级报纸成为资本主义企业。”① 这一点在《申报》那里确实也体现得比较充分。美查是1871年（清同治十年）开始着手《申报》的筹备工作的。“他和他的三位友人每人出股银四百两，合共银一千六百两。这三位朋友的姓名是：伍华特（C. Wood Word）、普莱亚（W. B. pryer）、麦基洛（John Mohuon）。合约中指明，此项股款专为投资于印刷机器、铅字及其他附属设备之用，并详细规定四位股东的权利和义务。股款银一千六百两，虽由四人分摊，但因美查负实际经营责任，故规定：凡盈余及亏耗皆划为三份，其中美查独占两份，余三人则合占一份。如报纸盈利，美查得两份；如有亏损，美查所

① 转引自张隆栋、傅显明编著：《外国新闻事业史简编》，中国人民大学出版社，1988年，第78页。

负亦多。该合约系手写，一式四份，《申报馆内部通讯》第一卷第十期内，刊有该合约的影印字迹。”① 这类似商务印书馆最初的股份合伙制。从这份合约看，资产所有权和经营权相对分离，股东间责权利分明。到1888 年，申报馆“添招外股”，改为股份公司。来华外国人办报办刊，在资金筹措上一般都是采用个人集资、合伙集资或招股集资的方式。创刊较早、规模不大的报刊，一般由创办者个人出资和教会资助；创办较晚、规模较大的报刊，则多以合伙和招股集资为主。如《万国公报》，出资者多为传教士，是传教士集资创办的；1886 年创设的天津《时报》，其资本由天津海关税务司德璀琳与怡和洋行总理笳臣集股而得。

需要特别关注的是，申报馆不仅仅是办一份报纸的报馆，它实际是一个按照现代企业制度进行运作的文化产业集团，实行的是集团型的规模化经营。我们从后来商务印书馆身上不难看出某些申报馆的痕迹，无论是企业的多元化经营、报刊与书籍的互动，还是各地分支机构的建立，亦或是对读者、市场、广告的高度重视，等等。申报馆在国内率先出版了以图画为主的刊物，这就是 1877 年 6 月 6 日创刊的《寰瀛画报》，开一代刊物新风。1884 年 5 月 8 日，报馆又创办了著名的《点石斋画报》，由风俗画家吴友如主编，内容以新闻时事画为主，兼刊人物及风俗画和铜版照片，绘印精美，为同时期其他画报所不及，先后出版 13 年之久。申报馆兼营书籍出版业务，成绩显赫。1872 年 10 月 16 日，申报馆公开发售本馆刊印的第一本书《王洪绪先生外科证治全生集》。之后，申报馆出版一套铅印的《聚珍版丛书》，先后刊行 160 多种，大多是颇有价值的濒临失传的孤本名著，此举为保存中国传统文化作出了贡献。1874 年开办附属机构申昌书局。1876 年，美查创办点石斋印书局。1878 年 12 月 30 日，《申报》为点石斋印书局装备了进口石印机器。1884 年，《申报》设立上海图书集成印书局，着手用铅字翻印丛书《古今图书集成》。1888 年，用扁体铅活字排印的《古今图书集成》大功告成，共 1 万卷，分订 1 628 册，有“康熙百科全书美查版”之称，对保存中国古代文化遗产作出了积极贡献。

早期的申报馆无疑是以报纸出版为主业的，但它同时特别注重期刊和图书的出版发行。“《申报》在媒体的选择上，由报而刊而图书实现多媒体

---

① 徐载平、徐瑞芳：《清末四十年申报史料》，新华出版社，1988 年，第 3—4 页。

兼营，每一步相隔约半年。”报馆之所以出版图书和期刊，出发点还是为了发展，营业目的不外是谋利盈利，满足读者多方面的市场需求，注意到当时中国人传统的阅读方式还是书籍的这个现实。而这种多样化的出版策略又是很经济的，“首先，利用报馆现有机器印刷设备来印刷出版图书，是对于报馆剩余生产力的一种调剂，即用剩余生产力来印刷图书。同时，也是书和报的互动与优势互补，是多种营业的互利互动，多种营业互动才能有效地取得效益”。因此之故，申报馆不仅办了当时最有影响的商业报纸，而且也“是商务印书馆创建之前中国最重要的期刊和图书出版机构之一”①，以至有人说它垄断了中国近代出版近三十年。

申报馆对我国近代出版还作出了技术上的突出贡献，“是它将先进的西洋印刷技术投入于近代中国出版事业”，“由于它拥有当时最先进的印刷设备和最雄厚的资金，故在技术上对于中国近代出版的推进是客观存在的事实”。人们知道，石印技术对我国近代新闻出版业发挥了极其重要的影响，有人认为这个技术是由传教士开办的土山湾印书馆最先引入，也有人认为是通过申报馆首次运用的。“不管是谁在中国最先引入石印技术，申报馆最先采用石印技术出版画册以及它对于中国石印技术的推动，是无可怀疑的。一方面用石印来印刷中国古籍图书，尤其是大部头的工具书，比原来用木板刻书，成本低而出书快，容易推销，也就容易获取利润。另一方面同时也就推广了石印技术，刺激了中国近代印刷业的发展。”② 后来以印刷起家的商务印书馆，以图书出版起家但高度重视印刷的中华书局，对于现代印刷技术的关注，先进印刷设备的引进、改造和创新，显然都是有所师承的。

1889 年，就在《申报》业务日益兴旺，所属的出版事业蒸蒸日上的时候，美查因年事已高，将申报馆旗下所有企业包括工厂、报馆和三家书局，改组为美查股份有限公司，变卖了《申报》的股权，收回本利约合白银十万两后回到了自己的国家。前期《申报》时期（计 17 年）于此结束。新成立的美查股份有限公司设立董事会，由董事 4 人、经理 1 人主持，其

① 王建辉：《申报馆：报业之外的图书出版》，载《中华读书报》，2002 年 6 月 12 日。

② 王建辉：《申报馆：报业之外的图书出版》，载《中华读书报》，2002 年 6 月 12 日。

中有 1 名中国籍董事。《申报》由外国人独资报纸转为中外合资经营的报纸。随着商务印书馆等民营出版企业的崛起，申报馆逐渐退出图书出版领域而专营报业。

就市场化运作来说，略晚于《申报》的《新闻报》也可圈可点。它一创立就形成了对《申报》的巨大冲击，展开了沪上报业的商业战。该报是 1893 年 2 月 17 日创刊的，初为中外合资性质，后来全部股权归英商丹福士所有；到 1899 年 11 月，美国人福开森买下了该报；1906 年，新闻报馆改组为公司。《新闻报》创刊伊始，就同《申报》展开竞争。该报采用低价推销办法，报费每日铜钱 7 枚，比《申报》便宜 1 枚。在广告业务方面除了主动兜揽，甚至采取非正当手段抢夺《申报》的客户。1893 年 12 月，《新闻报》开始出版画报单页，随报附送石印画报以争取读者，此属开先河之举。该报每月还附送总目一张，便于读者装订成册。在此基础上，《新闻报》于 1894 年 4 月创刊《新闻报馆画报》。1894 年，《新闻报》刚刚出版一年，发行量就由初期的 300 份增加到 3 000 份，仅次于《申报》，位居第二。后来，它在商界的影响力甚至超出《申报》。比起《申报》来，上海商民更喜欢《新闻报》这种商业味道更浓的报纸。“这时候，上海商界，不论操何行业，他们所看的报纸，总是《新闻报》。上海是东亚第一个大商埠，商人在全年人口统计里，约占十分之六。这十分之六的商人，他们每天爱读的报纸，《新闻报》最少占有十分之八的势力。”① 该报的影响和成功，取决于它的商业化、企业化和大众化。而中国近现代史上一些极为出色的报刊之所以未能持久，往往是因为没有能建立自身的造血功能。从制度建设角度看，新闻报馆的企业化程度也是很高的。《新闻报》下设 3 部 28 科 19 股，生产部门（印刷部）与经营部门（营业部）地位上升，与编辑部并驾齐驱，成为企业化的重要特征。而此 3 部（印刷部、营业部、编辑部）都归“总理处”管辖，在总理处之上则是报馆的董事会，其“报馆之组织，采公司制度”。② 报馆各重要部门在财务上往往采用独立核算制度，追求利润。

《申报》、《新闻报》两报的企业化过程在我国报刊史、出版史上都具有重要的示范意义。“近代报刊发展到今天，先进通讯手段的采用，高效

① 胡道静：《上海的日报》，上海通志馆，1935 年，第 65 页。
② 戈公振：《中国报学史》，中国新闻出版社，1985 年，第 164—165 页。

印刷机械的运行，规模的进一步扩大，都必须有资金的支撑。同人集资，政党津贴，都无法使报刊维持一个长的时期，更难以使现代化的综合性大报长久出版下去，只有进行企业化经营，才能获取报业发展所必需的资本。为什么中国报刊史上一些曾为舆论先导，办得有声有色的报刊寿命都不长，而像申、新两报这样思想上舆论上并没有多大号召力的报纸，却延续了长久的历史？原因就在于企业化经营使它们不仅保证了生存的条件，而且具备了发展的经济基础。没有这一点，事业的发展、业务的改革都无从谈起。报纸企业化是现代报纸发展的必由之路。申、新两报的成功，使得许多报纸的经营，都朝企业化方向努力。不仅民营报纸，就连政党报纸、官办报纸，也力图实行企业化经营。"① 这种情况不仅反映在近代报刊出版机构中，以图书出版为主的出版社也面临着同样的问题。商务印书馆也好，后起的中华书局也好，其实都是自觉地学习和汲取了外国商人报业经营的经验和教训的。

三、国人自办新式出版的初步尝试

在清末自强运动时期，外国教会及商人所办的新闻传播和印刷出版机构继续发展；就国内来说，除了官办的翻译出版机构、官立书局和民间传统刻书之外，已经开始出现民办的现代概念的出版社和报刊。而在洋人所办书局浸淫多年之后的王韬，则成为中国"现代出版第一人"。

有研究者指出："作为经营的新出版，是1873年（清同治十二年）王韬和黄胜合办的'中华印务总局'到同年创刊《循环日报》。"② 过去人们往往只是把王韬作为一个报人来研究，其实他还是一个有很大贡献的新式出版家，其出版活动起步很早，内容丰富，持续时间长久，而且具有商业化运作的特点。中华印务总局比《申报》的创办仅晚一年，当年即刊行《普法战争》，比申报馆的点石斋（1876年开始）早。在十多年的时间里，王韬刊行了近40种著作。这中间有些是他自己的书，有一些是朋友的集子，如《珊瑚舌雕》、《芬陀利定》。印书局出版的图书中最值得我们注意的是黄遵宪的《日本杂事诗》和郑观应的《易言》（此书后来增订改名为

① 秦绍德：《上海近代报刊史论》，复旦大学出版社，1993年，第124页。

② 汪家熔：《新出版、新出版第一人——王韬》，见中国近代现代出版史编纂组编：《中国近代现代出版史学术讨论会文集》，中国书籍出版社，1990年，第517—518页。

《盛世危言》)。王韬还注重出版面向市场的经营性读物,《板桥杂记》、《英粤字典》等都是。王韬的出版活动能够持续坚持多年,无疑在产权、组织、经营管理等方面有些好的经验,可惜没有史料留存。他在办《循环日报》时同时还以"弢园"名义出版铅印图书。1884 年王韬回到上海定居,次年又开设弢园书局,以木活字印书,也有些书籍交由美华印书馆以铅字排印。

19 世纪后半叶到 20 世纪初期,新式出版机构大量涌现。仅《1906 年上海书业商会会员名录》中的新出版机构就有 22 家,具体为:商务印书馆、启文社、彪蒙书室、开明书店、新智社、时中书局、点石斋书局、会文学社、有正书局、文明书局、通社、小说林、广智书局、新民支店、乐群书局、昌明公司、群学会、普及书局、中国教育器械馆、东亚公司新书店、鸿文书局、新世界小说社①。1905 年 12 月成立的上海书业商会是代表铅印平装书为主的所谓新派书业商人利益的商会团体,与同年年初成立的以刊行雕版书、石印书、翻印古书为主的书坊同业组织——上海书业公所成为各有侧重、互相渗透的书业同业组织。比较而言,上海书业公所的会员企业历史更为悠久,从事的又是传统书坊经营。上海书业商会的会员企业存世时间不长,是伴随着铅印的成熟而诞生的,但它们更代表着书业企业新的趋势、新的发展方向。

上面统计的新式书局中有一个广智书局,应是大名鼎鼎的梁启超和康有为所创办的。我们来看看他们是如何经营图书出版,又是如何管理报刊的。② 早在 1902 年 2 月和 11 月,梁启超就在日本先后创办了《新民丛报》和《新小说》。同时,他和康有为又用"保皇会"的名义,以入股的形式,向北美、澳洲华侨和香港、澳门的华人集资,在上海开设了广智书局。受到申报馆老板成功经验的启发,梁启超用股份制来经营管理报刊和书局。他对股份制企业是有自己自觉的理性认识的,1910 年曾在《敬告中国之谈实业者》一文中指出:中国实业不振在于股份公司不发达,"质而言之,则所谓新式企业者,以股份有限公司为其中坚者也。今日欲振兴实业,非求股份有限公司之成立发达不可"③。作为股份制企业的广智书

① 汪耀华编:《上海书业名录(一九〇六——二〇一〇)》,上海书店出版社,2011 年,第 2—3 页。

② 参阅鲁湘元:《稿酬怎样搅动文坛——市场经济与中国近现代文学》,红旗出版社,1998 年,第 92—94 页。

③ 陈书良编:《梁启超文集》,北京燕山出版社,1997 年,第 353 页。

局，股东主要是北美华侨。书局除了刊行图书，还是《清议报》、《新民丛报》和《新小说》的总经销。开头几年，书局经营良好，效益可观，梁启超因此分到过上万元的股息。后来书局渐趋衰微，既有盗版等方面的原因，也有管理不善的问题。这种用股份制形式来经营报刊、运作图书，在晚清民国时期还大有人在。20 世纪 20 年代的创造社出版部、北新书局、大江书铺、春野书店、《新月》月刊和新月书店，还有邹韬奋创办的生活日报社等也都是走的股份公司制或股份合伙制的路子。

中华印务总局之后、商务印书馆成立之前还具备新出版要素且产生了重要影响、获得了良好效益的出版机构，当属 1881 年（清光绪七年）成立于上海的同文书局。仅从出版物内容看，同文书局的出版物主要是传统古籍，包括《古今图书集成》、殿本《二十四史》、《资治通鉴》、《康熙字典》、《佩文韵府》、《子史精华》、《篆文六经四书》、《佩文斋书画谱》之类，此外还有配图的《三国演义》、《聊斋志异》等；但书局的经营方式、管理理念以及对新技术的运用等，却属于现代出版新的形态。

同文书局是由徐润、徐鸿复兄弟等共同集股创办的。朱联保说该书局是“1881 年广东人徐裕子（鸿复）设立，购置石印机 12 架，雇用（原文如此，后同——作者注）职工 500 人，专事翻印古书善本”[①]。学界对于创办人的情况还有不尽相同的认识。有研究者分析指出：“一般说到同文书局创办人，多举徐鸿复的名字，其实徐鸿复的哥哥徐润才可能是书局的最终决策者。徐润本为洋行买办出身，积累了一定资本后，附股于外资，自己也开设了一些商号，成为一个新式的商业资本家。后来，他把资本投往本国的一些新式企业，逐渐由商业资本家转而兼营产业，特别是 1873 年受李鸿章之邀主持轮船招商局的经营管理后，他的投资方向，更向生产领域倾斜。1882 年招商局总资本增加到二百万两，徐润自己的投资就增加到四十八万两，同时，他还募集到亲友们的资金五六十万两。同文书局恰恰就是在这一时期，在徐润依托李鸿章等洋务派的政治背景，从买办型商业资本转为官、商合营的产业资本的时候创办的，因此，开始便具备了近代企业的性质。”[②]

李鸿章曾夸赞徐润“熟悉生意，殷实能干”。作为“由中国人自己集

---

① 朱联保编撰：《近现代上海出版业印象记》，学林出版社，1993 年，第 224 页。

② 王中忱：《新式印刷、租界都市与近代出版资本的形成——商务印书馆创立的前前后后》，载《中国现代文学研究丛刊》，1999 年第 1 期。

资创办的第一家石印书局”，一下子就购买十几台石印机器，雇用数百名工人，虽然大量翻印的还是那些古籍善本、辞书和科场用书，但其明显显示出以传统手工业操作为主的书坊无法比拟的规模和生产能力。就连清朝中央政府影印耗资数十万银两的《古今图书集成》，也委托了该书局。同文书局之所以具备如此生产与经营格局，无疑与徐润兄弟的擘划与巨额资金投入有关。朱联保说它“当时与申报馆之点石斋石印书局，宁波某人办的拜石山房，三家鼎立，极一时之盛”①。这个阶段，鸿文书局、蜚英馆、大同书局等石印机构也相继创建、相互竞争，刊行中国传统典籍数千种，流通全国各地，形成了一个利益丰厚的重要产业。

令我们感兴趣的，还有同文书局的经营方略与筹资办法。石印《古今图书集成》、殿本《二十四史》时，书局采取“股印”的方式。股印类似现在的预约征订。1883 年，同文书局在《申报》上刊登了股印《古今图书集成》的启事。翌年，又刊登了股印《古今图书集成》和殿本《二十四史》的启事。前者规定招印 1 500 股，约定以两年为期印就该套图书。具体办法是：“凡来认股者，先交半价银一百八十两为定，一俟目录告成之日，再登申报通知在股诸君来取目录，即将所余半价缴足，本局并发分次取书单三十二纸，以后各典续出，随出随取，俾臻两便。”《股印二十四史启事》则规定：“本局现以二千八百五十金购得乾隆初印开化纸全史一部，计七百十一本，不敢私为已有，愿与同好共之，拟用石印，较原版缩略，本数则仍其旧。如有愿得是书者，预交英洋壹百元，掣取收条，并分次取书单念四纸，各史随出随取，两得其便。”② 这是一种融资方式，同时也是推销广告。

上海古籍翻印热潮的出现，其实并不是传统刻书业的简单迁移与再度复兴。太平天国时期，作为传统木刻雕印基地的苏州、南京等文化名城相继毁于战火，一些经营书业的商人还有文人学士、藏书家等纷纷避难上海，同时携带来相当的资金和藏书，这些无疑为上海的古籍翻印提供了重要基础。“但上海的古籍翻印热潮，与其说是以木刻雕印为根基的传统书

① 朱联保编撰：《近现代上海出版业印象记》，学林出版社，1993 年，第 224 页。

② 参阅叶再生：《中国近代现代出版通史》（第一卷），华文出版社，2002 年，第 368—369 页。

业的复活，毋宁说，其实意味着传统书业的解体和变貌。这不仅在于从江南迁至上海的老书铺都不再固守传统木版，而积极采用了石印技术（如明代设立于苏州的扫叶山房），更主要的还在于，新开设的各书局的生产和经营方式，都与传统书业有明显的不同”①。对于新书局，上面选择有代表性的申报馆、同文书局进行了比较详细的介绍和分析。至于传统刻书家的新变，可以来看看著名的有数百年悠久刻书历史的老字号——扫叶山房。

扫叶山房创建于明朝的万历年间，先设于松江，不久移至苏州阊门内。到清代的光绪六年（1880 年）设分店于上海县城彩衣街，是为南号；同时设雕版印刷所于东唐家弄。上海开埠后，又在租界棋盘街设立支店，称为北号。到民国初年的时候，另设分店于汉口，还在松江（今属上海市）马路桥也设立分号。据 1933 年《扫叶山房书目》所载，该书坊先后刊印图书两千余种，主要是经史子集、字典、尺牍、字帖、中医书、旧小说等。②

从印刷技术的角度看，扫叶山房过去出版的书籍都是由传统的雕版印刷而成，重视版本、刻印精良，颇有声望；但到清末民初时期，由于受到西方传入的铅印、石印技术的冲击和新书局的挑战，老式的书坊、书肆纷纷弃木刻而改用铅、石印。“在这种情况下，扫叶山房于清末民初采用石印新技术，大量翻印古籍，同时还编辑发行期刊，以顺应时代之变化。”③扫叶山房自光绪中采用石印技术后，逐渐放弃雕版印刷，至民国间已完全改用石印出版书籍。

据“民国七年（1918 年）《扫叶山房发行石印精本书籍目录》统计，自清末至民国七年，扫叶山房出版的石印古籍多达 419 种”④。这一期间扫叶山房的出版物多是更加注重面向市场、市民的通俗读物，如《毛声山评点绣像金批第一才子书三国演义》、《绣像评点封神榜全传》、《千家诗》、《龙文鞭影》等，这些都是很常见且能常销的书籍。民国初期扫叶山房还创办《文艺杂志》和《织云杂志》，改用洋装铅印形式，虽刊物存世时间

---

① 王中忱：《新式印刷、租界都市与近代出版资本的形成——商务印书馆创立的前前后后》，载《中国现代文学研究丛刊》，1999 年第 1 期。

② 叶再生：《中国近代现代出版通史》（第一卷），华文出版社，2002 年，第 371 页。

③ 杨丽莹：《扫叶山房史研究》，复旦大学出版社，2013 年，第 156 页。

④ 杨丽莹：《扫叶山房史研究》，复旦大学出版社，2013 年，第 156 页。

不是太长，但充分体现了传统书坊与时俱进、谋求新变的出版理念，杂志的内容也很能反映自身的特色，可以说是该坊图书出版的宣传刊物。“扫叶山房是较早进入上海彩衣街、棋盘街的，而这一带是中国国内许多书坊最早采用西方近代印刷术、转变为近代民营印刷出版企业的中心。因此，扫叶山房在光绪年间进入上海并较早采用先进印刷技术从事印刷出版业，表明它是中国第一批由旧式书坊转化为近代印刷出版企业的书坊之一。”①关于扫叶山房的企业制度人们似乎还关注不够，相关史料有待挖掘。

宣统元年（1909 年）发行的《图画日报》上，有一个栏目名为“上海著名之商场”。自创刊以来，这个栏目仅刊登过两家出版机构的广告。一家为商务印书馆，一家便是扫叶山房。这两家出版机构可谓当时上海民间出版文化之新旧两种潮流的代表。作为出版旧学之代表的扫叶山房，还在广告中表达了坚持旧学、保存国粹的文化理念与出版追求。② 与自身相比，扫叶山房有调整、有变故，也有创新；但与合着时代脉搏大踏步前进的商务印书馆、中华书局、开明书店这样的先进文化企业相比，扫叶山房还是显得暮气略重、活力不够、前途不广。叶再生说它“五四运动后，业务渐衰，于 1954 年歇业”③。扫叶山房没能完全抓住新文化运动带来的机遇、新教育变革带来的市场，或许也没有能在企业制度上做更为彻底的革故鼎新，因而逐步走向衰落。

通过以上的追溯和梳理我们可以清楚地看到，1897 年创立的商务印书馆并不是荒野上一棵突兀的橡树，它是在适合的土壤、适合的阳光下从一片茂密树林中诞生并茁壮成长起来的。在当时的中国，尤其是上海，近代形态的印刷业和出版资本已经基本形成气候。“夏瑞芳等人面对的并非一片荒凉。无论在西式印刷技术的引进，还是出版经营体制的创建方面，他们都无缘做最初的开拓者。并且，在资金和技术设备方面，他们无法和外商经营的《申报》馆和有中国官商背景的同文书局匹敌。”④ 起步于小小印刷作坊的商务印书馆，在当时没有竞争优势可言，它是如何立足并获

---

① 戚福康：《中国古代书坊研究》，商务印书馆，2007 年，第 268—269 页。

② 杨丽莹：《扫叶山房史研究》，复旦大学出版社，2013 年，第 200 页。

③ 叶再生：《中国近代现代出版通史》（第一卷），华文出版社，2002 年，第 372 页。

④ 王中忱：《新式印刷、租界都市与近代出版资本的形成——商务印书馆创立的前前后后》，载《中国现代文学研究丛刊》，1999 年第 1 期。

得巨大发展与进步，成为民国时期首屈一指的出版界“冠军”的？我们认为除了人才、机遇，更重要的是制度，是现代企业制度的运用与日渐完善。

第三节　中国近代出版企业的几种形态

从企业发展的一般历史来看，具有代表性的企业制度经历了从业主制、合伙制到公司制的发展历程。从晚清到民国，我国的出版企业特别是民营出版企业也大体经历了一个这样的过程。当然，这个历史演变并非完全彻底地以新代旧，从业主制到合伙制，再到公司制是一个总的、大的发展趋势，其间有混合，有并存，也有自我更新。

一、关于业主制出版企业——以亚东图书馆为例

业主制的物质载体是小规模的企业组织，即通常所说的独资企业。在业主制企业中，出资人既是财产唯一的所有者，又是经营者。企业主可以按照自己的意志经营，并独自获得全部经济收益。这种企业形式一般规模小，经营灵活。正是这些优点，使得业主制这一古老的企业制度一直延续至今。但业主制也有其缺陷，如资本来源有限，企业发展受限制；企业主需要对企业的全部债务承担无限责任，经营风险大；企业的存在与解散完全取决于企业主，企业的存续期限短等等。因此，业主制难以满足社会化商品经济发展和企业规模不断扩大的要求。

书业企业的业主制在我国可谓源远流长。古代的私刻尤其是坊刻大体是可以归入业主制一类的。所谓“私刻”和“坊刻”，其实都是民间个人资本的刻书行为。区别在于前者不以盈利为目的，追求的是学问探究、文化积累和知识传播；而后者注重经济效益，刻书意在牟利。因此，坊刻更接近企业经营的性质。以盈利为目的的坊刻，通常以家庭作坊为刻书单位，一般有自己的写工、刻工和印工，也称书肆、书堂、书棚、书铺、书籍铺、经籍铺，等等。自唐初雕版印刷发明以来，坊刻就广泛存在于民间了。南宋临安以刻印诗文集闻名的陈起的书坊，明代建阳以刻印通俗小说见长的余象斗的三台馆，还有清代苏州以刻书品种丰富、经营得法著称的席氏扫叶山房，都是中国历史上著名的业主制类型的刻书机构。

中国近现代出版企业的设立实行的主要是登记制，在比较混乱的年代

甚至连登记都不必。因此，19世纪后期至20世纪的前半叶，大大小小的出版机构（很少称为某某出版社）如雨后春笋，数不胜数。许多小书店，旋生旋灭，没有留下多少痕迹。朱联保编撰的《近现代上海出版业印象记》一书，就涉及出版机构近600家。作者在“编撰说明”中指出：“本书内容材料，空间以上海市区为限，时间自鸦片战争后上海辟为租界时起，至上海解放后私营书业进行社会主义改造时为止。所记单位近600家，主要的单位大致在内，然亦有少数中小单位因无甚材料可记而遗漏；无招牌的书摊、流动性的皮包书店，亦未列入。”上海以外的京津地区、苏杭一带、湖广闽赣，还有巴蜀、云贵、台湾等地，出版机构亦不在少数。有人说现代中国的大小书局多至万家，也只能是一种推测或估算。

在众多出版机构中，真正一开始就按照公司制成立的出版机构无疑是非常少见的。绝大部分的书局书店（旧时书店、刊社、报馆等往往兼营甚至主营出版业务）起家时或为独资经营，或为合伙开办。这里我们来看一家独资性质的书业企业的发展情况。

亚东图书馆（为行文简洁，下文多以“亚东”为简称）无疑是现代业主制出版企业中的一个成功者，从成立到1952年歇业存活了40年，若算上前身就正好是50个春秋。亚东的创办人同时也是老板的汪孟邹（1878—1953）是安徽绩溪人，早年深受维新思想影响，密切关注新书新报，吸收新思想新知识，并与一帮徽籍人士建立了良好的关系。早在1903年，他就在安徽芜湖独资创办了科学图书社，代售上海出版的各种新书报，发行同乡陈独秀编辑的《安徽俗话报》，并兼营文具用品。由于进货及时、经营得法、服务到位，科学图书社取得了不错的业绩，受到社会好评。

1913年，汪孟邹在上海创办亚东图书馆，带领自己的侄子汪原放一起开始了他新的出版生涯。亚东初创时期，出版一些分类地图，并送到日本去印刷，受到市场欢迎。业务得到发展后，亚东就从原来比较偏僻的里弄搬到上海著名的书店街——福州路。1919年，陈独秀任北京大学文科学长后，就把北大的不少刊物交给亚东出售，又为亚东添了一把火。亚东的供稿者大多是安徽绩溪的同乡，如陈独秀、胡适、陶行知、蒋光慈等等。出版的著作包括陈独秀的《独秀文存》，胡适的《四十自述》、《尝试集》，吴虞的《吴虞文录》，陶行知的《行知书信》，俞平伯的《冬夜》，田汉、宗白华、郭沫若的《三叶集》，朱自清的《踪迹》，等等。这些书用今天的话说都是“双效书”，社会影响大，销售业绩好。

亚东在陈独秀等思想文化精英的大力支持下，积极策应社会进步思潮，引领新式出版潮流，在20世纪20年代出版史上书写了辉煌一页。在推出新人新作、名人名作的同时，亚东在古典小说的推陈出新方面进行了大胆尝试，也取得了巨大的成功。由陈独秀、胡适等名家作序，汪原放用新式标点进行分段、标点的《水浒传》、《儒林外史》、《西游记》、《红楼梦》、《三国演义》、《镜花缘》、《老残游记》、《儿女英雄传》、《今古奇观》、《三侠五义》、《海上花列传》等，在赚得盆满钵满的同时，还赢得了如潮好评。连鲁迅先生都说，若论古旧小说，标点要让汪原放，作序要推胡适之，出版则只能由亚东图书馆。

亚东无疑是成功了，以致1922年汪孟邹准备为芜湖科学图书社出一本20周年纪念册，请陈独秀题词时，陈独秀这样说：“这二十年，你办了个亚东图书馆，我办了个《新青年》，其他就别无所获了。”评价之高，无出其右。这样的成功当然与老板汪孟邹的文化理想和经营方略息息相关。王建辉曾说：“汪有一个商人的文化良心，早年他曾与胞兄双双考中秀才，是一个有旧学根底的知识分子，在变化的时代中又经受了新学的洗礼，他对新书业以身相许，是以良士而为良商，以书生之道行商。”① 汪孟邹自己有句名言：“与其出版一些烂污书，宁可集资开妓院好些。”亚东有这样的老板，就始终坚持不出烂污书，从而形成了“亚东本”的品牌。秀出同行的亚东，出版的书刊不仅内容好，而且编辑认真、校对仔细、印制精良，当时就有人说，“亚东版的书籍，校对特别仔细，错字几乎没有，版本形式特别优美”，“亚东出版认真，不肯苟且”。

亚东成功了，但没有取得更大的辉煌；亚东是有条件、有机会“做大做强”的，结果不仅是没有，而且衰落了。有研究者指出：“20年代的亚东红红火火，到了30年代却走向了衰落。出版社还是那个出版社，主管者还是那个主管者，经营的手段与方式也没有大的改变，而结局却如此的不同。书海沉浮，令人反思。”② 亚东衰落原因到底何在？朱联保的一席

---

① 王建辉：《“亚东”掌门汪孟邹》，见王建辉：《老出版人肖像》，江苏人民出版社，2003年。

② 王余光、吴永贵、阮阳：《中国新图书出版业的文化贡献》，武汉大学出版社，1998年，第166页。

话或许能给我们一些启发：

> 汪孟邹、汪原放叔侄是以旧式商店的管理方法经营亚东图书馆的。陈独秀曾建议可与群益书社合并改组为股份公司；后期因经济周转困难，由胡适介绍与王云五商谈，想请商务印书馆投资数万元改组为股份公司，均未能实现。他们店内的工作人员，最多时亦只 20 余人，绝大多数是安徽绩溪同乡，若非本族，便是亲戚。出版物每年不过一二十种，有几年不到十种，故在旧社会出版业中只是一家中型书店，不能上升到大同行之列。①
>
> 汪孟邹是旧式文人，以封建家长式经营出版事业，经济上家店不分，并以店内资金去做粮食、百货等生意，有所损失，故时有纠纷，常由章、陈、胡三人从中调解。胡适留美回国后，曾挽在上海银行界任职的留美同学为亚东担保贷款。②

这两段话过去人们写文章谈汪孟邹、说亚东图书馆，很少注意，也几乎无人引用。其实，朱联保是“搔到了痒处”的。亚东图书馆作为个人独资企业，汪孟邹是它的唯一投资者。他享有生产决策和经营管理的全部权力，并对企业债务负无限责任。而在亚东这样的小书局中，私人业主制的集权模式是最有效的制度安排，但要“做大做强”则是不可能的。亚东具有所有私人业主制书业企业的致命弱点：投资者单一、财力有限、规模偏小、投资风险大，不能适应社会化大生产的要求，在市场竞争中常常处于不利地位。亚东图书馆在相当长一段时间里，出版、发行、印刷等主要业务，自始至终都是汪孟邹一人负责，即便资格再老的同事也只是处于“帮手”地位，连编辑所也迟至书局成立十年以后才建立。出版业是充满风险和变数的，在书海摸爬滚打多年的汪孟邹深知其中的险恶；在 20 年代亚东取得初步成功后，老板没有进一步扩大再生产，用赚来的钱“办纸印书”，而是对侄子汪原放津津乐道储蓄的好处，积极向同行好友赵南公推荐如何多多购买公债票。汪孟邹毕竟缺乏做大出版家的眼光、气魄和韬略，固守小作坊式的小本经营，满足于小书局的小富即安，致使亚东没能再延续它的辉煌。

中国近现代的新式出版业主要不是古代出版的延续与发展，更多是受

① 朱联保编撰：《近现代上海出版业印象记》，学林出版社，1993 年，第 207 页。

② 朱联保编撰：《近现代上海出版业印象记》，学林出版社，1993 年，第 209 页。

了欧风美雨的浸染。当新出版业萌发之时，大家都处在一个起跑线上，纷纷成立的众多中小书局如百舸争流，难分高下。当众多书局都是小舢板时，有竞争，但还不至于太激烈。但发展一段时间，少数书局在积极引进先进生产力，改善生产关系，并“与国际接轨”以后，优势很快显现。中小书局面临的局势就比较艰难了。亚东老板汪孟邹醒得不晚，起得还比较早。他1903年涉足书业，1913年创办亚东，20年代获得良好业绩。我们要说，思路决定出路，制度决定高度。亚东没有走得更高更远，主要就在于主政者的思路以及所采用的企业制度。这对我们改革转型期的中小出版社也不乏启示作用。

这里我们还有必要提及近现代的一些不以盈利为目的，似乎更重“公益性”的私人出版机构。从资本组合方式来看，它们也属于业主制。鲁迅所办“三闲书屋”，曾朴所办“真善美书店”，邵洵美所办“金屋书店”等等，也是一些个人独资经营的出版发行机构。投资人或为对付当局的出版封锁，或为实现个人的文化理想，或为满足一己的文学艺术爱好。这类小书局对我们今天的企业经营没有直接借鉴意义，但若从国家与社会繁荣思想文化、建立良好的多样化的出版生态角度来说，仍然是很值得研究的。

二、关于合伙制出版企业——以万叶书店为例

合伙制企业是由两个以上的少数人联合投资，合伙人对企业债务负无限连带责任的企业。它的主要特点表现有四：(1) 合伙人对企业负有出资责任，并依据投资份额，享有经营决策和利润分配的权利。(2) 合伙人对企业债务承担无限连带责任，即每一个合伙人都负有清偿企业全部债务的责任，或者说，债权人有向任何一个合伙人追索全部债务的权利。(3) 合伙人之间的契约关系建立在人际关系的基础上，当合伙人及其关系发生变更时，合伙制企业也将终止。(4) 合伙制企业承担民事责任，企业的重大决策由合伙人共同做出，并由每个人签字，日常经营管理一般由合伙人共同选聘的代理人负责。

相比私人业主制的个人独资企业，合伙制企业在一定程度上突破了资本限制，有利于扩大企业规模，促进生产的发展。我国明清时期存在于手工行业中的合伙制，其最明显的特点就是解决手工业个人资金不足与生产发展规模之间的矛盾。它不仅普遍存在于陶瓷业、农产品加工业、采煤业、井盐业和矿业中，而且通过契约逐渐制度化。在四川井盐业中，合伙

制不仅普遍存在，更发展到相当成熟的程度，以至有的研究者认为应将其称为“中国契约股份制”。传统的延续、西法的影响，使得我国近现代出版行业合伙制出版机构十分盛行。一些同人刊物、同人书店，绝大多数是采用合伙制的形式。即便是一些有名气的、有重大影响的书局，如商务印书馆、中华书局、开明书店等，在创设初期也多是采用的合伙制或合作制。若能够充分发挥合伙制的优势，克服其局限性，书业合伙制企业也可以有很好的发展。万叶书店（为行文简洁，后简称“万叶”）应该是现代合伙制图书企业中一个比较成功的范例。

万叶书店创办于 1938 年 7 月 1 日的上海。那是一间只有 6 个人的小书坊，主要创办者就是著名出版家、音乐教育家、装帧设计家钱君匋。当年，他和好朋友位育中学校长李楚材、教员季雪云，澄衷中学教员顾晓初、陈恭则及其妻妹陈学綦等 6 人，每人出资 100 元，合计 600 元，创立了万叶书店。钱君匋回忆说：“万叶书店刚诞生的时候，其规模是小到不能再小了。经过协议，由我担任经理兼总编辑，陈恭则、李楚材、顾晓初任编辑及推广，陈学綦任会计，季雪云任总务。不久，陈学綦受聘为小学教师，不再担任会计，另聘我的胞弟钱君行担任会计，还聘陆凤玉任助理，发行方面又陆续增聘了一、二人。”① 店址设在上海苏州河北海宁路咸宁里 11 号一间租借来的房子里。

从钱君匋的叙述中我们清楚地看到，万叶书店成立时是典型的股份合伙制书业小企业。他本人由于有在开明书店长达 7 年的编辑出版工作经验，又富有经济头脑，精明、实干、勤奋，便成为了“合伙人共同选聘的代理人”。当前任会计另有他任后，钱君匋聘请自己的弟弟担任会计这个重要职位，既是正常的人员补充，也不排除把可信赖的人放在关键岗位的考虑。

万叶书店最初出版音乐、美术等学校辅助读本，有《小学活页歌曲选》、《儿童画册》、《国语副课本》、《子恺漫画选》等。后来业务发展，资金增加，开始出版文学读物。出版了《文艺新潮》月刊，由钱君匋、李楚材、锡金主编。还出版了《文艺新潮小丛书》，作者有茅盾、巴金、靳以、丰子恺、王西彦、适夷、瞿秋白、凤子、李广田、臧克家、梅林、索非等。还出版了新文艺作品集《第一年》，收辑了张天翼著《华威先生》、姚雪垠著《差半车麦秸》等解放区和大后方的文艺名作。抗战胜利后，大量

① 钱君匋：《略谈万叶书店》，见钱君匋：《书衣集》，山西人民出版社，1986 年。

出版音乐读物，达 200 种左右。后期专门从事音乐书籍的编辑出版。

从出版经营的角度看，万叶书店发展空间越来越大，选题运作越来越集中，筹资范围则越来越广泛。

当书店有了一定基础后，钱君匋就租用了北站区天潼路宝庆里 39 号石库门楼房，面积达 300 平方米。书库、纸库就有 4 大间。不久，又用 30 根"大黄鱼"（金条）购买了上海南昌路 43 弄 26 号一幢三层楼房做店址，面积达 600 平方米。万叶书店还投资创办了坐落在上海北四川路四达里的一家合作印刷厂，主要铅排文字和乐谱。一家 600 元起家的小小书坊，经过七八年的苦心经营，发展成为编辑、印刷、发行一体化的中型出版机构，实力充足、品牌优良，远近闻名。万叶出版的抗日书刊，不仅境内的上海等地发行，还经五洲书报社、中国图书杂志公司和其他一些发行渠道，远销中国的香港地区以及新加坡、马来西亚等国家。

万叶书店的出书范围涉及文学、美术、音乐、儿童读物、学校教学辅导读物等领域。前期主要还是走开明的路子，后期则收缩战线，集中力量专攻音乐书籍，形成了自己的品牌特色，也建立了自己的核心竞争力。对于这一经营路线，钱君匋是这样解释的：

> 我在想，出版美术和文学、儿童读物，在编辑上、技术上都比较容易，出版音乐书籍，因为情况复杂，比较困难，我既有这方面的知识和经验，如果我不去搞这一行，那就不会再有比我更内行的人去搞了（指要精通音乐和出版）。于是我就毅然决然地在万叶书店的后期，把原来平均从事儿童读物、美术读物、文学读物的出版，一下子改了个调子，停止了以上这些门类的出版，转到音乐上来，专门致力于这方面的出版，结果把儿童和美术读物转让给童联书店继续出版，文学读物转让给联营书店继续出版，专心致志地向音乐书籍大踏步进军，成为我国独一无二的一家音乐专业出版社，为新中国的音乐从业人员提供了不少音乐方面所急需的知识，付出了辛勤培育的汗水，转化为今天的人民音乐出版社。①

万叶书店选题战略的调整是很有启发的。中小出版社如何走特色化、品牌化道路，如何打造人无我有的核心竞争力，从钱先生的这段话中可以得到一些教益。近现代中国的大小书店数以万计，人们今天还能记住万

---

① 钱君匋：《略谈万叶书店》，见钱君匋：《书衣集》，山西人民出版社，1986 年。

叶，而且万叶还存活在今天的专业出版机构——人民音乐出版社里，决策者的取与舍是至关重要的。

1945年抗战胜利后，万叶书店步入新的大发展阶段。随着营业额的直线上升，需要的资金就显得紧张了。这年万叶发行了自己的股票，成立了股份有限公司。钱君匋的朋友盐商陆海藩、画家费新我等社会名流加盟入股，股东达70多人。据万叶老职工、后任人民音乐出版社副社长的杨昌霖回忆说："钱君匋家的股票占90%，第二是陆海藩，费新我编辑了钢笔画、铅笔画等书稿，他是以稿费入股的一个股东。"① 向社会筹集资金，无疑是有助于企业发展壮大的重要举措。笔者认为，从现有资料看，还很难说万叶书店1945年底就是一家真正的股份公司了。它没有实行出资者所有权与法人财产权的分离，所有者与经营者的分离，没有股票的自由转让，也没有建立董事会、监事会、经营者的制衡机制。若前面所说钱先生个人股份占到90%属实，那他似乎更像一个名副其实的私人老板。

回过头来看，以合伙制起家的万叶书店在抗战及其以后那样的非常年代，居然取得了不错的成绩，不断发展壮大，这在一定程度也证明了合伙制书业企业有其优点，有自己的生命力。除了天时地利等外在因素，"人和"与"人合"在合伙制企业中实在太重要了。以人际关系为基础的合伙制，又可以称为"人合公司"，这同股份公司的以资本联合为基础是不同的。合伙制企业的合伙人"合得来"，和谐团结、共同奋斗，是办好企业的基础和前提。万叶的成功，在很大程度上就是"人和"与"人合"的成功。书店有钱君匋这样一个品德好、靠得住、懂经营、善管理的"代理人"，其他合伙人互相配合、彼此信任，从而才有了万叶的发展与辉煌，光荣与梦想。著名出版家赵家璧与大作家老舍1946年也曾创办过合伙制的晨光出版公司，也是合伙制图书企业的一个好的典型，值得特别关注。

另一著名合伙制书局的结局则反证了"人和"是多么重要。1927年由宁波人洪雪帆创设的现代书局，起家5 000元资本；后来有张静庐、沈松泉、卢芳加入，成为标准的合伙制企业。书局起初发展也不错，出了很多有影响、销路也好的文学著作，出版了有重要影响的《现代》杂志。但后来洪雪帆、张静庐意见分歧，在未充分协商的情况下张静庐被清理出

① 黄大岗：《我国第一个音乐出版社（上）——钱君匋和万叶书店》，载《中央音乐学院学报》，2007年第2期。

门。最后的结果是，1935 年现代书局资不抵债而关门大吉。

三、关于公司制企业——以世界书局为例

公司制企业包括股份有限公司和有限责任公司，它们都是由多个投资者共同投资兴办的企业，投资者以其出资额对企业债务负有限责任，企业以其全部资产对债务承担责任。股份制企业与合伙制企业的不同有以下几点：(1) 股份公司是企业法人，实行出资者所有权与法人财产权相分离。出资者即股东，按投入企业的资本额享有权益，包括资产收益、重大决策和选择管理者等权利；企业是享有民事权利、承担民事责任的法人实体，对出资者承担资产保值增值的责任。公司法人制度的确立，是公司制与合伙制的根本区别。(2) 股份公司的股份原则上是可以自由转让的，这就确立了公司制是“合资公司”的原则，避免了排挤有才干的企业家管理生产的现象。(3) 股票持有者或股东的责任是有限的，这就规范了投资者的风险。

1872 年轮船招商局的诞生，标志着这种从西方引进的新型企业资本组织形式开始在中国社会中出现。此后，由于这种资本组织形式具有集资广泛迅速，以及集资成本低、适应生产社会化发展的要求等特点，逐渐发展成为近代中国新式工商业企业主流的资本组织形式。据有关统计，1928 年2 月至 1935 年 6 月注册登记的 1 966 家公司中，实行股份制的企业数占 70.4%，资本数占到 94.37%①。而在 20 世纪二三十年代，也是中国出版企业大发展的黄金时期，其中位居前列的几大出版机构如商务印书馆、中华书局、大东书局、开明书店等，无不采用股份制形式。这里我们选取民营的“老三”——世界书局，特别是沈知方主政时期的世界书局，来观照股份制在我国现代书业企业的运行情况，总结经验与教训。

1917 年，沈知方因债务纠葛不得不离开中华书局。他还是重操旧业，以 3 000 元的资本租房出书。所出图书，比较正规的，用“广文书局”的名称；属于投机性质的，则用“世界书局”或“中国第一书局”的名称。因没有自己的门面，所出图书委托大东书局发行。后因用“世界”名称的图书销售最好，他便废弃了其他两个名称。那几年大约出书 200 多种，营业

① 朱荫贵：《中国近代股份制企业研究》，上海财经大学出版社，2008 年，第 1 页。

额也逐年上升。

因为出书品种增加，生产规模扩大，书局要获得更大发展，个人的资金局限就十分明显了。1921 年 7 月，世界书局改组为股份有限公司，注册资金是 25 000 元；选举出董事沈知方、魏炳荣、林修良、毛纯卿、张丽云，监察陈芝生、胡挺楣。沈知方任总经理。局址位于上海的福州路、山东路的怀远里，并于怀远里口（福州路 320 号）租店面为门市部，门面漆成红色，又叫“红屋”。同时，在闸北香山路和虬江路设立编辑所和印刷所。1923 年盘下了俄商的西伯利亚印书馆。1925 年，虬江路印刷所因失火获得保险金，便在虹口大连湾路（今大连路）建造总厂。1926 年，总务处、编辑所、印刷所迁入总厂。1932 年建成五层楼厂房，又添置大批印刷设备，拥有全张密勒机 17 部。同年，发行所迁入福州路 390 号，实力进一步增强。

的确，“红屋”开张以后的世界书局果然红红火火，特别是 1924 年进军教科书领域获得成功后，很快跃居全国第三大书局。1931 年，世界书局迎来了组建股份公司的第一个十年。为了庆祝和纪念，特发行《世界杂志增刊（十年)》以志其功。其中《十年来的世界书局》一文，是专门对书局十年经营史进行回顾和总结的，数据详明、线索清晰、可资比较。吴永贵据此转换成一个表格，让人一目了然地看到书局的进步与发展①。拿 1921 年和 1931 年进行年度比较，世界书局出版物品种由 200 余种增加到 2 000 种以上，资本总额从 2.5 万元增加到近一百万元，营业额从 13 万元增加到两百余万元。用“跨越式”来形容世界书局头十年的发展是一点也不过分的。

集中散钱办大事是股份制企业的一个重要特征。以股份的形式将社会上分散的资本或其他资本集中起来，就可以有效地解决企业资金不足的困难。企业要做大做强，首先得解决发展资金问题。世界书局的成功在很大程度上可说是资本运作的成功。有研究者将新中国成立前的开明书店和世界书局从融资角度进行比较②，给人启发，很有见地。开明书店显示出更高的文化品格和职业道德，而世界书局则表现出更浓厚的商业色彩，把更

① 吴永贵编著:《中国出版史》(下)，湖南大学出版社，2008 年，第 158—159 页。

② 刘积英、张新华:《同人书店和商人书局——从融资方式看开明书店与世界书局的发展》，载《北京印刷学院学报》，2000 年第 4 期。

激烈的竞争带入出版界，促进了整个书业经营水平的提升。用现在的话说，就是一个更注重社会效益，一个更注重经济效益。二者的这种差别突出体现在融资方式上：开明书店更多地依赖本店同事、作者以及文化知识界同人的支持，对融资持谨慎态度，方式比较单一；世界书局则广泛吸纳社会资金，方式也多种多样。1928 年开明书店改组为股份公司时资本金是 5 万元，结果到全面抗战爆发前的 1936 年也才扩大到资本金 30 万元，发展速度和生产规模远不及原先基础差不多的世界书局。人们今天为开明书店说好话的比较多，对世界书局则毁誉参半，甚至以批评为主。其实，从现代企业经营的视角来看，世界书局是一个更成功的范例。

世界书局改组为股份公司时，主要投资人背景很杂。其中有经营书业的，如魏炳荣、李春荣、张元石、贺润生；有经营纸业的，如陈芝生、林修良、毛纯卿、张丽云、胡挺楣。中期增资扩股，投资者来源更加广泛。侦探小说家程小青说沈知方"有一种口吐莲花的募集股金的特殊手腕"。担任董事的除了初期的几位，后来增补的还有吴蕴斋（银行经理）、陈嘉庚（华侨领袖）、吴南浦（报关行老板）、吴臣笏（鱼行老板）、罗坤祥(绸庄老板)，等等。商界、司法界的不少要人，都成为世界书局的大股东。沈知方还常常拉作者入股，用书局股票向作者付酬。

除了正常的增资扩股，世界书局还采取银行揽储的办法大量吸纳社会游资。20 世纪 20 年代末 30 年代初，世界书局设立了同人储蓄会（一说为"读书储蓄部"），后又改为读者服务部（一说为"同人存款部"），在极短的时间里，就吸收了 180 万元的巨额资金。为大量揽储，储蓄部还公开在报纸上连续刊登大幅广告。上海商业储蓄银行在 1930 年 3 月 20 日发给上海银行公会的信函中指出："迩来沪上各商号如中国内衣公司、世界书局、中法药房等，均以储蓄两字为增加营业资本之唯一方法，假报纸广告大事宣传，不惜诱以厚利，多方招徕，甚至大世界游戏场亦添设各种储蓄存款以固厚其营业上之实力。因之沪上储蓄机关之多竟至汗牛充栋。"该信函忧虑重重地指出："诚恐此端一开，日后商店无论大小皆将以储蓄为主要业务，其资本不必筹措，尽可以厚利吸收。"① 令人印象最深刻的，是 1928 年 4 月 21 日《申报》第一版全版刊登的世界书局读书储蓄部创立

① 转引自朱荫贵：《中国近代股份制企业研究》，上海财经大学出版社，2008 年，第 116 页。

的大幅广告。该广告用整整一个版面的篇幅，宣传和鼓动社会大众参加“读书储蓄部”储蓄。该广告打出的宣传中心，是“读书作为知识储备，储蓄作为经济储备”。该书局的广告词确有迎合社会大众心理，能够抓住人心之处。如“赠言：种瓜得瓜、种豆得豆，及早储蓄，终生无忧”，“读书：一日有一日之益；储蓄：一年多一年之利”，“唯读书才能成名，唯储蓄才能得利”，“读书储蓄，是最进步的储蓄新法”，“读书储蓄，是成名得利的捷径”（《申报》1928 年 4 月 21 日），等等。在宣传鼓动的同时，该广告还以参加储蓄可以获得购书“宝洋书券”和赠送“百宝箱”的方式进行诱惑劝导，可谓“劝之以情，动之以利”。① 世界书局读书储蓄部活期储蓄的利息是七厘。它同样在定期方面设立了整存零取、按月支息、零存整取、整存整取、对本对利等不同方式，存款数额和利息息率的规定各不相同，其中“最低之一年期利息，统扯有一分三厘八毫，期长者利息愈厚”。这明显高于同年同月在《申报》刊登广告的上海汇通商业银行的储蓄利率。

世界书局不满足有银行之实，还要争取银行之名。1930 年，南京政府颁发禁止企业商号吸收储蓄的禁令。6 月 16 日，因世界书局储蓄部向南京政府财政部申报“以银行名义，请求注册”。南京政府财政部认为，“该世界书局为求兼办储蓄，不惜假借名义，趁势招摇，足见该行之设立，专为接办世界书局之读者储蓄，并非实在经营银行业务”，“该世界书局既违法营业于前，复趁本部严行取缔之际，竟敢以银行名义来部蒙请注册，实属不合。除批斥外，相应咨请贵市政府查照，即希转知租界当局，严饬该书局不准兼办储蓄业务，并将各户储金分别清偿具报，以维法纪而杜效尤”②。

企业红火往往暗藏着危机。钱多了能成事也能败事。1934 年前后，沈知方投资房地产失利，加上出版物销路日狭，教科书课程标准变更导致存货积压，局内用人又多，开支很大，内虚外露，书局的世界商业储蓄银

---

① 转引自朱荫贵：《中国近代股份制企业研究》，上海财经大学出版社，2008 年，第 118—119 页。

② 转引自朱荫贵：《中国近代股份制企业研究》，上海财经大学出版社，2008 年，第 124 页。原文出处为民国十九年（1930 年）6 月 30 日发行的《上海特别市政府公报》第 58 期，第 85 页。

行发生挤兑风潮，致使资金周转不灵，捉襟见肘，企业效益明显下滑。最后，不得不由吴蕴斋、钱新之通过张公权引入李石曾的官僚资本，世界书局才渡过了难关，但沈知方担任总经理总揽全局的时代也就结束了。我们现在的出版传媒集团，一些书业公司也同样热衷于房地产开发，实行多种经营；其实，任何投资都是利益与风险并存的。

1934 年，陆高谊接任总经理。抗日战争期间，大连湾路的总厂被日军占领，厂内产物损失严重。抗战胜利后，李石曾强制投资半数，自任常务董事与总经理。张静江、杜月笙先后任董事长，吴稚晖等人为监察人。这是后话了。

四、关于三类企业的混杂及商务印书馆的制度变迁

过去，我们习惯于根据企业的所有制形式，把企业类型分为国有企业、集体企业、个体企业、私营企业和外商投资企业。书业也是这样。这种划分方法具有很大的历史局限性，它只适用于投资主体是单一所有制的情况。现代市场经济和社会化大生产的发展，客观上要求企业包括出版企业进行合资经营，实现资本的社会化。因此，从企业制度的角度来观察、研究现代企业特别是中国出版企业，无疑是值得重视的。通过上面我们对我国近现代书业企业的几种类型的介绍与初步分析，也能得到一些引人深思的东西。

当然，我国近现代一些书局、报刊社，其资本构成与运作管理往往还处于公司制的模糊阶段或探索阶段。有些挂名为股份有限公司的，实际上还只是停留在股份合伙制的水平，特别是一些文人、同人所办报刊机构与图书公司。例如现代文学出版史上著名的新月书店的股份制就是如此。据亲历者谢家崧回忆："新月书店是一个股份有限公司的组织，当时原定资金为五千元，以五十股为定额，每股一百元，但成立时并未收足。"至于组织机构，"成立时有一个董事会，以胡适之为董事长，其余的董事是：徐志摩、潘光旦、闻一多、梁实秋、董任坚、张歆海、余上沅、张家铸等。成员中大部分是要为新月书店编写图书的著作人，少数是凑热闹的"。虽说机构一应俱全，像模像样，但运作并不规范，"董事们曾开过几次会，但从没有召开过一次股东会，因我亦系股东之一，故比较了解。事实上掌大权的是胡适之和徐志摩"。该公司似乎更加注重编辑工作，这也正是这些文人学士之所长，他们"另外还有一个类似编辑委员会形式的组织，经

常讨论有关编辑上的事务。这个组织设在环龙路（即现在的南昌路）花园别墅，后来又搬到福熙路（即现在的延安中路）六七三号徐志摩的家里。有时也在极司斐尔路（即现在的乌鲁木齐路）四十九号胡适之的家里。参加这个组织的成员有：胡适之、徐志摩、潘光旦、闻一多、梁实秋、饶孟侃、叶公超、张嘉铸、余上沅等人，其中余上沅系书店经理有固定工资，其余都是义务的，所以他们在徐志摩或胡适之家讨论编务时，所有烟酒甚至茶饭都是由徐、胡两人招待，当时徐志摩的夫人陆小曼和胡适之的夫人江冬秀，就是热情的招待人”。①

对于新月书店董事会及其运作，应国靖也有过论述，他说 1927 年春成立的新月书店有一个董事会，“这些所谓董事大部分是为新月书店编写著作的人，董事会的实权操在胡适和徐志摩的手中，因为胡适是当时的名流，徐志摩既是闻名遐迩的诗人，又因他的父亲徐申如系浙江兴业银行的大股东，徐志摩的原配夫人张幼仪是当时中国银行总经理张公权的胞妹，新月书店要靠这两个银行贷款周转，有这两个人在中间能招揽一帮文人，而且财源不用发愁”②。这里又涉及到新月书店的经济背景与社会关系。

其实办公司做出版，从来就不仅仅是单纯的文化活动、学术事业。我们并不能说当时的新月书店股份有限公司是挂羊头卖狗肉，但至少可以看到近现代出版文化企业或机构的多样与复杂。其实，中国近现代出版事业的一度繁荣与兴盛，既有像商务印书馆、中华书局、世界书局这样几大书局的突出贡献，也绝对离不开数量众多、如雨后春笙般的中小书店、报馆、杂志社，等等。如果说当时的五大书局也好，七大书局也罢，都还只是一片茂密树林里的几棵“大树”，而没有众多的“中树”、“小树”，甚至是“灌木和荆棘”，恐怕难以构成那个时代出版的多姿多彩、竞合并存的良好生态。

从市场经济发展的长远趋势来看，企业制度由独资、合伙制发展为股份公司制，企业规模通过资本积累和资本积聚由小企业扩展为大企业，企业经营方式由分散经营发展为集团化经营，这可以说是一种规律。但是在某个特定的经济发展阶段，企业制度、企业规模以及经营方式必然呈现多

① 谢家崧：《我记忆中的新月书店》，见俞子林主编：《百年书业》，上海书店出版社，2008 年，第 77—78 页。

② 应国靖：《现代文学期刊漫话》，花城出版社，1986 年，第 89 页。

样化的格局，尤其是在经济转轨时期，任何“一刀切”的做法都是违背事物发展规律的。我国晚清民国时期的书业发展就是这样一种多元并存、百花齐放的局面。我们今天在大力推进现代企业制度建设的时候，强调现代企业制度可以有多种模式，强调“抓大放小”，强调通过实践，形成多种多样的公司实现形式和适应市场的生产经营方式，确实还是十分重要的。数典未敢忘中华。在如何“造大船”，建立具有集团性质的企业包括文化出版企业这一问题上，老商务又有极重要的参考价值。

晚清创立的商务印书馆，最初也只是股份合伙制的小型家族式印刷所，有着浓厚的家族色彩。商务的创办者以夏瑞芳、鲍咸恩、鲍咸昌、高凤池四人为主，实际集资 3 750 元大洋（对外号称 4 000 元）。这 4 个人的组合十分有“缘”。首先是“乡缘”，夏瑞芳、高凤池是离上海不远的青浦的同乡。其次是“学缘”，夏瑞芳家贫，其母在上海一个基督教牧师家里当帮佣，因此之故他得以进入教会办的清心书院半工半读，而鲍家三兄弟（三弟名鲍咸宁）之父也是牧师，三人都是清心书院的学生。由此带来的第三缘就是“教缘”，这样的经历使他们都成为了基督教徒。第四可以说是“业缘”，这个业缘与佛教无关，是指同行之意。夏瑞芳、鲍咸恩、鲍咸昌三人后来都在美华印书馆学排字技术，而夏瑞芳又在英商《捷报》、《字林西报》当过排字工人，高凤池也在美华印书馆工作过。这样，他们工作行当相同，都在外商报馆、印刷机构供职，是印刷同行。此外还有第五“缘”就是“亲缘”。夏瑞芳娶了鲍珏，她是鲍氏兄弟的妹妹，这样就构成了姻亲关系。由于教会的关系和既往的经历，商务最初主要承印商业方面的账簿、表册和广告之类印件，也为教会承印《圣经》等书报，因此便由鲍氏兄弟的姐姐、在清心书院任教的鲍大姑给这家印刷所起名为商务印书馆（The Commercial Press）。当时的商务，购置了 2 部手摇印刷机、3 部脚踏圆盘机和 3 部手扳压印机，雇佣了十几名宁波籍工人开始营业。商务印书馆的经营场所是在上海江西路德昌里租用的 3 间房屋。

26 岁的夏瑞芳是一个精明能干、雄心万丈的具有企业家精神与素质的优秀青年。“商务印书馆开办后，他广泛联络，招揽生意，热情接待顾客，营业额逐年上升。他又精打细算，管理得法，盈利成倍增长。如以 1897 年该馆资本额 4 000 元为基数，到 1901 年变成 5 万元，增长 11.5 倍；1903 年为 20 万元，增长 49 倍；1905 年为 100 万元，增长 249 倍；1913 年为 150 万元，增长 374 倍；1914 年为 200 万元，增长 499 倍。17 年工夫，资本额平均每年增长 29 倍多。这样的高速发展，实属罕见，因此被认为‘其历年进展之速，为国人经营事业中之最尖端者’。”[①] 这里的增长包括盈利的积累，也包括增资扩股、吸纳外资、企业兼并等，完全是伴随着企业化程度的提高而一步步发展壮大的。1914 年是夏瑞芳遇害的年份，到 2014 年这位中国现代史上非常杰出的出版企业家去世整整 100 年；过去人们对他的关注、重视和研究是很不够的。作为出版企业家来看，他的贡献从某种程度上是不输于张元济、王云五、陆费逵等人的。更何况，如果没有夏瑞芳，也许就没有能够坐“中国现代出版家第一交椅”的张元济及其辉煌成就。笔者欣喜地看到，商务印书馆的现任总经理于殿利最近在《现代出版》2014 年第 6 期上以《中国近现代民族出版第一人》为题来纪念夏瑞芳逝世 100 周年，也算是行家同道迟来的，却也是合乎历史事实的客观评价，是新商务掌门人对老商务掌门人的精神认同与事业赓续。

据 1936 年商务印书馆刊行的《本馆四十年大事记》记载[②]：从小型的股份合伙制印刷所到较为规范的股份有限公司，商务花了约 9 年的时间。商务创设的具体日期是 1897 年 2 月 11 日；1900 年，接盘了日本人所办的修文印刷局；1901 年，张元济、印有模入股商务，并成立有限公司，原发起人每股照原数升为 7 倍，共计资本 5 万元；1903 年，“日本金港堂主原亮三郎，拟至上海开设印书公司，本馆因彼时局势之必要，与之议定合股”。后来不少研究者或认为商务印书馆正式成立股份有限公司是始于 1901 年，有的认为是 1903 年，其实都并不确切。商务印书馆正式成立股份有限公司当在 1905 年的 12 月，而得到批准则到了第二年。据《商务印书馆大事记》，是年“12 月正式成立为股份有限公司，资本 100 万元”。“遵清政府商律定为有限公司，呈商部注册，资本 100 万元，注册时先集半数，每股 100 元，准许外人附股，但须遵守我国商律及公司律，次年 3 月 12 日经部批准。”可见，以前都是自己成为有限公司或股份公司，正式得到官方认可并获得“准生证”，则以商部批准为准。而在 1904 年，清政府刚刚颁布了《公司律》，使得股份制企业的建立有法可依。到此时，

---

① 贾平安：《记商务印书馆创始人夏瑞芳》，见商务印书馆编：《商务印书馆九十五年——我和商务印书馆》，商务印书馆，1992 年，第 543—544 页。

② 商务印书馆编：《商务印书馆九十五年——我和商务印书馆》，商务印书馆，1992 年，附录。

公司设立的董事会、股东会、监察人运作更加规范有序，所有权与经营权的分工更加明确。

商务实行较为严格的股份制以后，迅速崛起，不断发展壮大，这里的制度变革和路径选择无疑起了极其重要的作用。在股份公司中，所有权、经营权、监督权彼此合作又相互制衡。董事会是股东股权意志的体现者，执行股东的基本权力，但所有权和经营权相剥离，所有权在董事会，经营权在总经理，即总经理是资本运作的主体。这一切在资本增值这一目的上相统一。在旧中国，商务印书馆是将股份公司制发挥得最为有序、也非常有效的成功企业之一。简单地说，商务是在合适的时机（资本主义初步发展）、合适的地方（上海），由合适的人（企业家夏瑞芳、张元济等）实施了合适的制度（股份制公司）。接下来，我们就侧重从制度层面，主要是企业的产权制度、组织制度、管理制度对商务印书馆进行个案解剖。

第二章　商务印书馆的产权制度分析

第一节　现代企业产权制度及其演变

产权，亦称财产权利（property rights），在现代市场经济环境中出现得极为频繁。著名学者德姆塞茨认为，"产权是一种社会工具。它之所以有意义，就在于它使人们在和别人的交换中形成了合理的预期"①。他将产权定义为"指使自己或他人受益或受损的权利"②。产权即是企业出资人享有的财产权利，是伴随着出资人对企业的资本注入行为而产生的。它不是单一的所有权利，而是以所有权为核心的一组权力，包括占有权、使用权、收益权、让渡权等。从广义上讲，产权分为私有产权、公司产权（法人产权）、社团产权（俱乐部产权）、公共产权和国有产权。

公司产权，即法人产权，是"关于如何行使对公司资产的各种权利的决定不是由某个自然人作出的，而是由公司的决策机构——法人代表机构对权力的形式作出规则和约束"③。公司产权是一种排他性的、可转让的产权。非公司股东不得侵犯公司产权，公司股东也不得以非正当手段干涉公司产权，公司的出资者如主观愿意并遵守公司相关规定，则可以将手中的公司股票转让给他人。

公司产权作为一种法人产权，是脱离了自然人的财产权利，因而需要有规范化的管理。产权制度是指"由一定的产权关系和产权规则相结合而形成的并且能够对产权关系实行有效保护、调节和组合的制度安排"④。

---

① ［美］H. 德姆塞茨：《产权论》，载《经济学译丛》，1989年第7期，第76—89页。

② ［美］H. 德姆塞茨：《关于产权理论》，载《经济社会体制比较》，1990年第6期，第49—55页。

③ 魏杰，等：《产权与企业制度分析》，高等教育出版社，1998年，第16页。

④ 牛国良：《现代企业制度》，北京大学出版社，2002年，第62页。

具体来说，产权制度即是指“对财产占有、支配、使用、收益和处置过程中所形成的各类产权主体的地位、权利、责任以及相互关系加以规范的法律制度”，公司产权制度则是“以公司的法人财产为基础，以出资者原始所有权、公司法人财产权与公司经营权相互分离为特征，以股东会、董事会、执行机构作为法人治理结构来明确各自责、权、利的企业财产组织制度”①。完善的产权制度应该包括产权界定——明确的产权归属、产权转让规则、产权拥有者的权利和义务，产权结构安排——明确的出资者、经营者关系和优化的激励约束机制，以及有效的产权保护。

财产界定是随着社会经济生活的发展而不断推演的。迄今为止，人类社会出现过的产权界定方式大体有五种，即习俗界定方式、暴力界定方式、国家界定方式、市场界定方式和法律界定方式。这有一个逐步演变发展的过程。到近代，西方股份制公司制度的产权安排有两个基本特点：第一，所有者是众多而分散的股东，任何一个股东都没有取得企业经营权的力量；企业经营权（即包括实际占有权、处置权与使用权的法人所有权）由职业的执行经理来行使，形成所有权与经营权的分离。第二，所有者通过所有权（即剩余索取权）的可交换性，对经理形成制约和对所有权进行保障。股票具有的交换性，也就是所有权的交换性，源于所有权基础，即是由财产个人所有决定的。因此，在股份公司中存在着所有权制约经营权的产权关系，存在着所有者对经营者的制约机制。股份制企业产权制度的实质，在于财产权的两分，它使所有者放弃直接支配权而不削弱收益权，使经营者享有出资人财产的支配权但不侵蚀所有权。②

股份制严格意义上只是一种资本的组织形式，为了达到不同的目的，可以通过不同的方式和途径来实现。我国晚清以降，就存在着官督商办股份制企业类型、民间资本股份制企业类型以及国家资本股份制企业类型这样三种途径。③ 中国近代半殖民地半封建的社会性质，决定了它的企业发展道路坎坷曲折，其制度建构难免新旧杂陈。晚清的股份制公司企业在其

---

① 刘东林：《关于公司产权制度的理论探索》，载《北华大学学报（社会科学版）》，2004 年第 1 期，第 58—62 页。

② 严亚明：《晚清企业制度思想与实践的历史考察》，人民出版社，2007 年，第 165—166 页。

③ 朱荫贵：《中国近代股份制企业研究》，上海财经大学出版社，2008 年，第 1—81 页。

发展过程中存在着产权模糊的严重缺陷。在官督商办式股份公司中，股权与债权的地位明显不符合西方股权制的惯例，其角色常常是颠倒的。在后期的官商合办及商办股份制企业中，股权意识也存在一些重大的误区。《公司律》的颁行，虽然在一定程度上扭转了国人对股权、债权的错误认识，但并未能从根本上转变人们传统的投资理财观念。而政府对公司企业的行政干预，又破坏了企业产权关系的正常发展，使本来逐步趋向清晰的产权关系变得缠绕不清。这些问题对我们今天的产权制度改革、企业改革仍旧不乏借鉴价值和警示作用。上述三类股份制企业，民间资本的股份制公司其实才更为“正宗”，代表着市场经济环境下企业发展的“正途”和前进方向。

我国近代民间的股份制企业，在晚清洋务运动时期已经开始起步。但是作为一种重要的企业类型正式登上中国的经济舞台，并发挥重要作用，是在甲午战争结束之后。值得注意的是，民间资本股份制企业一经登上历史舞台，就以一种迅猛的姿态快速发展，很快成为中国近代股份制企业中数量最多、范围最广、表现最活跃和特色最鲜明的企业群体；也是中国近代连续存在时间最长、内容最丰富、对中国经济发展和工业化贡献最大的企业群体。这个企业群体中，无疑是包括了商务印书馆在内的众多民间资本的文化出版机构的。

“作为一种资本组织形式，中国近代民间资本股份制企业在起步阶段筹集资金相当艰难，状元身份的张謇在创办南通大生纱厂历经磨难的经历就是一个典型，相当有代表性。此后，利用股份制企业的特点并以之为手段，中国近代民间股份制企业发展迅速，并在不长的二三十年时间里，一批企业集团快速形成并迅速崛起。而中国近代民间资本股份制企业，也因其形态和种类表现最为多样而成为中国近代股份制企业中最有特点的一个群体。”① 晚清民国时期的上海，在闻名遐迩的福州路一带形成了一个出版企业集群；它们中的绝大多数都是民间资本形态的，相互竞争、风云激荡，引领其风骚者无疑属于具有集团性质的商务印书馆②。

---

① 朱荫贵：《中国近代股份制企业研究》，上海财经大学出版社，2008 年，第 27 页。

② 范军：《晚清民国时期上海的出版企业集群》，载《现代出版》，2012 年第 6 期。

第二节 商务印书馆产权制度的初步确立

鸦片战争之后的中国社会，满目疮痍，半封建半殖民地的社会形态已经呈现。1842 年，中国近代史上第一个不平等条约《南京条约》签订，上海沦为帝国主义的租界。甲午战争后的第三年，百日维新的前一年，即 1897 年，商务印书馆创立。商务印书馆的创立绝非偶然，它有着深刻的社会根源和时代推力。当时各国列强以鸦片和坚船利炮撬开了我国的国门，闭关自守的清朝帝制受到了前所未有的冲击，在内部固步自封和外部强行入侵的夹击之下，国人开始变法图强，新思潮、西学开始盛行。商务印书馆正是在这样的环境下应运而生。据胡愈之记载，“之所以叫‘商务’，是因为主要印商业用品如名片、广告、簿记、账册等；其所以叫‘印书馆’，是因为当时中国没有‘印刷厂’的名称，当时中国人都叫‘印书馆’”①。创立之时，商务印书馆只是单纯的靠着与教会、同乡和洋行的关系，接受一些行家小生意；1900 年，商务收购上海修文书局的设备等而初具规模，在技术条件成熟之后；1902 年张元济的加入更是让商务如虎添翼；之后，商务印书馆在张元济以及后来的王云五的带领下，有声有色地发展起来，即便历经“一・二八”国难和八年抗战，仍能成长为中国近代出版史上的璀璨明星。

从 1897 年到 1949 年，商务印书馆在旧中国经历了初创、发展、鼎盛和衰落四个时期。其产权制度亦从原始的股份合伙制进而逐步具备现代产权制度的雏形，再到比较成熟的股份制形态。特别是 1905 年股份有限公司成立后，商务印书馆制定了公司章程，明确了公司的产权归属及股权流转制度，其产权制度具有现代产权制度的某些特点。股东大会、董事（局）会的产生和经理人的推选又使商务产权实现了初次分裂——所有权与经营权从此分属于不同的主体。正是在这样规范的产权制度的基础上，商务的发展才能既有所约束又不受过分羁绊，在共同经营目标之下，实现劳资双方的平衡。中国台湾的王寿南曾经这样评说商务的产权制度：“作为新兴事业的商务，其早期历史是探索近代企业制度的过程，商务的资本

---

① 商务印书馆编：《商务印书馆九十五年——我和商务印书馆》，商务印书馆，1992 年，第 113 页。

运作是现代企业制度即公司制。早在1903年商务就探索实行公司制，成立股份有限公司，招股集资，找到了一条资本主义的有效运作方式，董事会、总经理、监事会（商务采取在董事会内设监察人的办法）的公司三要素基本健全。”① 这里除了商务印书馆股份公司成立的时间不够准确外，其他评价应该是公允的。

一、产权归属清晰，“三权”初步分离

产权归属清晰是建立现代产权制度的基础和前提。在现代企业制度中，股东是公司财产的原始所有者，通过股东会选举成立董事会并通过表决权的行使来反映其自身作为公司投资者的权利，依法取得股权收益和行使其他权利，股东无权干涉公司的经营管理。股东作为投资者，将其现有资金以购买公司股票的方式转化为公司股权。股权是股东依法享有一切资产权利，包括资产收益权、选择管理者的权利、参与公司重大决策权、股权转让权和公司剩余财产分配权等。公司吸收投资者的资金从而形成法人产权，通过有效的资本运作，实现资本保值增值，一方面促进公司规模的扩大和实力的增强，另一方面为投资者带来收益。这样，公司的产权关系随之表现为资本最终所有权与法人财产权的分离。在法人财产权的规范下，公司建立以股东会、董事会、经理人和监察为主要组成的治理结构，他们各司其职，维持公司的全面运营，实现其所有权与经营权的分离。

早期家庭作坊和合伙制时期的商务印书馆，其资本原始所有权与经营权是基本统一的、不可分离的，因而不可能建立法人产权，也就无法实现所有权与经营权的分离。初创时期，商务印书馆的资金非常有限，仅靠几个有着亲情和血缘关系的同乡、同学凑得3 750元购得简陋的设备进行印刷生产，其资金的提供者同时也是主要的经营者。这一时期，商务印书馆的产权是原始的、单一的、封闭的，其产权归属于原始投资者，而原始投资者本身就是商务的经营决策者和具体执行者。

1903年，商务与日本金港堂的股东进行合作，中日双方各投资10万元。但直到建立股份有限公司，日方对于中方的经营，基本上不予干涉而只取得股权收益。中日合资并建立有限公司制特别是股份有限公司成立以

① 王寿南编：《王云五先生年谱初稿》（第1册），台湾商务印书馆，1987年，第284页。

来，商务印书馆逐步建立起完整的法人产权，为其现代企业制度的建立和完善打下了基础。

（一）明确产权的归属关系

第一，实现了三权的分离与制衡。从资产归属关系看，包括借入资本在内的全部实际资产都归商务印书馆股份有限公司所有，是剥离了原始投资者的法人财产。商务印书馆的股东成立股东大会，通过股东常会和股东临时会议的形式行使其表决权，决定公司章程的变更、资本的增减、公司债的募集、与其他公司的合并及公司的解散等公司重大事务。商务印书馆股份有限公司的法人产权是基于投资人的投资而实现的，最终的产权所有者是股东。原始投资者的资金转化为商务的资本之后，商务印书馆以企业法人的形式存在，拥有独立的财产支配权和经营自主权。这样，公司的决策权由股东会行使，执行权由董事会和经理人行使，监督权由监事行使，从而实现了三权分立与制衡。

第二，依法多次向政府部门注册。商务为了规范产权的法人形态，曾多次向政府部门进行注册。据记载，商务印书馆于 1905 年成立股份有限公司之时，开始向商部注册登记，并于次年的 3 月 20 日获得营业执照。此后，商务又在其资本变更的 1913 年、1914 年、1920 年和 1922 年，及“国难”后的 1932 年分别向政府的工商部、农商部、全国注册局进行注册登记并获得营业执照①。

（二）规范产权的收益

第一，制定科学的收益分配规则。产权收益包括法人产权的收益和投资者产权收益两方面。法人产权收益是指当商务盈利时，公司可以依法从利润中提取公积金和公益金，用于商务规模的扩大和企业亏损的弥补；对于投资者而言，其产权的收益即是股东依据自己的资产份额从公司的利润中索取收益。商务规定，公司每年结账后的盈余，先提取十分之一作为商务公积金，再提取八厘股息，剩余部分平均分为两部分：一部分的半数作为股东红利，另半数作为甲种特别公积金；另一部分的半数作为同人奖励金，另半数作为乙种特别公积金。公司盈余的十分之一和甲种特别公积即为商务印书馆的法人产权收益，而股东将依法从商务取得常年八厘的股息及股东红利。对于乙种特别公积金，商务亦明确规定其为公益之用，由董

① 汪耀华选编：《民国书业经营规章》，上海书店出版社，2006 年，第 43—44 页。

事会支配，未用完则完全归公司所有。

商务印书馆历来重视对股东股权的维护，这是入股商务印书馆同人的共同认识。对于股东股份的收益权、支配权、占有权、使用权等，商务都有较详细的成文规定，主要见于 1927 年 10 月 1 日董事会修改而成的《本公司支取股息规则》[①] 等。

第二，提供股息支付的严谨性。关于股东对于股票的收益，商务印书馆规定，“公司每届发息之期，当将股东应得利息数目填成息单，寄交股东”。“股东收到息单，即于息单中加盖图章，持向公司支取或派人持息单向公司支取，公司但以图章为凭。”“股东如住居远地，其他公司设有分馆者可加盖图章于息单中，交该分馆寄公司，公司验明无误，即将股息如数汇付该分馆转交股东，不取汇费，惟息单未经公司验明，分馆不得先行垫付及划抵账项。”“股东得将息单加盖图章，由邮局双挂号寄交公司，公司收到息单验明无误，即将息款汇寄股东，其汇费由股东承担，于股息中扣除，途中如有错误，公司当代为查究，惟不负赔偿责任。”“支取股息者请先至本公司股务股核对加盖股务股印章，再向出纳科支取。”

规则还要求，股东住址如有变更，应随时通知公司，以免寄递息单致有错误。

由此可见，商务印书馆的股息支取要经历严格的审核，确认股东信息及股款信息无误，并至少加盖公司、股东和公司股务股三个印章之后，股东方可取得息款。这足见商务印书馆对于股息支付的严谨。

（三）明确产权的支配和处置权力

商务规定，投资者一旦将资本投入商务印书馆股份有限公司并确立其经营管理人员，就意味着投资者再不能干涉公司的日常运营，而必须把公司财产的支配权交给董事会、经理人，自己只能通过股权的流转来有限地处置自己手上的股份而无法对公司产权产生影响。股东依法取得股息和红利，并通过在股东大会上表决权的行使来间接地影响公司经营。股东有对于所持股票的处置权，他可以将股票转让或赠送给他人，但必须履行商务对此规定的各项程序。

二、规范股权管理，实现股权流转

商务印书馆自中日合资以后便开始以股权方式管理公司资产，股票是

---

① 汪耀华选编：《民国书业经营规章》，上海书店出版社，2006 年，第 94—98 页。

商务股东的股权表现形式。股东可以自行持有股票，也可以转让、抵押给他人。对于股权的流转，商务制定了规范的操作程序并设立专门管理公司股票的股务股对其进行管理。1927 年 10 月 1 日，商务董事会进一步修改和议定的《股票转让规则》、《股票抵押注册规则》等，则进一步完善了其股权流转。

商务印书馆的股份实行实名登记，股东在进行股份转让之前，需向公司声明并征得公司同意之后，填写转股单，方可进行过户，否则公司只认原股持有人。股票过户或遗失注销时，每张需向商务缴纳纸笔费一银元并附缴应行贴用之印花税。

《商务印书馆股份有限公司章程》规定，商务股东在将部分或全部股份进行转让时，必须会同受让人各立转股证书并注明见证人职业、住址，连同股票送至公司股务股进行查核，待查证后，转让人在转股证书上盖上与在公司存记一致的印章并附缴依法印花税后，商务即将原股票注销，填写转股收据并发给受让人新股票。受让人填写公司股东注册调查单，并就定式印鉴纸加盖印鉴一式两份，交公司存记作为公司发给股息之凭据。如果受让者本身即为公司股东，则不必另存新印鉴，但受让者在转股证书上加盖的印章必须与存记于公司的印章完全一致。填换新股票时，受让人可以自行决定将股份分填若干张或是合并为一股，只需在股东注册调查单上的附记栏注明即可。受让人在填收新股票时需缴纳银元一元。“股东经本公司股务股核明查照转让后，自发给转股收据之日起，本公司即认受让人为股东，该股份一切权利即归受让人所有。”① （如图 2-1）

商务印书馆的股票收益很高，转让时大致可以增价 30%左右，但这种转让在当时只是由商务自行管理和操作，直到 1947 年 12 月 15 日，商务的股票才在上海证券交易所上市②。在抗战及解放战争时期，有一家名为“兴业股票”的票行曾经买卖过商务的股票。这家股票号是由商务董事叶景葵和徐寄庼任董事长的浙江兴业银行拨款办的③。

关于股票抵押，商务印书馆规定：“受押本公司股票者，无论个人或

① 汪耀华选编：《民国书业经营规章》，上海书店出版社，2006 年，第 94 页。

② 汪家熔：《商务印书馆史及其他——汪家熔出版史研究文集》，中国书籍出版社，1998 年，第 44 页。

③ 朱联保编撰：《近现代上海出版业印象记》，学林出版社，1993 年，第 338 页。

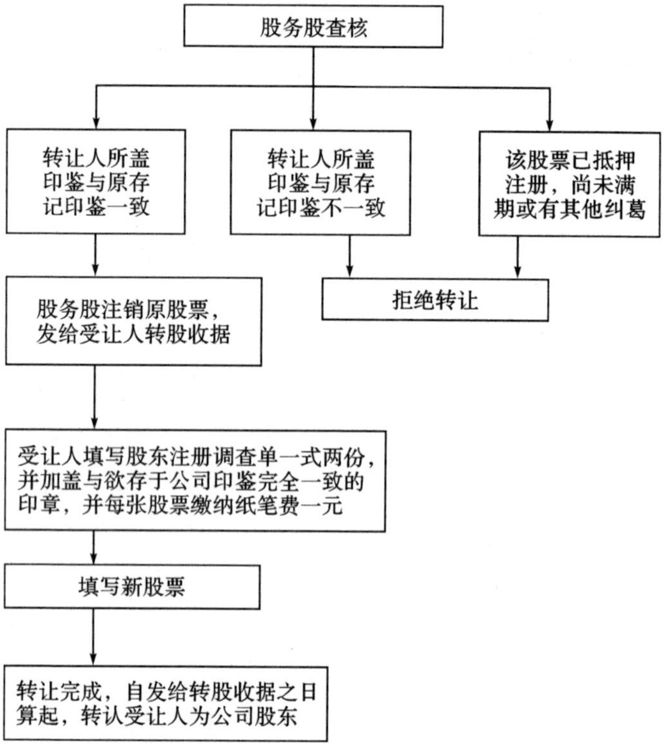

图 2-1　商务印书馆股票转让流程图

商号均须向本公司索要股票抵押声请注册书，会同股东详细填具，向本公司注册。”“本公司接到声请注册书，经核明并无纠葛后，除在股东名簿注明外，另给注明复允书，交由受抵押者收执，以为凭证。”“注册有效时期以抵押满期之日为止，过期即为无效，如到期续押者，应另具股票抵押声请注册书，重行注册。”①

关于股票的挂失，商务印书馆规定，“凡股东遗失股票，可至本公司索取空白遗失股票报单，按式填写完全，加盖存记印鉴，并觅殷实商人或店铺为保证人先告由本公司认许，经保证人在单上签名盖章、粘贴印花税票，送交本公司股务股”。“本公司接到遗失股票报单应即查验，如有不符将原件退还改正，如验明无误，一面将通知挂失情形在股东名册上登记，一面即面告或函嘱股东即将所遗失之股票号数等拟就广告稿底，送由本公司股务股，经审阅认为可用，即知照股东照登本公司制定上海两种著名日

① 汪耀华选编：《民国书业经营规章》，上海书店出版社，2006 年，第 95 页。

报明显广告，至少各两天，如股东在外埠遗失，该埠尚有日报，并应另登该埠一种以上有名日报之明显广告。”“登报后如无纠葛发生，满两个月时由股东至本公司索取空白遗失股票补领新股票证书，并邀同前请保证人在证书同位署名盖章、粘贴印花税票，交由股务股查明加章，交还股东收执，一面由股务股补填新股票。”“股票填成后，通知股东持遗失股票补领新股票证书换取股票。”①

由以上分析可见，商务印书馆对于自身的法人产权进行了规范的管理和维护。商务印书馆股份有限公司的注册成立，使其法人产权得到了法律的认可和保护。此后，商务数次增资使法人财产得以扩大时，都及时地向有关部门注册登记。法人产权的建立使商务实现了出资方原始所有权、公司法人产权和公司经营权的分离，实现了决策权、经营权和监督权的制衡。商务同时不断完善产权管理，一方面成立专业部门——股务股对公司股票及股东进行管理，另一方面又制定了相应的规章制度，从硬件和软件方面保障了公司产权的规范。这些都表明商务对于企业产权制度的早期觉悟和探索。然而，商务虽然建立起了初步的产权制度并进行了力所能及的维护，但这些尝试和努力毕竟是有限的，它对于产权的管理具有很强的封闭性。这种封闭性导致了商务在具体的股权管理中出现“人治大于法治”的现象。此外，在这种封闭的产权制度下，商务股票即便具有收益大的驱动，也只能在个人与个人之间进行流动和转让，股权的流转事实上并没有带来公司资产的高速增长。而商务对于股票转让的繁琐程序，在当时社会动乱、人口流动性大的环境下，操作性被大打折扣。

第三节　商务印书馆卓有成效的资本运营

资本运营是对资本及其运动的全过程的运筹和经营。具体来说，资本运营就是“企业通过上市、收购、协议转让、拍卖、兼并等各种手段的组合，对企业的股权、实物产权或无形的知识产权等进行调整，以谋求竞争优势的过程”②。资本的有效运营，能为企业发展提供资金支持，实现企

---

① 汪耀华选编：《民国书业经营规章》，上海书店出版社，2006年，第95页。

② 刘学、庄乾志：《如何正确认识企业资本运营》，载《中国民营科技与经济》，1998年第3期，第14—15页。

业资本的保值和增值，为企业的后续发展积蓄力量；能够实现企业优势的良好发挥，使企业在市场上取长补短，获得主动权；能够使企业在发展中依据市场等各种外部因素的变化，并结合自身实力进行战略和策略上的调整，形成自身的发展特色和核心竞争力。搞好资本运营，合理地筹措资金，有效地运营资金，实现资本积累，提高资本运动的效率和效益，是企业充满活力和可持续发展的必由之路。

1897 年至 1949 年这一时期的商务印书馆，经历了创立、发展、鼎盛和衰落四个阶段，从初创时期的合伙制到中日合资后建立有限公司，再到 1905 年建立股份有限公司，商务印书馆在资本筹集和资金运营乃至其资本增值的分配上都进行了诸多探索和实践，为当时的出版界乃至商界所效仿。

一、多种筹资渠道的组合与并存

资本筹集是资本运营的首要环节，是企业进行生产经营和资本运营的前提和基础。雄厚的创业资金为企业起步提供财力保障，企业为了扩大规模，拓展业务范围，更新生产设备，改进生产技术，吸收新生力量，就要不断追加投资；而当资金周转不灵、资金盘活困难时，企业更要筹措资金以解决当前困难。综合运用多种资金筹集方式，广开筹资渠道，能够为企业发展提供所需资本，完善和优化企业资本结构。

商务印书馆创始于一家以家族为单元的合伙印刷作坊，在不断发展中摸索出了诸多灵活有效的筹资方式，不仅为商务印书馆的起家准备了创业基金，而且为其不断发展筹措了更多的资本，更在其发展的艰难时期提供了周转资金。

（一）吸纳个人投资

个人投资是商务印书馆最初的筹资方式，商务印书馆正是吸收了沈伯芬、夏瑞芳、鲍咸恩、鲍咸昌等的私人资金才得以创立的。1901 年，正当张元济满怀救国救民的抱负无以施展的时候，夏瑞芳从商务的未来发展出发，力邀其加盟。于是，印有模和张元济一并入股商务，为商务的发展注入了资本动力。

1897 年，清光绪二十三年丁酉年正月初十（公历 2 月 11 日），商务印书馆在上海正式创办。它是由几位具有教友、同乡、同学和亲姻关系的创办人组成的以家族为单位的合资形式的印刷作坊，发起人主要是夏瑞芳和鲍咸恩、鲍咸昌二位兄弟。创立之时，只是单纯的靠着与教会、同乡和洋行的关系，接受一些如传单、账册、簿记之类的行家小生意。据高翰卿回忆，创办时的出资方中，数额最高的是一位天主教教徒沈伯芬先生（张桂华，亦即张蟾芬在电报学校的同事，其父在苏松太道道署当法文翻译）。他共认两股，计洋 1 000 元，其余股份如下[①]：

鲍咸恩	一股	计洋 500 元
夏瑞芳	一股	计洋 500 元
鲍咸昌	一股	计洋 500 元
徐桂生	一股	计洋 500 元
高翰卿（凤池）	半股	计洋 250 元
张蟾芬（桂华）	半股	计洋 250 元
郁厚坤	半股	计洋 250 元

这是商务印书馆吸收个人资金之始，这一时期乃至张元济加入直至中日合资成立有限公司，它的运作形态都只是早期的家庭作坊式，通过吸收个人的资金来完成原始资本积累。

因为商务印书馆生意上的往来，夏瑞芳与盛宣怀主持的上海南洋公学有联系，而该校译书院院长张元济亦常因印刷书籍等业务与夏瑞芳多有接触，并认为夏是“办事异常认真之人”[②]。张元济是南洋公学监院（相当于教务长），其时正与美国人福开森多有摩擦并产生了较深的矛盾，在满腔抱负无以施展而夏瑞芳又盛情邀请之下，张元济决定加入商务印书馆。

1901 年，张元济与印有模合资入股商务印书馆，商务印书馆完成第一次增资。印有模是上海日新盛布店和闸北纱厂的老板，与夏瑞芳也有交往。1901 年夏，商务原有资本 3 750 元大洋，四年半未分过股息、红利，估值后升值 7 倍为 26 250 元，张元济、印有模投资 23 750 元，共为 5 万元。

从现有资料看，从张、印二人入股商务印书馆的 1901 年到 1903 年的三年间，商务印书馆并没有进行资本筹措（1904 年与日本人签署合资时，商务印书馆的原有资产仍只折合为 5 万元，另招募 5 万元才得以凑足 10 万元股金），这一时期只是商务印书馆在张元济等人的带领下，摸索发

① 商务印书馆编：《商务印书馆九十五年——我和商务印书馆》，商务印书馆，1992 年，第 2—3 页。

② 汪家熔：《商务印书馆史及其他——汪家熔出版史研究文集》，中国书籍出版社，1998 年，第 12 页。

展道路，使商务由印刷业走向出版业的初级阶段。从其资本结构看，这是商务筹备资金、积蓄力量的阶段。当然，10 万元股金比起创办初期的 3 750 元股金还是翻了 20 多倍。

清光绪二十九年即 1903 年 12 月，日本印刷公司金港堂方面因国内教科书受贿案爆发[①]，其股东原亮三郎、山本条太郎等打算在中国进行投资以转移投资人在日本的压力。商务印书馆鉴于中国国内印刷技术的落后，同时考虑到金港堂来上海投资势必会与自己形成竞争，因而决定与其合作，以增强自身资金、技术实力，这也是商务印书馆历史上的第二次增资。

在此之前，商务印书馆的股金是由 7 位创业股东、稍后加入的张元济和印有模三方组成，因而其与日本方面合作的决定就必须经过三方的完全同意。合作的方式主要是日本方面投资者出资 10 万元，商务印书馆亦凑足 10 万元，“但所订的条件并不是事事很平等的，我们方面有二个主要条件：一是经理及董事都是中国人，只举日人一人为监察人。二是聘用的日人随时可以辞退”[②]。有研究者评价此次合资是“主权在我”的成功之举。这一次吸收日资，是商务印书馆真正实现企业现代化的开始。

（二）实行股份制并多次增股

公司发行股票，有利于筹集公司的资本金及扩展所需资金，扩大公司的影响，提高公司的知名度。

初创时期的商务印书馆，其出资者的出资额是明确的具体的货币数量，是一种早期合伙性质的企业形式，其合伙人承担的是无限责任，这就决定了合伙人的权利也是“无限”的，也就不可能实行股份制。

1903 年，日方投资者注入资金之后，商务印书馆的股东由原来的 9 位增加到 24 位，其投资目的与股东利益企望远比合伙制时期的复杂得多，因而改为资本参与管理。不过在最初合作的两年，商务并没有实行规范的股份制，直到 1905 年 12 月，遵照注册章程呈请商部注册成立“商务印书馆股份有限公司”，才开始了真正意义上的股份制。

实行股份制之后，商务印书馆开始以股票的形式管理公司产权。据商

① 胡愈之在《回忆商务印书馆》中认为，日人与商务的此次合作还带有政治上的目的，即要和“新党”建立联系，在中国发展资本主义。

② 商务印书馆编：《商务印书馆九十五年——我和商务印书馆》，商务印书馆，1992 年，第 8 页。

务印书馆1914年1月31日董事会给非常股东大会的报告记载:“至民国二年[底]……日人股份仅得四分之一,即三千七百八十一股”①,收回日股时,日方共有股份378 100元②(占商务股份总数的25.2%③),即一股一百元。此时商务的股本由合资前的5万元增加到1914年清退日资时的自有股本20多万元(投资额+升股),其收益比较可观(见表2-1)。

表2-1 商务印书馆原始投资收益表④

年份(年)	投资额(元)	升股(元)	参加分红股金(元)	当年股息(%)	实得息金(元)
1903	100 000		100 000	30	7 102.4*1
1904			100 000	24.6572	24 657.2
1905		22 000*2	100 000	28.3765	28 376.5
1906			122 000	38.698	46 437.6
1907		24 400*3	122 000	27	32 940.0
1908			146 400	14	20 496.0
1909			146 400	18	26 352.0
1910			146 400	20	29 280.0
1911			146 400	12*4	17 568.0
1912		73 200*5	146 400	21.99	32 193.4
1913			219 600	20	43 920.0
合计	100 000	119 600			309 323.1*6

*1 为第四季度的投资收益。

*2 为光绪三十一年(1905年)十二月二十二日议决以公积金升股22%。

*3 为光绪三十三年(1907年)四月十一日议决以公积金升股20%。

*4 为本年因下年度改用阳历结账,实计10个月营业额,外加战争损失。

*5 为1912年4月19日议决每股以公积金升股40元,利润拨入10元。占股额50%。

---

① 转引自汪家熔:《商务印书馆史及其他——汪家熔出版史研究文集》,中国书籍出版社,1998年,第27页。

② 转引自汪家熔:《商务印书馆史及其他——汪家熔出版史研究文集》,中国书籍出版社,1998年,第29页。

③ 转引自汪家熔:《商务印书馆史及其他——汪家熔出版史研究文集》,中国书籍出版社,1998年,第19页。

④ 转引自汪家熔:《商务印书馆史及其他——汪家熔出版史研究文集》,中国书籍出版社,1998年,第35页。

*6 为 10 年三个月华股得益 119 600＋309 323.1＝428 923.1 元，平均年利 41.85%；日股退股另加股额的 26.5%（58 194.0 元）共 487 117.1 元，平均年利 47.52%。

1903 年至 1914 年间，商务印书馆经历了几次增股。1905 年商务就曾两次增资，前一次老股东有增资权，后一次还将范围扩大到有关人员，包括得力职员。“前一次日本方面有：原亮一郎、山口俊太郎、利见合名会社、筱崎都香佐、益田太郎、益田夕夕、藤濑政次郎、铃木岛吉、神崎正助、丹羽义次、伊地知虎彦。后一次，日籍职员除长尾外，还有田边辉雄、小平元、木本胜太郎、原田民治。两次共 19 位日本人成为新股东。”① 至 1913 年，商务共有股本 150 万元，清退日股后，增为 200 万元。

这十年，也是商务历史上的黄金发展时期。这种早期以股份制形式与日本投资者进行合作并募集资金的方式，不仅使商务印书馆筹得了充足的发展资金，更重要的是为商务未来的发展积累了印刷技术和编辑经验。

完全华商主办之后的商务印书馆更以股份制形式作为公司财产的组织形式和资本筹集方式。据《商务印书馆股份有限公司章程（1932 年 9 月 4 日及 11 月 6 日股东临时会修改）》规定，“本公司股份总额银元五百万元，因民国二十一年国难之损失，减为三百万元分作五万股，每股银元六十元……”②。在此之前，商务印书馆历年的股本如图 2-2③。

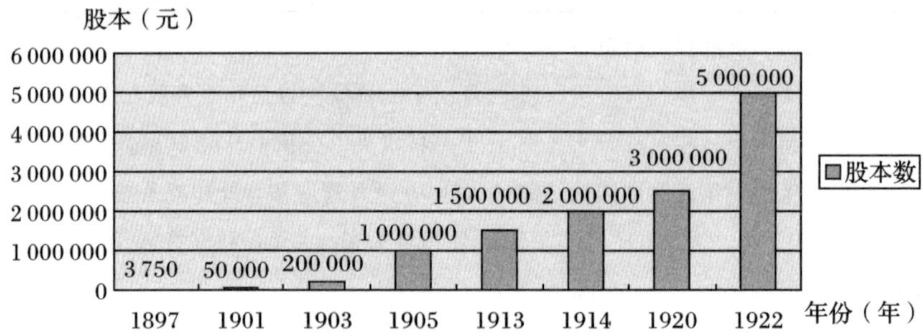

图 2-2　商务印书馆历年股本数

---

① 转引自汪家熔：《商务印书馆史及其他——汪家熔出版史研究文集》，中国书籍出版社，1998 年，第 15 页。

② 汪耀华选编：《民国书业经营规章》，上海书店出版社，2006 年，第 43 页。

③ 此图是作者根据商务印书馆编的《商务印书馆九十五年——我和商务印书馆》（商务印书馆，1992 年）第 750 页中庄俞《三十五年来之商务印书馆》关于商务历年资本比较的数据绘制而成。

八年抗战时期，商务印书馆并没有召开股东会，也没有增加股本。在抗战胜利后的 1946 年 9 月 29 日的股东会上，股东报告提道：“上海沦陷后公司备受敌伪胁迫、危害，但在菊生先生暨各位董事主持下坚决抗拒，始终不屈，不开股东会，不改选董事监察人，不更改组织，甚至连公司的股本都未增加。我们实在可以自豪。诸位看看处在当时恶势力下工商机构改组的有多少，但本公司始终没有改组，增资的有多少，但本公司始终没有增资。”①

商务以发行股票的方式拓展资金，增强了商务的经济实力，优化了资源配置，改善了商务的资本结构，解决了商务发展中的资金问题；其股票发行范围的扩大，不仅提高了商务内部的凝聚力和员工的积极性，从外部环境上讲，也为商务的发展提供了诸多便利。正是因其强劲的资本实力和灵活的股票发行，商务才得以在复杂的近代社会中迅速发展。

（三）借贷和吸收职工存款

借贷是企业筹资的一种手段，为了筹措企业运行资金或解决企业资金周转的困难，企业以抵押或他人担保的方式向政府、金融机构、其他企业或个人筹集资金，并付以一定的回报。这是商务印书馆常用的筹资方式。商务印书馆创立之初，创业资本 3 750 元用于购买印刷设备后已所剩无几，其时几乎没有任何流动资金。高翰卿回忆说，“起初一二年中接到生意，最感困难的事，是临时添办材料。那时我在美华书馆已任经理，经手进货的事务，情形较为熟悉。关于商务方面添办材料的事，常常帮一点小忙，稍为可以便宜些，有时代他们办一二条青铅，有时配数件连史纸”……“没有现钱由余担保”……“又得各方之信用，经济逐渐宽裕”②。这是商务印书馆借贷的开始，是迫于当时资金极其紧张和有限。为商务提供早期借贷资金的主要是印有模。他是布商，资金雄厚。

中日合资后，商务印书馆的规模壮大，在业界和社会上的知名度都有极大提高，来自日本方面的资金、技术和经验使其生产运作效率得到很大提高，资本增值快，利润丰厚，信誉也大幅提升。借此机会，商务印书馆

---

① 汪家熔：《抗日战争时期的商务印书馆（四）》，载《编辑学刊》，1995 年第 6 期。原载 1946 年 9 月 29 日王云五在商务印书馆临时股东大会上的报告。

② 商务印书馆编：《商务印书馆九十五年——我和商务印书馆》，商务印书馆，1992 年，第 3—4 页。

开始吸收社会存款和职工储蓄来增加资本。商务印书馆《同人储蓄章程》和《同人长期奖励储蓄规则》是其走上企业化道路之后吸收职工存款以拓展资本筹集渠道的规范性文件。商务吸收职工储蓄的方式分为活期和定期两种，总馆职工可以任选其一或二者并选，对于分、支馆、分厂职工，商务则只接受其定期存款。定期储蓄以一年为限，最多存款 5 000 元，活期储蓄以 1 000 元为上限。此外，商务还吸收全体职工的长期储蓄金，即按月从职工的薪水中扣除 5%作为长期储蓄。“他们支付存户的利率高于银行钱庄的存款利率，低于向银行钱庄贷款利率，双方都合算。这差额虽极微小，但存款数一多，绝对值是很大的。”(见表 2-2)①

表 2-2　商务印书馆 1904 年至 1922 年吸收存款及当年股本情况

年份（年）	吸收存款（元）	当年股本（元）
1904	75 439	200 000
1905	150 954	300 000
1906	683 518	403 500
1907	780 870	750 000
1908	870 053	750 000
1909	648 139	759 500
1910	586 409	787 400
1911	531 336	796 500
1912	586 015	797 000
1913	604 665	1 500 000
1914	853 319	1 827 000
1915	872 076	1 929 200
1916	1 194 842	1 929 200
1917	871 131	2 000 000
1918	755 795	2 000 000
1919	618 982	2 000 000
1920	1 083 708	2 500 000
1921	814 632	2 500 000
1922	814 632	2 500 000

① 汪家熔：《商务印书馆史及其他——汪家熔出版史研究文集》，中国书籍出版社，1998 年，第 78 页。

（四）多留少分，以“折低”方式进行资本积累

通过把自身所获得的剩余价值转化为资本来增大自己的资本总额也是商务印书馆在其发展过程中获得资金的重要方式。从商务印书馆的资本柱状图（图 2-2）中我们可以发现，商务印书馆的资金增长是惊人的，除了依靠吸收个人投资、发行股票和借贷方式外，用“折低”的方法获取收益就是其常用手法。商务印书馆采取“多留少分”的方式将实际盈利折低，这样，按规定提取的职工红利和福利基金就会无形减少，同时确保剪息票者能拿到比社会一般平均利润效率高的股息及红利。如此，商务印书馆每年资本余额就会快速增长，为其下一年的发展提供充足的资金。不过，商务印书馆并不隐瞒自己的这一做法，“本公司产业、机器、生财、装修、存货。每年照原数折减甚巨”，如 1914 年和 1915 年两年给股东的财产账目中计算出的不同折减书如表 2-3①：

表 2-3　商务印书馆 1914 年和 1915 年资产折去实况

项目	原值计算方法	1914 年的折去数（%）	1915 年的折去数（%）
地基	照购进价	减去 18	减去 21
房屋	照购进价	减去 30	减去 35
机器等固定资产	照购进价	减去 51	减去 55
纸张等原材料	照购进价	减去 20.68	减去 21
书籍（存货）	照成本算	全部不做价	减去 41
仪器文具（存货）	照购进价	减去 45	减去 50
书稿（版权）	照原用价	减去 96.2	减去 98
人欠	照前欠数	减去 60	减去 60
总计	平均	减去 57②	减去 56.5③

（五）通过资本运营增值的分配实现增资

企业以其全部资本实现的资本增值包括借入资本的增值和自有资本的增值。借入资本实现的增值一部分以利息形式支付给贷款者，剩余部分与企业自有资本实现的增值合并即为企业的利润，企业按规定缴纳税

① 汪家熔：《商务印书馆史及其他——汪家熔出版史研究文集》，中国书籍出版社，1998 年，第 80 页。

② 原文如此，疑应为 45.84%。

③ 原文如此，疑应为 47.63%。

款并提取公积金和公益金后对企业的投资者进行利润分配。企业在进行利润分成时，除了以现金方式支付股利外，还以股票股利（将普通股股利转作股本）和将盈余公积金转作增资本金以扩大企业资本的运营规模。

早期的商务印书馆是由两个以上的自然人经过协商，同意联合拥有并负责经营的企业，是一种共同出资、共同经营、利润共享、风险共担的合伙关系。虽然这一时期，商务印书馆的出资方并未以严格的契约或合同规约各方职权和义务，但从其资本组成和经营形式上看，它实际上已经具有现代合伙制企业的诸多特征。这一时期，商务印书馆的经营规模尚小，经营内容仅仅主要局限在承接外来印刷，其实际的工作人员与商务之间并没有缔结劳资关系，而只是以帮忙性质在出力。它只是单纯的家庭作坊，几乎没有明确的计划和策略，只是几个有着家庭责任和野心的人聚在一起干事业。从利润分配看，初创时的商务印书馆其产权收益几乎全部都作为企业资本，投资者都不分官分利，所有盈余尽做营业资本，直到张元济、印有模先生投资入股，才重新估值升股。

商务印书馆有限公司成立以后，它曾采取将盈余公积金转作增资本金的方式，进一步扩大商务印书馆资本运营的规模。如 1920 年 5 月的股东会议议决，“酌提余利及公积作为股份，原有旧股 4 股升得 1 股，本公司股本增为 250 万元”①。

这一增股方式在《商务印书馆股份有限公司章程》中有明确规定，“本公司每年结账，如有盈余，先提十分之一为公积金，次提股息常年八厘，其余平均分为甲、乙两部。甲部分之半数作为发股东红利，其他半数作为甲种特别公积”，“甲种特别公积专为恢复原有股份之用，每积至五十万元时，即将股份陆续恢复，至五百万后不再提存，一并作为股东红利”②。

通过吸收个人投资、发行股票、吸纳职工储蓄和产权增值分配等多种方式的综合运用，商务印书馆为自身发展积累了大量的资金，而雄厚的资金后盾又成为其资本投资的基石。

---

① 商务印书馆编：《商务印书馆九十五年——我和商务印书馆》，商务印书馆，1992 年，第 688 页，附录《本馆四十年大事记》。

② 汪耀华选编：《民国书业经营规章》，上海书店出版社，2006 年，第 46 页。

二、核心产业与资本投资多元化，走专业化与集团化的发展之路

投资是指“将所筹集的资本投入使用，从事生产经营和资本经营活动，以达到经营目的并获得良好的经营效益”①。企业投资是指“企业为获得所筹集资本的增值，而将资本投放到特定的项目中，以经营某项事业的经营行为”②。企业的投资包括厂房和机器设备的新建、改建、扩建及购置等实业投资，也包括购买股票、债券的金融证券投资和以联营方式向其他企业注入资本的产权投资。企业通过投资，可以为其发展提供生产经营场所和生产技术条件，为企业资金实现保值增值提供可能，也可以延伸自身优势，调整企业经营和产业结构，实现资源优化配置，转移运营风险。

（一）以出版为主业

商务印书馆是中国近代出版史上的“执牛耳者”，虽是以印刷业起家，但之后它就坚持以出版为自己的主要和核心业务。无论是书业还是期刊业务，它在中国近代出版史都创造了许多辉煌。

初创时期的商务印书馆，主要是借着发起人夏瑞芳和“二鲍”先生先前在捷报馆工作的关系，承接行家小生意和圣书会、圣经会、广学会等的印刷业务。在张元济进入编译所（1902 年）之前的几年里，商务印书馆也尝试着做些出版的业务。其时，商务于 1898 年出版了《华英初阶》、《华英进阶》等书，1899 年出版了英汉对照的《华英国学文编》卷一，次年陆续出版了二、三、四卷，为我国早期的英汉对照读物。据高翰卿回忆，除了英汉学习书籍，商务这一时期还出版了《国学文编》、《通鉴辑览》等国学读本。张元济说：“《通鉴辑览》初版印 1 000 本，立刻销完，再版共销至万余部。”③ 这是商务印书馆出版业务的早期尝试，也是夏瑞芳力图扩大商务业务的一次成功的“试水”。它不仅为商务印书馆的早期

① 夏乐书，等：《资本运营：理论与实务》，东北财经大学出版社，2001 年，第 31 页。

② 夏乐书，等：《资本运营：理论与实务》，东北财经大学出版社，2001 年，第 110 页。

③ 商务印书馆编：《商务印书馆九十五年——我和商务印书馆》，商务印书馆，1992 年，第 5 页。

发展积累了一定的资金，而且也为后来张元济进入编译所后进行有计划、有系统的图书策划、编辑与出版提供了技术、市场和经验基础。

1902 年，商务印书馆编译所成立，张元济任主持。编译所下设国文、理化、英文三部，自任所长。此时的商务印书馆在张元济的带领下，迈开了现代出版的第一步。1902 年 7 月，商务印书馆按照清政府颁布的学堂章程，以学期制度为体例编辑了我国第一套初等小学教科书——《最新教科书》。除了教科书外，商务还致力于自然科学和应用技术书籍的出版，早年出版了伍光建编译的《物理学》九种和谢洪赉编译的《生理学》，都行销很广。除了图书出版，这一时期的商务印书馆还曾以代印的形式出版了几份期刊，如汪康年主编的《昌言》，朱开甲、王显理主编的《格致新报》和蔡元培、张元济主办的《外交报》等。在出版略有成就之时，商务又聘用“老书坊里的杰出人才”俞志贤、吕子泉、沈知方开办沧海山房进行图书发行，从而开始了商务自己的发行工作。

这是商务印书馆在印刷出版方面的早期投入，也可视为商务印书馆早期的生产经营。商务印书馆这一时期以极少的资金建立了我国近代第一家现代意义上的文化企业并开始了它在出版业进行早期资本经营的第一步。

纵观商务印书馆 1897 年至 1949 年这段时期的出版种类可知，教科书和儿童读物、自然科学和应用技术图书及社科类图书是其出版的重点（见表 2-4）。从幼稚园到师范及职业教育、高等教育，商务印书馆的教科书和儿童读物几乎涵盖了整个教育范畴。《最新教科书》、《小学生文库》、《小学生分年补充读本》、《新编共和国教科书》、《大学丛书》等都是商务印书馆在教科书和儿童读物上的成功之作。商务印书馆自从事出版之初就致力自然科学和应用技术书的出版。除了以单行本的形式出版此类图书外，商务印书馆自五四运动以后亦开始出版了自然科学和应用技术方面的丛书，如早期的有《自然科学小丛书》、《农学小丛书》、《算学小丛书》等，后期又出版了《工程丛书》、《科学丛书》，等等。此外，商务印书馆在社会科学类图书的出版上也可谓尽心尽力，比较著名的有《辞源》、《中国人名大辞典》、《植物学大辞典》、《中国古今地名大辞典》、《韦氏大学字典》、《万有文库》、《汉译世界名著》、《四部丛刊》、“百衲本”《二十四史》等。

表 2-4　1897 年至 1949 年商务印书馆各类出版物数及占全国总数比例①

图书类型	全国出版总数	商务出版总数	占商务出版总数的比例（%）	商务占全国出版总数的比例（%）
（不详）		3 718	24.56	
经济	16 034	1 102	7.28	6.87
中小学教材	4 055	952	6.29	23.48
自然科学	3 865	951	6.28	24.61
教育	9 324	922	6.09	9.89
中国文学	15 687	873	5.77	5.57
外国文学	4 404	861	5.69	19.55
政治	13 286	651	4.30	4.90
哲学	3 085	588	3.88	19.06
历史	4 685	546	3.61	11.65
语言文字	3 861	503	3.32	13.03
法律	5 779	425	2.81	7.35
工业技术	2 760	393	2.60	14.24
地理	2 641	364	2.40	13.78
医药卫生	3 859	349	2.31	9.04
传记	3 403	308	2.03	9.05
艺术	2 825	291	1.92	10.30
社会科学	3 526	265	1.75	7.52
农业科学	2 455	256	1.69	10.43
心理学	365	136	0.90	37.26
体育	945	133	0.88	14.07
文化科学	1 585	106	0.70	6.69
军事	5 563	105	0.69	1.89
宗教	4 617	86	0.57	1.86
交通运输	720	68	0.45	9.44
综合性图书	3 479	62	0.41	1.78
文学理论	487	59	0.39	12.11
文物考古	300	32	0.21	10.67
世界文学	445	32	0.21	7.19
出版总计	124 040	15 137	100	12.20（平均占比）

① 综合引用李家驹：《商务印书馆与近代知识文化的传播》，商务印书馆，2005 年，第 168—169 页、第 174—175 页。原始数据来源于《商务印书馆与二十世纪中国光碟》内藏的商务印书馆《百年书目》及邱崇丙《民国时期图书出版调查》，第 163—174 页。

期刊方面，商务印书馆有教育类的（14 种）、人文科学类的（13 种），此外还有基础科学和应用科学类的（6 种）、文学艺术类的（5 种）、政治经济学类的（5 种），以及一般期刊和方向不定的期刊（4 种）[①]。比较著名的有《东方杂志》（1904 年创刊）、《教育杂志》（1909 年创刊）、《小说月报》（1910 年创刊）、《少年杂志》（1911 年创刊）、《学生杂志》（1914 年创刊）、《妇女杂志》（1915 年创刊）、《儿童世界》（1922 年创刊）等。

出版业务始终是商务印书馆的主体业务，它始终保持在出版行业的领先地位，“坚持以出版立足”是商务印书馆经营上的最高宗旨。

（二）多元化投资

商务印书馆在其发展过程中，坚持多元化的投资方式，推动其资产流动，综合运用多种方式将公司资本转化为可具有增值性的活化资本，通过资本增值，走出了一条以出版为中心，跨媒体、跨行业的专业化与集团化的发展之路。

1. 实业资本运营

实业投资是指将企业资本投放于满足生产要求，提高生产能力的特定的经营项目。具体来说，它包括以建造厂房、购置设备、进行技术改造等劳动资料的投资，原材料、燃料和动力等劳动对象的投资和职工职业培训和职业教育等劳动力投资。

商务印书馆开业时，地址选在江西路北京路南首德昌里末弄三号，租用了三幢两厢房连庑屋。当时的设备也极为简陋，只购置了三号摇架三部、脚踏架三部、自来墨手扳架一部和少量的中西文铅字。由于早期的业务仅仅局限于印刷，这些简陋的设备尚可应付。第二年，商务印书馆业务扩大，旧有房屋不够用，于是搬至北京路美华书馆庆顺里口，增租房屋九幢，总计十二幢，设排字房和印书房。在北京路时，商务购置了浇字机，可以卖铅字。同时，夏瑞芳利用《华英初阶》等的销售利润，购置了新式的煤油引擎作为印刷动力，并添置了新式的印刷设备，这才使商务摆脱了人工动力阶段，走上了以机械化代替手工劳动的现代企业的生产方式。

20 世纪初期的中国印刷业，“以翻印常用古籍为主要经营内容的石印业已经萎缩，凸印还不能制铜锌版；铅印能掌握的最高技术是铸铅字，制

① ［法］戴仁著，李桐实译：《上海商务印书馆 1897—1949》，商务印书馆，2000 年，第 111 页。

纸型仅少数几家”。夏瑞芳和鲍家兄弟并没有因陋就简在上海买旧设备，而是远涉重洋到日本考察买新机器，足见他们对于技术条件的重视。光绪二十八年，即 1902 年 7 月，北京路印刷厂发生火灾，早期辛苦购置的机器和工具尽毁。所幸由于新购机器保有火险，因而可以领到赔偿。商务于是在福建路海宁路购置地皮建造了新的印刷厂，其发行所迁到河南路。张元济入馆后更加重视新式机器设备的更新和印刷技术的改进。1910 年他环游世界，5 月 25 日他写信给高凤池说：“欧美新机器极多，弟在此已费考求，得粹翁来此便可定购。”次日给高梦旦的信上又说：“本馆宜改用新式机器。”“将旧机器售出，新机抵补。则如要书，可以克期出书，平时不必印存过多，免致危险。且印装均用新式机器，必能格外出色，则代印之事亦可推广。”① 1904 年，商务印书馆在宝山路购地数十亩自建印刷所，“自此以后，每年都有新建筑，宝山路的地产约有百亩，印刷所有五处，各种机器增加到一千三五百部，最大最新式的有滚筒机，每天可印出十余万贴”②。并于 1905 年设京华印书局于北京虎坊路和 1932 年在香港英皇道始建香港印刷局，在全国各地设立的分、支馆（店）36 处，还在香港等多处购置地皮准备新建新式厂房。到 1937 年，商务的印刷所已是几层高的楼房。

事实上，1937 年“八·一三”事变后，上海的商务印书馆就基本上停止了新机器设备的采购，而仅仅依靠旧有机器维持生产。“八·一三”事变的爆发使上海的商务印书馆又一次遭受了重创。

除了印刷出版之外，商务印书馆还以各种手段进行教学产品如标本、唱片、乐器、实验器材和各种度量工具等的生产和销售，以拓展业务范围，增加收入。

1912 年，商务印书馆发行所新屋落成，开始发售学校用品、仪器和工具。同年，商务印书馆设立博物部，制造标本模型，并成立铁工制造部，制售印刷机器及理化测量等仪器。1913 年，商务开始经营原版西书，1914 年试制由周厚坤发明的华文打字机，并试制教育幻灯片。1918 年，

---

① 汪家熔：《商务印书馆史及其他——汪家熔出版史研究文集》，中国书籍出版社，1998 年，第 25 页。

② 商务印书馆编：《商务印书馆九十五年——我和商务印书馆》，商务印书馆，1992 年，第 10 页。

开始制售教育玩具。1926 年，铁工制造部扩充改组为华东机器制造厂。商务印刷设备和机械等投资项目的试制和改进一方面有利于商务自身印刷技术的提高，另一方面为国内同行技术的改进也提供了条件。而学校用品等制售，一方面为其自办的尚公小学、附属函授学校等提供了学习设备，降低了办学成本，另一方面也成为商务的一种经济来源。

商务历来重视职工的教育和培训，致力于职工业务水平和文化水平的提高。张元济提出的商务印书馆“永久之根本计划”中就曾提出“培植新来有用之人”。如商务规定，青年职工要进入补习学校或者夜校学习，以其毕业时的学习成绩报告单作为升级加薪或延长学习的参考。商务每次招收青年职工，都设训练班以提高其业务水平，并招收职工的子弟入学，作为接班人培养。涵芬楼的设立，最初就是为了给编译所的职工提供一个查询资料和学习的场所。曾任尚公小学校长的沈百英说：“在当时一个公司能够如此重视职工补习教育，提高服务质量，办法是想得很周到的。”①

从 1909 年至 1923 年，商务印书馆共举办七届商业补习学校，以造就业务人才留馆服务（历届商业补习学校情况如表 2-5）。除此以外，商务还开办艺徒学校②、工厂管理员训练班③、业务讲习班④、夜校⑤以培养和训练公司职员。对于公司学徒，商务亦提供一定的工资酬劳（见表 2-6），“学徒一般是两年毕业，馆方除供应食宿外，每月发给零用钱两元，年终与高级职员享受同等比例的花红（每年按营业盈利多寡分配，一般相当于两三个月的工资）”⑥。

除了自办培训机构培养员工之外，商务也委派员工到其他培训机构或教育机构进修，如商务印书馆的“交际博士”黄警顽就曾回忆说：“在商务印书馆的最初二十年间，我坚持自学，馆方也随时给我进修的机会，例

---

① 转引自李家驹：《商务印书馆与近代知识文化的传播》，商务印书馆，2005 年，第 102 页。

② 1924 年开办，三年毕业，学生 38 人。

③ 1930 年开办，1931 年毕业 40 人，甲等 16 人，乙等 13 人，丙等 11 人。

④ 如商务曾于 1910 年 7 月、1913 年 1 月和 1917 年 3 月开办了三届师范讲习社，三届学员社员共 9 000 余人，毕业 1 965 人。此外，商务还开办了国语讲习所、仪器标本实习所、图书馆学讲习所、四角号码检字法讲习所等。

⑤ 1931 年 8 月筹办，10 月 1 日开课，分初中、高中、专修三种程度。

⑥ 黄警顽：《我在商务印书馆四十年》，见商务印书馆编：《商务印书馆九十年——我和商务印书馆》，商务印书馆，1987 年，第 89 页。

如派我到西洋体育传习所学习，连续四年到南京高师和东南大学选习教育系各科，上明诚学院选修图书版本、目录学，等等。”① 可以说，商务印书馆对于本馆员工的培训，对于提高员工的业务素质是花费了大量的气力的，这也难怪费孝通要感慨“商务印书馆既是一个印书馆，也是一个育才馆”②。

表 2-5　商务印书馆历届商业补习学校情况表③

届次	举办时间	学生人数（人）	毕业时间	备注
一	1909 年 7 月	30	1911 年	张元济兼任校长，学习时间为两年
二	1912 年 9 月	20	未知	未知
三	1914 年 12 月	30	1915 年 5 月	学习时间六个月
四	1917 年 11 月	39	1918 年 3 月	学习时间三个月
五	1919 年 3 月	44	1919 年 6 月	学习时间三个月
六	1921 年 1 月	45	1921 年 4 月	学习时间三个月
七	1923 年 8 月	55	1923 年 11 月	学习时间三个月

表 2-6　商务印书馆师范讲习所历届通信毕业实验情况④

届次	举办时间	当年毕业生人数（人）	前三名奖金数（元）	其他奖励（元）	前三名获奖者个人奖金合计（元）
一	1912 年 6 月	525	各 1 000	游学补助费、书券	7 000
二	1914 年 3 月	860	1 000	书券 3 000 元	4 000
三	1918 年 4 月	580	1 000	书券 2 000 元	3 000

商务印书馆一方面培养青年人才，另一方面又不遗余力地吸纳社会各界精英为商务效力。著名哲学家范寿康、心理学家唐钺、史学家何炳松、新史学的代表人物顾颉刚、中国现代气象学家竺可桢、经学家周予同等都曾在商务任职，现代印刷专家郁厚培、率先在中国尝试橱窗广告设计的蔡

① 黄警顽：《我在商务印书馆四十年》，见商务印书馆编：《商务印书馆九十年——我和商务印书馆》，商务印书馆，1987 年，第 91 页。

② 费孝通：《忆〈少年〉祝商务寿》，见商务印书馆编：《商务印书馆九十年——我和商务印书馆》，商务印书馆，1987 年，第 375 页。

③ 根据《商务印书馆九十五年——我和商务印书馆》中《本馆四十年大事记》及《王云五与新教育年谱》相关资料制成。

④ 根据《商务印书馆九十五年——我和商务印书馆》中《本馆四十年大事记》相关记载制成。

振华、“交际博士”黄警顽等，还有蔡元培、胡适、梁启超、鲁迅、冰心、叶圣陶等这些文化界和知识界的著名人物都与商务有过联系，为商务的发展作过不同程度的贡献。对这些社会精英，商务尽量利用自己雄厚的经济基础给他们提供丰厚的待遇，如商务支付给严复和林纾的稿酬和版税就远高于当时的平均水平，商务还以丰厚的酬劳支持蔡元培出国考察等。当然，商务招揽社会精英并不纯粹以金钱为手段，商务领导层乃至中层职员与社会各界的学术联系和个人交情也是商务与社会名流联系的纽带。正是在这样的紧密联系之下，围绕着商务印书馆为中心，形成了中国近代史上的“商务知识分子群”。

2. 产权投资

产权投资是以产权为对象的投资，“以实业投资要素的部分或整体集合为投资要素”①，是企业作为独立的产权主体从事以产权买卖或有偿转让为交易内容的投资形式。有效的产权投资，可以促进企业资源的合理和优化配置，调整存量资产以优化产业结构，并进一步促进企业改善自身管理、提高效率，进而做大做强，站稳市场。产权投资的主要形式有兼并、收购、控股、参股等。商务印书馆历来重视以产权交易的方式扩大公司规模，扩大公司影响以增强公司的市场竞争力。

修文馆是1890年由日本人松野平三郎耗资十万元创办的，其机器设备均从日本进口，“拥有大小号各种印刷机，二、三、四、五、六号铜模及其他机件、工具、铅字材料，并配有日本技师”，是当时上海规模较大、设备较先进、印刷技术较成熟的印刷厂。1900年，修文馆因营业不佳，难于维持，商务印书馆以一万元接盘。这是商务印书馆历史上的第一次产权投资，虽然这一时期的商务印书馆还只是合伙制形式的企业，其法人产权并未从原始的合伙制中脱离出来，但这一次收购使商务印书馆成为一家拥有现代印刷设备的企业。修文馆日本技师的随厂而来，加强了商务的技术力量和生产能力，从而第一次扩大生产规模，使商务印书馆的出版印刷粗具规模。商务从初次产权投资中获得的巨大收益更促使了其继续以这一形式投资。此后，商务印书馆不断以收购、控股等方式扩大其产权投资。

1903年，商务印书馆收购了北京直隶书局，改名为京华印书局。

---

① 夏乐书，等：《资本运营：理论与实务》，东北财经大学出版社，2000年，第111页。

1906年，上海大资本家席子佩和福州大商人曾少卿创办中国图书公司，商务暗中收购其股票并跌价抛售，随即，该公司被商务买进，改名为中国和记图书公司。1907年，商务收购中国教育器械馆，同年成立铁工制造部，1926年，扩充改组为华东机器制造厂。1919年12月，商务开设中国商务广告公司。1917年，商务印书馆购进在南京的一位美国侨民的旧器材建立电影部。最初，商务印书馆拍摄的电影主要是关于美国红十字会在上海的活动等短片。之后商务印书馆电影部生产了大约60部的影片，其中有两部是梅兰芳的演出。1919年，该电影部把实验室租给美国环球影片公司以换取技术经验。1927年，商务印书馆放弃了此业务①。

商务印书馆是一家以传统印刷业起家进而发展为以现代出版为主体，集印刷、文具、仪器、机械、广告、影视、教育事业于一体综合开发，多元化、复合型的出版集团。它的发展与壮大经历了一个由小到大、由弱到强、由单一到多元的过程。据长洲记载，商务印书馆早期还曾投资创办过五洲大药房的制药业务和女子商业储蓄银行。

商务这种一元化与多元化相结合、专业化与集团化并行发展的经营方式，使其获得了巨大发展，这可以从其历年的营业额得知，如图2-3②。

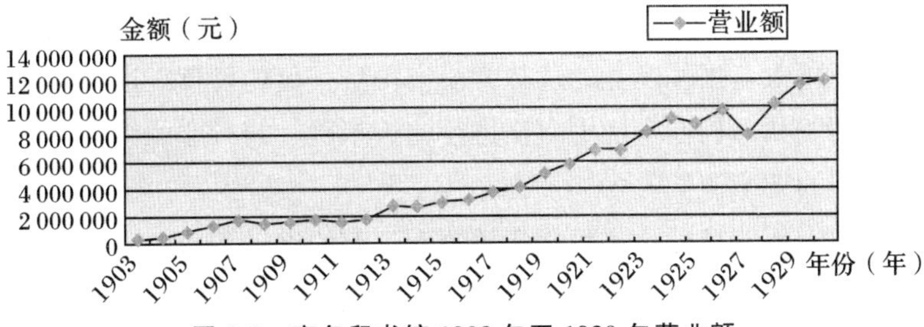

图2-3　商务印书馆1903年至1930年营业额

从初创时期以印刷为主业，初步探索出版业务，到张元济入馆，开始有意识、有计划地进行出版生产，再到王云五加入之后对商务进行大刀阔斧的改革，商务走过它最艰难、最动荡也极具创举的半个世纪。这一阶段的商务印书馆，法人产权的地位得到确立，并实现了股权的规范化流转。

① ［法］戴仁著，李桐实译：《上海商务印书馆1897—1949》，商务印书馆，2000年，第16页。

② 根据商务印书馆编的《商务印书馆九十五年——我和商务印书馆》（商务印书馆，1992年，第751页）及李家驹的《商务印书馆与近代知识文化的传播》（商务印书馆，2005年，第331页）的相关数据绘制而成。

在此基础上，商务积极筹措发展基金，坚持出版为自己的核心产业并探索多元化的投资方式，走出了一条专业化、集团化和产业化的发展之路。商务实行所有权、决策权和经营权三权分离而又相互制衡的产权结构，使其具有了现代企业制度的核心特征，能够有效地调动各方的积极性。而多种筹资渠道的并存，又为其产业化发展和集团化运作提供了可能。同时，产权的规范流转又实现了产权主体的多元化，变封闭的资金积累为开放的资金筹措。因而，商务产权制度的建立，实现了人力、物力、财力的三方结合，为其法人治理结构的建立和完善提供了保障。

当然，商务的这种产权制度也存在不足。首先，商务的总、副经理本身既是公司的董事，又享有公司的最高经营权，这就造成了董事会与经理人之间制衡的薄弱，从而导致公司对于经营权的约束不够，经理人滥用其职权，总经理的权力过分膨胀。其次，这一时期的商务印书馆，只在董事中推举出监事，而并未成立监事会，因而，对于公司业务执行者和经营者的监督力度不够。再次，商务对于本公司的股票转让等做了详细的规定，股东必须在商务的严格监控下实现股票流转，这势必增加不必要的交易成本，降低经济效益。最后，商务印书馆在这半个世纪的发展中，虽然积极尝试着多元化的经营，但其产权投资缺乏战略考虑和计划性，导致其战线过长而损耗过大，主体产业的优势并没有得到长足的发挥。这种在未充分进行市场调研和分析自身优劣之后进行的大范围、跨行业的投资，会带来人员和资金的无形流失。

我国的出版业集团化进程更多地源于政府的推动和扭合，规范的产权制度的建立任重而道远。出版产权制度作为我国出版体制改革的基础和前提，是出版集团化发展首先要解决的问题。厘清产权归属，理顺产权关系，优化产权结构，实现所有权、决策权和经营权的有效分离和制衡，寻求市场经济条件下和国际化竞争中出版无形资产①的新型投资方式，建立起以市场为基础，发挥自身特色的资本运营方式，并不断加强资本监管，增强资本投资的战略性和计划性，是提高资本收益，实现资本保值增值，实现出版产业化、集团化良性发展的必然选择和必由之路。

---

① 张新华在其《转型期中国出版业制度分析》（中国传媒大学出版社，2010 年）一书中认为，出版企业的无形资产一般包括出版社的声誉、图书的品牌、优秀的编辑、优秀的出版人、出版社所拥有的出版资源等。

第三章　商务印书馆组织制度的探索与构建

公司组织制度是“公司在所有权与经营权相分离的条件下，调整和平衡公司各相关权利人关系并对公司运营进行监督的制度安排，使之能够在公司所有者与经营者之间形成各自独立、权责分明、相互制衡的关系，促使公司经营者为实现公司整体利益和股东利益而勤勉工作，从而为公司始终保持较高的效率和长期稳定发展提供保证”①。机构设置是企业组织制度的实现途径，其目的在于企业运作效率的优化。一般而言，现代企业组织制度的结构主要有股东大会、董事会、监事（会）、总经理和职能部门等组成。这些组织机构围绕着企业资产的保值增值进行活动。

合理的组织结构既要符合企业经济活动的要求，又要能够适应企业内部和外部条件的变化。具体而言，企业的组织结构必须确保企业内部分工的合理，使企业的不同活动实现专业化和有序化，并能合理地协调不同活动，避免冲突和重复性劳动的出现；必须确保企业内部信息传达的通畅和各级决策的准确执行并对其执行情况实施有效的监督；必须确保企业内部职能和责任的明确，合理划分其执行主体和责任主体；必须确保企业人员的积极性和潜能的最大限度发挥。此外，合理的企业组织结构必须对外界保持灵敏的反应，在保持相对稳定的前提下，根据企业内外部环境和条件的变化进行结构调整，不断实现自我优化和升级。

第一节　建立和完善商务印书馆的法人治理结构

公司治理结构是指“在三权分开、相互制衡的原则下所作出的公司机

① 胡加荣、李慧：《公司组织制度比较研究》，载《中国工商管理研究》，2007 年第 5 期，第 75 页。

构设置及其相互关系和运行方式的制度安排”①，合理的公司治理结构能够对企业进行权力配置与制衡，并协调企业各方关系，使企业在运作中权责分明、各司其职，实现激励机制与制衡机制的并存。公司治理结构的设置和运作是公司产权的具体安排，是公司产权制度的具体体现，也是公司组织制度的核心和基础。现代公司治理结构一般由股东大会、董事会、监事会和经理层组成。

初创时期，商务印书馆出资者的身份很明确，但出资者与经营者并无明确区别，出资方本身就是经营管理者，并没有以雇佣的方式引进外来员工从事生产劳动，其产权是单一的、完整的，亦未形成规范、科学的治理结构。

张元济和印有模入股之后，商务虽然摆脱了原始家庭作坊式的经营方式，吸收了很多家庭之外的力量，也雇佣了家庭之外的人员，但其产权仍旧集中在夏、鲍家族以及张元济和印有模手中，夏瑞芳仍然是掌握全盘、控制资金的集权者（虽然他在编辑出版方面并未对张元济做过多干涉），而在印刷上主要依靠二鲍，编译所则交由张元济全权打理，产权所有者与经营者之间依然没有分离，合伙人之间由于存有常年的交情，因而即便在公司实际运行的诸多事情基本上都各有主事之人，但相互之间并无严格意义上的协商决议制度。这样的形式从当时的情形来说对商务印书馆的发展是有利的，它既能够吸取合伙人各方的特长和过往经验形成企业发展的有效动力，又能够在管理上集思广益，降低初期运作成本。

1905 年注册成立股份有限公司后，商务印书馆开始建立其完善的法人治理结构。1903 年以后，商务印书馆始有董事和监察。董事由股东公举，合股后第一次当选的董事都是华人。所举的监察人，一个是田边辉浪，一个是张蟾芬先生。其时，商务印书馆的出资者组成代表全体股东利益的股东大会，1909 年，股东大会通过投票表决选出一个法人代表机构——董事局。董事局（会）是商务的最高决策机关，对行使商务产权以及商务资产的利用和利润的分配等问题进行民主决策。从 1904 年中日合资后产生董事，到 1909 年正式设立董事局的 5 年多时间里，商

① 牛国良：《现代企业制度》，北京大学出版社，2002 年，第 103 页。

务印书馆仅仅开过5次董事会议，而股东会议却开过9次。由此可见，中日合资的前大段时间，权责并不明确。直到董事局成立之后，董事会才相对定期地召开。

这次与日本方面的合作，从现有的资料来看，确实如汪家熔先生所说是“主权在我的合资”。1909年以前，日股是按其所占股份大小推举董事，但其董事并不在商务担任行政职务。这从1903年—1909年的董事组成可以看出，如表3-1①。

表3-1 1903年至1909年商务印书馆的董事组成

年份	董事名单
1903	夏瑞芳 原亮三郎 加藤驹二 印有模 （不详推举日期）
1904	人员同上
1905	人员同上 （五月初八推举）
1906	人员同上
1907	夏瑞芳 原亮一郎 张元济 印有模 山本条太郎 （三月廿八推举）
1908	夏瑞芳 原亮一郎 印有模 （不详推举日期）
1909年后改董事为7人 全部是中国人	

1904年至1914年十年的中日合资期间，商务印书馆的总经理一直都由夏瑞芳担任，直到1909年才增设副职，由高凤池担任。日本人在本次合资中，只作为投资方而存在，他们并不干涉商务的日常运营，商务印书馆的编译所、印刷所和发行所的所长都由中国人担任，商务创办的刊物也由国人负责②。至于长尾槙太郎、小重谷等，只是在编译所或印刷所进行一些经验和技术的指导，而并不担任职务，他们的角色应该更类似于我们今天所谓的“顾问”、“技术指导”一类的人物。

在实际运作中，商务印书馆资本管理的最高机构是股东大会，通过股东大会选举产生代表股东权益的董事组成董事局。董事局（后改为董事

① 汪家熔：《商务印书馆史及其他——汪家熔出版史研究文集》，中国书籍出版社，1998年，第26页。

② 胡愈之在《回忆商务印书馆》中提及1904年创刊的《东方杂志》创刊时主持和编辑的是日本人。见商务印书馆编：《商务印书馆九十五年——我和商务印书馆》，商务印书馆，1992年，第115页。

会）并不负责公司的日常运作，它以任命总、副经理的方式产生公司的最高行政机关，来负责公司的日常工作。同时，股东大会选举出监察人对公司业务执行状况和财务状况进行监督。商务的董事长自董事局成立以来一直由张元济担任，直至新中国成立后1959年张元济去世。先后被选为商务董事的有：丁斐章、王云五、孔祥熙、印有模、叶景葵、夏瑞芳、夏鹏、李宣龚、汪寰清、徐凤石、徐寄庼、徐善祥、陈叔通、郑孝胥、高翰卿（即高凤池）、高梦旦（即高凤谦）、童世亨、鲍咸昌、鲍庆林、盛同孙、谢仁冰等。先后担任商务总经理和经理的有夏瑞芳、高翰卿、印有模、张元济、王显华、王云五、朱经农、李拨可、夏鹏、李伯嘉、鲍咸昌、鲍庆林、陈懋解、谢仁冰等。刘湛恩、周莘伯等被选为监察人。商务印书馆法人治理结构图示如图3-1。

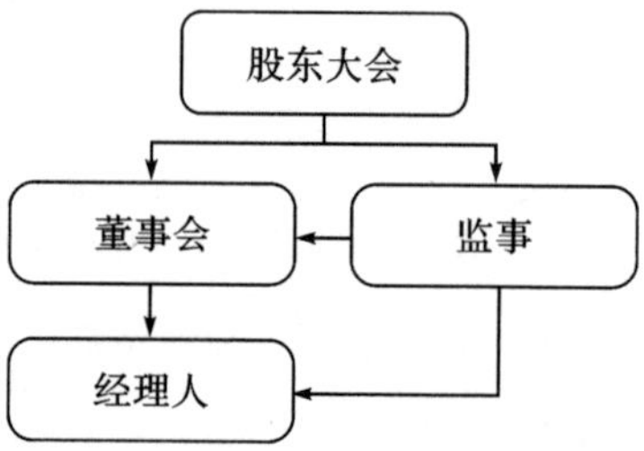

图3-1　商务印书馆法人治理结构图示

一、股东大会是商务的最高决策机构

股东是公司股权的投资者，凭持有的公司股权行使表决权、选举权、收益权、股权转让权、剩余财产分配请求权及知情权、优先认股权等其他权利。1914年清退日资后，商务印书馆规定“本公司股东以本国人为限”。

对于股东权益的性质，理论上有不同的看法。一是集合体说，认为股东权是集合了物权、债权、知识产权和其他各种权利及义务的集合体；二是社员权说，认为股东之间类似社员关系，对公司共同所有并承担义务，社员权属于单一的所有权；三是新债权说，认为随着股权的分散化，绝大多数股东购买股份只是为了取得利益分配权。西方有产权经济学家通过分析所有权与控制权，将股东的权利与经营者的权利区分开来。他们认为，当企业专用资源决策权与这些资源的市场价值实现结果的自然分离，附加到股份的可转让性上时，就可以使从事管理活动但不必承担经营风险的经理阶层出现。这样，产权要素所具有的自愿的可分割性和可转让性，可以实现两种权利的专业化：行使有关资源使用的决策权，也被称为控制权；承担市场或交换价值实现的结果，也就是所有权。我国现行有关文件将股东权解释为“出资者所有权”，是与上述观点基本一致的。

股东的具体权利包括：1）出版股东大会并行使表决权；2）对公司股份的转让权；3）公司利润的分配请求权；4）公司终止后对公司剩余财产的分配权；5）对公司账目和股东大会决议的审查权；6）对公司的质询权。股东的义务则包括遵守公司章程、缴纳股款、对公司债务负有限责任，等等。

股东大会是由股份有限公司全体股东组成的、决定公司经营管理重大事项的最高权力机构。股东大会分为股东年会和股东临时会。股东年会也称股东常会，是按公司法的规定于每一个会计年度终结后召开的股东大会。它每年召开一次，可以对股东大会所享有的各项职权进行表决。而股东临时会是公司认为必要时召集的股东会议，只能依据会议通知的内容进行决议。

作为公司最高权力机构的股东大会，依据新《公司法》第 38 条和第 100 条的规定，行使下列职权：1）决定公司的经营方针和投资计划；2）选举和更换非由职工代表担任的董事、监事，决定有关董事、监事的报酬事项；3）审议批准董事会的报告；4）审议批准监事会或监事的报告；5）审议批准公司的年度财务预算方案、决算方案；7）对公司增加或者减少注册资本做出决策；8）对发行公司债券做出决策；9）对公司合并、分立、解散、清算或者变更公司形式做出决议；11）修改公司章程；12）公司章程规定的其他职权。

股东大会是全体股东通过会议形式决定公司重大决策和选举董事会和监事会的非常设机关，是商务的最高权力机构。股东的权益和意志主要是通过股东大会来表达，成立董事局后，商务股东常会每年一次。“股东大会主要讨论、通过公司章程、资本额、经营范围、股权利益、选举董事和监察以及经营的建议。由此派生出的内容为修改公司章程，改变资本额、增减经营范围。”① 但也有例外，如 1908 年农历四月初六日，股东大会上

① 汪家熔：《商务印书馆史及其他——汪家熔出版史研究文集》，中国书籍出版社，1998 年，第 39 页。

以 2 930 票赞成（2 148 票反对）通过了“此后星期日发行所照常交易”的议案（商务同人有较多的基督教徒，所以十年来星期日都休息以便于职工做礼拜）。

关于股东大会的召集，据《商务印书馆股份有限公司章程》的规定，商务印书馆的股东常会每年召开一次，由董事会通信知照并登载于上海著名日报。

关于股东大会投票表决的有效性，商务规定，股东常会及临时会议的议决，必须有超过全公司股份总数一半的股东出席，表决时需有出席股东表决权过半才能生效，如果出席会议的股东其股份数不足总数的一半，即使表决时股东表决权过半也不能成立，即为假议决。此时，公司方面应该将假议决通知各股东，并知会其一个月内召集第二次股东大会再行议决。如 1932 年 9 月 4 日，商务印书馆临时股东会议议决减资为 300 万元并修改公司章程，但因股东到会股权数不足定额，依法作为假决议，11 月 6 日，第二次临时股东会议议决方行。

关于股东大会的投票表决制度，商务印书馆规定，股东在 10 股以下的每一股有一票表决权，11 股至 50 股者表决权以 9 折计算，51 股至 100 股者表决权以 8 折计算，101 股至 200 股者表决权以 7 折计算，201 股至 500 股者表决权以 6 折计算，501 股以上者表决权以 5 折计算，零数不满一权者不计。如遇因事不能到会，股东应开具证明委托其他股东行使表决权，但代理其他股东行使权数与代表人自有之权数，合计不得超过全体股东表决权的 1/5。

关于股东大会的会议记录制，商务印书馆规定，“本公司举行股东常会及临时会，应将所议各事由书记记录列册”。

此外，商务还规定，“任何股东，不论股权多少，都可随时查阅董事会记录。但是任何股东，无论其股权多少，都无权不通过股东大会干涉业务”①。如据《张元济日记（上册）》第 161 页记载，1917 年 2 月有山西太原的股东来电，参与用人事宜，“［总馆］即发分馆驳斥”。

论及商务的股东会，不得不涉及国内外当时的经济环境和公司制度建

① 汪家熔：《商务印书馆史及其他——汪家熔出版史研究文集》，中国书籍出版社，1998 年，第 39 页。

设。商务19世纪末诞生于得风气之先的上海，欧风美雨的影响是不容忽视的。从世界范围来看，到20世纪初，股份制经济得到了飞速的发展。具体表现为：1）有关股份制的法律法规已基本完备。如，1856年英国颁布了《联合股份公司法》，1892年德国颁布了《有限责任公司法》。由于民间合股公司取得了法人地位和实行有限责任原则，打破了皇室特许公司的垄断经营，使资本所有权与经营权得以分离，也解决了合伙制中合伙人承担无限连带责任的风险。2）股份制迅速由贸易、运输业向新兴工商业和金融业扩展。第一次和第二次产业革命，使工场手工业快速向机器大工业过渡，企业规模扩大，生产社会化程度提高，促使股份制得到广泛发展。由于银行业要求资金雄厚，也纷纷采取了股份制，银行业在促进股份制的同时，首先使自己股份化了。3）股票市场日臻完善和规范，成为资本的筹集与流动、资源有效配置、资本集中与重组的有力杠杆。4）股份公司作为最完善、最先进的企业制度，在发达国家已居于统治地位。

近代中国人关于公司制的最初实践是在外商公司中“附股”，以及自办公司（如第一章所述）。官督商办的公司到1903年发展到近40家。这些洋务民用企业的公司性质带有过渡性，还不能说是完全彻底实行了现代公司制度。其特点包括在募资方面，虽体现股份均一，也有公布账目的规定，但实施效果不佳；股息分配方面，首重“官利”；经营方面力求依商务常规经营，却难拒“官气”侵蚀；官督商办又决定其法人资格不健全。作为股份制公司，连股东（大）会也是可有可无。我们知道，定期召开股东（大）会是股份公司的制度特征，官督商办企业亦有所仿效，但从根本上讲，普遍并不重视，多数企业没有召集股东会议的规定。

19世纪80年代中期，民营企业逐渐发展，且有不少企业冠以“公司”之名。据统计，到1903年之前，在民用工矿、航运、新式金融业中创办了460家企业，称为“公司”的有80多家。1904年，晚清政府颁行了《公司律》，商部也在不久之后颁行了《公司试办注册章程》，中国人自办公司开始注册登记，公司数量的统计得以开展。晚清至整个民国时期，公司数量在不断增长中，具体情况前已论及。随着公司数量的持续增长，企业制度的建立与改进也在不断进步之中。

商务印书馆就是在这样的背景下建立和发展起来的。它是一开始就与“国际接轨”的，也是一开始就融入我国近代企业发展潮流的。伴随着从合伙制小作坊到现代股份制大企业转型的完成，商务在建构现代公司组织机构并实施规范化运作方面也迈出了坚实的步伐。公司组织机构是体现公司的组织意志，从事经营和管理职能的机构。按照公司决策权、执行权和监督权三权分立的原则，公司的组织机构一般由权力机构（股东会）、执行机构（董事会）、监督机构（监事会）三部分组成。这种制度安排可以充分反映全体股东的意志，体现民主管理原则；提高资本的经营效益，最大限度地保护股东的权益，加强对经营者的监督。作为股份公司的商务印书馆，早在20世纪头10年就尝试建立这种科学合理的公司组织。在公司组织中，股东会与股东构成有内在的紧密联系，因此我们有必要先分析商务在股东构成方面的特点。

有独具慧眼的研究者认为，商务印书馆的成功，重要因素之一是其股东结构和盈利分配，特别是它利于企业发展的股东结构。创立初的商务7人，其中6人为亲戚关系。但从张元济、印有模入股，特别是与日本人建立合资股份公司以后，股东结构发生了明显的变化。自1905年后，商务多次增资。按照惯例，增资应先尽老股，优先老股的配售，老股取得的一定限额增资权可转让给别人。但商务采取的策略是增资不先尽老股，而是不断扩大投资户数。股东中，有京城和外地与文化教育有关可以帮助商务推广生意的人，商务专门拿出一部分股份让他们认购；有优秀的著译作者，他们以稿酬入股；有公司部分员工中办事格外出力者，也可投资成为股东。商务资本大体上实行所谓大众股东即小股东制，也就是没有大股东，股东人数恒在1 000人以上，20世纪30年代最初二三年更增至2 745户。也就是说，其中相当多的股份持在商务员工手中（夏瑞芳、张元济、高凤池、王云五等人只是其中的一个普通股东），这样一种股东结构可以说带有股份合作制的特点（所谓股份合作制，是劳动者的资本联合和劳动联合相统一的企业形式，职工兼有劳动者和股东的双重身份，企业员工既是出资者又是劳动者，实行“劳者有其股”，形成劳动联合和资本联合有机统一的“劳资一体化”的新机制）。商务在成立之初是创办人的股份合作是不用说的，就是在后来的发展中也带有浓厚的股份合作的特点。利润的分配就不像垄断资本那样只集中在少数人手里。有鉴于此，我们可以说张元济、王云五等是大出版家，但不能说他们是大资本家。股东增加而股权分散，有利于资本的调度，也减少了大股东因素容易造成的企业风险。商务经营得法，利润比较高，股东实际所得回报有时候达到50%。但为了企业的可持续发展，张元济等采取各种办法，力求多为企业积累发展资金；虽有争议，但所采取的政策和举措，显然是有利于企业的健康、稳定和持续发展的。

股东大会的性质可以从两个方面理解：1）它是公司的最高权力机构，董事会和监事会要对股东大会负责；2）股东大会只是股东或公司意向决策的场所，而不是公司经营管理的机构，对外不能代表公司签订协议，对内不能管理公司的生产经营活动。

这里，我们主要依据《张元济年谱长编》，适当参考其他书籍报刊，整理了一个“上海商务印书馆股东会召开一览表（1905年—1949年）”(见表3-2),并以此为基础作进一步的分析。

表3-2　上海商务印书馆股东会召开一览表（1905年—1949年）

开会时间	会议地点	会议主要内容	备注
1905年3月31日	北福建路2号印刷所	审议甲辰年收支情况；讨论编译所增聘人员，北京、天津等处设立分铺，订购印刷机器，购地基建造栈房。	股东会议
1905年6月10日	北福建路2号印刷所	这是公司在香港注册之后第一次会议，按英国章程，注册后四个月内应举行第一次会议。会议报告今年生意，并公举印有模、原亮三郎、夏瑞芳、加藤驹二为本年值年董事，张桂华、田边辉雄为稽查本年账目董事。	股东会议 据《股东会记录簿》(张桂华又名张蟾芬)
1905年11月22日		会议决定取消在香港的注册，因港地不得翻印、翻译已入版权同盟各国洋文书籍。又讨论重庆、广东等地翻印本馆书籍之对策。	股东特别会议 据《股东会记录簿》

续表

开会时间	会议地点	会议主要内容	备注
1905年 11月28日		讨论事项：(1) 注销在香港注册，拟在本国商部注册，属中国公司。(2) 应将本馆所出教科各书随时禀请学务大臣审定颁发。(3) 本年秋季开办师范传习所，提充善举费备用。自开办至今约共用洋二千元，明岁仍拟续办。举查账人张桂华、田边辉雄，查课人张菊生、谢洪赉。	股东会议 据《股东会记录簿》
1906年 1月16日	印刷所	正式成立股份有限公司，资本100万元。遵清政府商律定为有限公司，呈商部注册，资本100万元，注册时先集半数，每股100元，准许外人附股，但须遵守我国商律及公司律，次年3月12日经部批准。	股东会议 据《股东会记录簿》等
1906年 3月10日	印刷所	议定乙巳年结账、分派余利事，并选举新一届董事：夏瑞芳（兼经理）、原亮三郎、印有模、加藤驹二。	股东会议 据《股东会记录簿》
1907年 5月10日		选举夏瑞芳为董事兼经理，原亮三郎、张元济、印有模、山本条太郎为董事。张元济当时在海盐，未出席此次会议。	股东会议 据《股东会记录簿》
1907年 5月22日	四马路 一品香餐馆	审阅丙午年各账，决定光绪三十二年股东余利益、按四分计算，二分提现，二分发给新股单。	股东会议 据《股东会记录簿》
1908年 5月5日	四马路 一品香餐馆	到会股东四十一人，先由高凤池报告上年营业情形，次则议重举董事，众议仍旧。股东审阅丁未年总结清单。讨论礼拜日营业事，奉教诸股东皆谓不可，乃以多数决之。各股东赞成可者二千九百三十股，否者二千一百四十八股。议决照常交易，一切办理章程随时会议。	股东常会 据《郑孝胥日记》等

续表

开会时间	会议地点	会议主要内容	备注
1909 年 4 月 15 日	编译所	参加会议的股东四十人。郑孝胥为议长，夏瑞芳报告戊申年营业情形及各项账务。讨论并同意添收股份五万元为预备股份。决定董事人数增至七人，当选者为张元济、郑孝胥、高凤池、印有模、高凤谦、鲍咸恩、夏瑞芳。查账董事二人：张蟾芬、张廷桂。	股东会议 据《股东会记录簿》
1910 年 4 月 27 日	一品香菜馆	高梦旦、印有模等股东到会。印锡璋为主席。听取顾晓舟报告上年度营业情况及各项账略。张元济因出国未参加此次会议。	股东常会（此年材料由张人凤先生提供）
1911 年 4 月 22 日	海天村番菜馆	张元济报告庚戌年营业情形及提出董事选举建议。书记顾晓舟报告各项账略。会议选举高凤谦、鲍咸昌、高凤池、印有模、张元济、夏瑞芳、郑孝胥为新一届董事，张桂华、张廷桂为查账员。	股东常会 据《股东会记录簿》
1912 年 6 月 8 日	棋盘街发行所	张元济为主席。张元济报告辛亥年营业情形并各项账略。选举新一届董事鲍咸昌、印有模、张元济、夏瑞芳、郑孝胥、王子仁、奚若；查账员张桂华、张廷桂。	股东常会 据《股东会记录簿》
1913 年 4 月 19 日	编译所	郑孝胥主持并报告民国元年营业情形。选举郑孝胥、鲍咸昌、印有模、张元济、叶景葵、伍廷芳、夏瑞芳为董事，张廷桂、张葆初为查账员。	股东常会 据《股东会记录簿》
1914 年 1 月 30 日	爱而近路 纱业公会	郑孝胥为议长，介绍新总经理印有模。张元济代表董事会报告收回日股情形。	特别股东会 据《股东会记录簿》

续表

开会时间	会议地点	会议主要内容	备注
1914 年 5 月 11 日		张元济代表董事会报告民国二年营业情形，还作了关于增股议案的报告。增股议案获通过。选举伍廷芳、郑孝胥、周晋鑣、印有模、张元济、鲍咸昌、高凤谦为董事，张国杰、丁榕、叶景葵为监察人。	股东常会 据《股东会记录簿》
1915 年 5 月 29 日	爱而近路纱业公会	张元济代表董事会报告民国三年营业情形。选举伍廷芳、郑孝胥、印有模、高凤池、张元济、张謇、叶景葵、鲍咸昌、黄远庸、曹雪赓、张桂华为新一届董事。	股东常会 据《股东会记录簿》
1916 年 5 月 6 日		伍廷芳为临时议长。张元济代表董事会报告民国四年营业情形并各项账略，又作关于推广保险议案的报告。郑孝胥报告推举总经理情形。选举伍廷芳、高凤池、鲍咸昌、郑孝胥、张謇、梁启超、张桂华、聂其杰、李宣龚、张廷桂、曹锡赓十一人为董事，王亨统、张葆初、叶景葵为监察人。	股东常会 据《股东会记录簿》 李宣龚，字拔可
1917 年 5 月 19 日	上海总商会	郑孝胥为临时议长。张元济代表董事会报告民国五年营业情形并各项账略。会议通过增加股本一百万元议案。选举高凤池、鲍咸昌、聂其杰、张謇、张元济、叶景葵、梁启超、高凤谦、章士钊、郑孝胥、金邦平为董事，王亨统、谭海秋、吴馨为监察人。	股东常会 据《股东会记录簿》
1918 年 4 月 13 日	上海总商会	张元济代表董事会报告民国六年营业情形。选举郑孝胥、高凤池、鲍咸昌、叶景葵、张元济、章士钊、高凤谦、郭秉文、张謇、俞寿丞、梁启超十一人为董事，谭海秋、王显华、李文奎为监察人。	股东常会 据《股东会记录簿》

续表

开会时间	会议地点	会议主要内容	备注
1919 年 4 月 26 日	印刷厂新建第三印刷所	郑孝胥为临时议长。张元济代表董事会报告民国七年营业情形并各项账略。选举郑孝胥、高凤池、鲍咸昌、张元济、张謇、王显华、高凤谦、郭秉文、李宣龚、张桂华、王亨统为董事，张葆初、叶景葵、金伯屏为监察人。	股东常会 据《股东会记录簿》
1920 年 5 月 8 日	商务印刷制造厂新建铁工场	张元济代表董事会报告民国八年营业情形。会议逐项通过董事会所提议案五件：酌提余利及公积作为股份案；改正分派盈余案；追认增设监理案；增设经理一人案；修改公司章程第三条文字案。选举郑孝胥、鲍咸昌、李宣龚、张元济、郭秉文、王显华、张謇、叶景葵、丁榕、孙壮为董事，张葆初、庄俞、周达为监察人。	股东常会 据《股东会记录簿》
1921 年 5 月 14 日	上海总商会议事厅	李宣龚报告民国九年总分馆营业情形，监察人张葆初报告本届决算各项数目均无误。选举高凤池、李宣龚、张元济、鲍咸昌、王显华、郑孝胥、丁榕、金伯平、黄炎培、吴麟书、张謇十一人为董事，周梅泉、谭海秋、曹雪赓为监察人。	股东常会 据 1921 年 5 月 15 日《申报》
1922 年 4 月 30 日	上海总商会议事厅	王显华报告民国十年营业情形，监察人谭海秋报告账目审核情形，董事会提议增加股本至五百万元，经较长时间讨论，议决通过。选举高凤池、郑孝胥、鲍咸昌、李宣龚、王显华、金伯平、张元济、丁榕、郭秉文、陈叔通、童世亨为董事，叶景葵、吴麟书、黄炎培为监察人。	股东常会 据 1922 年 5 月 1 日《申报》

续表

开会时间	会议地点	会议主要内容	备注
1923 年 5 月 6 日	上海总商会议事厅	郑孝胥为议长。王显华报告民国十一年营业情形，监察人叶景葵报告账目审核情形。董事会依据张元济意见，提出股息公积办法两条于股东会。童世亨提议添加“股息公积常年八厘起息”一条获得通过。选出新一届董事十三人：鲍咸昌、高凤池、张元济、郑孝胥、丁榕、李宣龚、童世亨、王显华、郭秉文、黄炎培、张桂华、陈叔通、庄俞；监察三人：张葆初、叶景葵、金伯平。	股东常会 据 1923 年 5 月 7 日《申报》等
1924 年 4 月 13 日	商务印书馆同人俱乐部	郭秉文为议长。王显华报告民国十二年营业情形，监察人金伯平作报告。通过分派盈余、增修公司章程各案。选出新一届董事十三人：张元济、高凤池、鲍咸昌、张蟾芬、王显华、童世亨、陈叔通、黄炎培、李拔可、郭秉文、丁榕、叶景葵、吴麟书；监察三人：金伯平、李恒春、张葆初。	股东常会 据 1924 年 4 月 14 日《申报》
1924 年 5 月 11 日		讨论两项涉及公司章程修改的议案。一是增加公司在外国购置产业的条文；二是公司章程第二十二条文内“花红四成五，酬恤一成五”改为“花红五成，酬恤一成”。两项议案均获通过。	临时股东会议 据《股东会记录簿》
1925 年 4 月 19 日	东方图书馆	王显华报告民国十三年营业情形，监察人李恒春作报告。讨论《增订股息公积办法案》，略有修正，投票通过。选举新一届董事十三人：高凤池、丁榕、鲍咸昌、张桂华、吴麟书、张元济、叶景葵、夏鹏、李宣龚、王显华、郭秉文、陈叔通、郑孝胥；监察人金邦平、黄炎培、周辛伯。	股东常会 据 1925 年 4 月 20 日《申报》

续表

开会时间	会议地点	会议主要内容	备注
1926年4月25日	西藏路宁波同乡会	高凤池为议长。王显华报告上年营业情形。由于高、王等坚持，股东会一致通过《修改股息公积办法案》。选出新一届董事十三人：高凤池、吴麟书、夏鹏、张元济、鲍咸昌、张桂华、丁榕、李拔可、郭秉文、叶景葵、王显华、陈叔通、秦印绅。	股东常会 据1926年4月26日《申报》
1927年5月1日	上海总商会	李拔可报告民国十五年营业情行；高凤池报告北京、广州受时局影响。股东未能莅会、委托在沪友人代表情况。部分股东对上述两报告内容，特别是股息公积提出质疑，要求调查，引起争吵。亦有股东就公司收购古书提出疑问，张元济解答。选举董事十三人：张元济、吴麟书、高凤池、夏鹏、丁榕、鲍咸昌、李拔可、叶景葵、杨端六、王云五、盛同孙、高梦旦、庄俞；监察三人：周辛伯、陈少周、秦印绅。	股东年会 据1927年5月2日《申报》、1927年5月3日《晶报》、《股东会记录簿》等
1928年5月13日	上海总商会议事厅	董事会报告称，上年受时局影响，营业额减少甚巨，盈余微薄，通过股息分派议案。选举董事十三人：高凤池、鲍咸昌、丁榕、王云五、李宣龚、张元济、夏鹏、郭秉文、盛同孙、杨端六、高梦旦、叶景葵、吴麟书；监察三人：陈少周、黄汉梁、秦印绅。	股东年会 据1928年5月14日《申报》

续表

开会时间	会议地点	会议主要内容	备注
1929 年 5 月 12 日	爱而近路纱业公所	李拔可报告公司民国十七年营业概况，监察人秦印绅报告结算账略。次议分派盈余，经决议通过。选举董事十三人：夏鹏、鲍咸昌、高凤池、李拔可、吴麟书、王云五、高梦旦、张元济、叶景葵、盛同孙、杨端六、丁榕、俞天丞。监察三人：黄汉梁、秦印绅、陈少周。	股东年会 据《股东会记录簿》
1930 年 5 月 25 日	河南路上海商人团体整理委员会	李拔可报告民国十八年营业情形。就依照新《公司法》修改公司章程进行讨论。选举高凤池、王云五、丁榕、李拔可、叶景葵、杨端六、高梦旦、张元济、吴麟书、夏鹏、刘湛恩、鲍庆林、盛同孙十三人为董事；黄汉梁、徐寄庼、周辛伯三人为监察。	股东年会 据《股东会记录簿》
1931 年 5 月 24 日	上海总商会议事厅	高凤池为主席。董事会报告民国十九年营业情况；监察人周辛伯报告核查帐目情形；会议通过盈余利息分派案；并讨论修改公司章程草案，因事关重大，议定等开临时股东会再议。选举董事十三人：夏鹏、高凤池、丁榕、鲍庆林、黄汉梁、李拔可、王云五、刘湛恩、郭秉文、叶景葵、张元济、高梦旦、鲍庆甲；监察三人：周辛伯、金伯平、徐寄庼。	股东年会 据 1931 年 5 月 25 日《申报》、《股东会记录簿》
1931 年 6 月 28 日		公司章程修改草案经各股东逐条讨论，分别表决，多数通过。	股东临时会；据童世亨《企业回忆录》

续表

开会时间	会议地点	会议主要内容	备注
1931年7月10日	上海总商会议事厅	先由董事会报告本馆被难及处理善后情况；次报告民国二十年营业状况；监察人周辛伯报告核查账目情况。讨论董事会所提《减少资本修改章程案》，议定再开临时股东会公决。选举董事十三人：夏鹏、高凤池、鲍庆林、张元济、王云五、李拔可、张桂华、丁榕、高梦旦、刘湛恩、叶景葵、郭秉文、黄汉梁；监察三人：徐善祥、徐寄庼、周辛伯。	股东年会 据1931年7月11日《申报》、童世亨《企业回忆录》
1931年9月4日	上海总商会议事厅	股东童世亨、秦慕瞻等十人联署提出《修正商务印书馆减少资本办法案》，经表决通过。张元济提议修改公司章程案，亦获多数通过。惟到会股东未能足额，议决各案除以股息公积弥补亏耗及宝山路总厂烬余货物将来修理后自用作价，或售去所得价值作为复股公案两案，应即办理外，关于减少资本及修改公司章程之决议案，作为“假决议”，再行定期召开第二次股东临时会决议之。	临时股东会 据《股东会记录簿》、童世亨《企业回忆录》
1932年11月6日	上海总商会议事厅	续议《修正商务印书馆减少资本办法案》及修改公司章程案。经投票表决，一致通过。	临时股东会 据《股东会记录簿》
1933年3月26日	上海总商会议事厅	王云五报告本届营业、生产及清理旧厂情形。监察人周辛伯报告各项账册、报表审核经过。会议通过公积金及盈余利息分派议案。选举董事十三人：王云五、李拔可、夏鹏、郭秉文、鲍庆林、张元济、高凤池、张蟾芬、丁榕、刘湛恩、高梦旦、周辛伯、徐寄庼；监察三人：徐善祥、黄汉梁、叶景葵。	股东年会 据1933年3月27日《申报》

续表

开会时间	会议地点	会议主要内容	备注
1934 年 4 月 1 日	上海总商会议事厅	王云五报告上年营业情况，监察人徐善祥报告各项账目、报表审核无误。通过公积金及盈余利息分派议案。又报告恢复股份为350万元之情况。选举董事十三人：王云五、李拔可、夏鹏、鲍庆林、张元济、高梦旦、丁榕、刘湛恩、徐寄庼、张蟾芬、周辛伯、高凤池、蔡元培；监察三人：徐善祥、黄汉梁、叶景葵。	股东年会 据 1934 年 4 月 2 日《申报》、《股东会记录簿》
1935 年 3 月 31 日	上海市商会	王云五报告上年营业情况，监察人徐善祥报告各项账目、报表审核无误。讨论各项议案，包括请股东将红利 22 万元借给公司议案。选举夏鹏、鲍庆林、王云五、李拔可、高梦旦、高凤池、张元济、丁榕、蔡元培、张蟾芬、徐善祥、刘湛恩、徐寄庼十三人为董事，叶景葵、陈光甫、周辛伯三人为监察人。	股东年会 据《股东会记录簿》
1936 年 3 月 29 日	上海市商会	由董事、监察人先后报告营业状况及结算情形；继议盈余利息分派及董事会提议各事项。均经决议通过。选举董事十三人：张元济、李拔可、夏鹏、鲍庆林、王云五、高梦旦、高凤池、徐善祥、刘湛恩、丁榕、蔡元培、张蟾芬、徐寄庼；监察三人：周辛伯、陈光甫、马寅初。	股东年会 据 1936 年 3 月 30 日《申报》
1937 年 5 月 9 日	宁波同乡会	王云五报告上年营业概况及结算情形，监察人马寅初报告一切账目均核查无误。经由张元济将董事会提议三项（盈余分配案，恢复股本五百万元案，修改公司章程案）提交大会讨论。逐项表决通过。选举董事十三人：王云五、高凤池、李拔可、夏鹏、张元济、刘湛恩、蔡元培、鲍庆林、徐善祥、徐寄庼、丁榕、陈光甫、李伯嘉。监察三人：马寅初、黄炎培、杨端六。	股东年会 据 1937 年 5 月 10 日《申报》、《股东会记录簿》

续表

开会时间	会议地点	会议主要内容	备注
1938—1945 年			未召开股东会议
1946 年9 月 29 日	上海市商会	董事会散发《九年来之报告》小册子。张元济讲话，阐述散发小册子的考虑；接着向股东介绍新任总经理朱经农。随后，王云五致辞，李泽彰就《九年来之报告》作补充说明。选举新一届董事十三人：夏鹏、陈光甫、高凤池、王云五、张元济、李拔可、朱经农、丁榕、徐寄庼、李泽彰、马寅初、徐善祥、俞明时；监察三人：黄炎培、杨端六、陈叔通。	股东临时会议 据《股东会记录簿》
1947 年10 月 17 日	八仙桥青年会	张元济就公司升值增资征求部分股东意见。	股东聚餐会 据 1947 年 10 月 15 日史久芸复张元济书
1947 年10 月 26 日	上海市商会	张元济代表董事会作报告，此非一般年度报告，而是就民国二十六年至三十五年的账略结算，并经会计师监察人审核无误，提请审阅。会议依次通过董事会提议：公积金及盈余红利分派议案；重估固定资产价值调整资本方案；修改公司章程提案。议决董事、监察人之改选可保留至股东会办理。	股东年会 据《股东会记录簿》
1947 年12 月 21 日	上海市商会	徐寄庼为主席。张元济致辞。李泽彰报告增资一案办理完成经过。选举新一届董事会十三人：高凤池、王云五、张元济、李泽彰、李拔可、丁榕、徐寄庼、朱经农、徐善祥、夏鹏、俞明时、马寅初、陈叔通；监察三人：黄炎培、蔡公椿、陈懋解。	股东临时会 据《股东会记录簿》

续表

开会时间	会议地点	会议主要内容	备注
1948 年 12 月 19 日	上海市商会	张元济报告股东年会延迟召开原因，以及朱经农辞总经理、推荐夏鹏继任事。李泽彰报告公司结算等事。选举董事十三人：张元济、夏鹏、李泽彰、丁榕、李拔可、马寅初、徐善祥、陈叔通、徐寄庼、韦福霖、俞明时、陈懋解、高风池；监察三人：黄炎培、蔡公椿、王韫如。	股东年会 据《股东会记录簿》
1949 年			未开股东会议

据上表统计，商务印书馆 1905 年—1949 年的 45 年间，总计召开股东会议 48 次。而这 45 年，1938 年—1945 年的八年抗日战争期间没有召开过股东会议，一个重要因素是避免因召开股东会议给敌伪势力借参股、扩股之机进行渗透和控制。1949 年是一个特殊的年份，新旧政权交替，商务也面临着大的变化与转折，故而也没有如期召开股东会议。这样算来，实际召开过股东会议的只有 36 年。其中最为规范的当数抗日战争全面爆发前的 33 年。这三十多年，虽然有"一·二八"国难及其对商务的巨大冲击，但商务总体运作规范有序，发展态势良好，企业蒸蒸日上，两个效益明显。

据我们查阅到的资料，商务的股东会议始于 1905 年。这年的 3 月 31 日，商务在上海市北福建路 2 号的印刷所召开股东会，审议上个年度的收支情况，讨论编译所增聘人员等事宜。1905 年商务召开股东会议达到 4 次，除了 3 月份这次，6 月 10 日、11 月 22 日、11 月 28 日分别召开了股东常会或者股东特别会议。6 月 10 日的会议，是商务印书馆在香港注册之后召开的第一次会议，按照英国章程，公司注册 4 个月内应举行第一次股东会。不到半年，11 月 22 日商务又开股东特别会议，决定注销在香港的注册，原因主要是按照香港当时的规定（其实也就是英国的规定），公司不得翻印、翻译已入版权同盟的各国洋文书籍，这在当时对商务是很不利的。而 11 月 28 日的股东会议，则进一步讨论注销公司在香港的注册，计划在本国商部注册，属于中国公司。从这个情况以及以后的公司运作来看，商务印书馆是从 1906 年真正开始实行规范化的股东会议制度的。综合分析，从 1905 年到 1937 年"七七事变"发生前，商务印书馆的股东会议主要呈现出以下几个特点，这给我们某些启示。

首先，是按照公司法的有关规定，定期召开一年一次的股东年会或曰股东常会。按照公司法的规定，股东年会每年在上一个会计年度终结后召开，从理论上讲它可以对股东大会所享有的各项职权都进行表决。但从实际运作来看，股东年会讨论的议题一般是比较固定、有所选择、突出重点的。让我们看看 1906 年、1916 年、1926 年、1936 年几个年份股东年会的情况。1906 年 3 月 10 日召开的股东年会，议定上年结账、分派余利之事，选举新一届董事：夏瑞芳（兼经理）、原亮三郎、印有模、加藤驹二。1916 年 5 月 6 日的股东常会，内容主要是审议张元济代表董事会作的关于上年度营业情形并各项账略等两个报告，审议郑孝胥作的推举总经理的报告，选举伍廷芳等 11 人为新一届董事，王亨统等 3 人为监察人。1926 年 4 月 25 日的股东常会，审议王显华作的关于上一年度营业情形的报告，审议并通过《修改股息公积办法案》，选举新一届董事 13 人，监察人 3 名。1936 年 3 月 29 日的股东常会，审议董事、监察人先后作的有关营业状况及结算情形的报告，讨论盈余利息分派等事宜，选举新一届董事会（13 人）和监察人（3 名）。从这简单的叙述中我们清晰地看到，商务的股东常会规范有序，主要议题 30 年一以贯之，那就是审核经营状况，特别是财务情况，讨论利益分配，以及对公司行使决策、管理和监督的人员进行选举。

其次，通过股东临时会议进一步强化民主决策与科学决策。股东临时会因其召集的根据不同，有强制召开和任意召开之分。强制召开是由法律规定必须召开的股东会议，如董事人数不足 2/3，或者公司累计未弥补亏损达股本的 1/3 时。任意召开的股东临时会议通常由董事会、监事会或者有符合法定数量投票权的股东（我国规定为 10%以上）的要求召开。据笔者初步统计，1905 年—1949 年商务印书馆召开的股东临时会议大约有 12 次，从总量看并不多。但股东临时会议都是属于“任意召开”而非“强制召开”的类型，讨论的议题都是公司的重大事项。如，1905 年 11 月 22 日的会议，讨论并做出撤销在香港公司注册的决定；1914 年 1 月 30 日的会议，介绍新总经理印有模，张元济代表董事会报告收回日股情形；1924 年 5 月 11 日的会议，讨论并通过两项涉及公司章程修改的议案：增加公司在外国购置产业的条文，另一议题是将章程第二十二条的“花红四成五，酬恤一成五”改为“花红五成，酬恤一成”；1931 年 9 月 4 日的会议是商务“国难”后的一次股东临时会，股东童世亨等 10 人提出的《修正商务印书馆减少资本办法案》经表决通过，同时讨论通过了张元济提出的修改公司章程案。如此等等，都是涉及公司生存与发展的重大问题。

再次，商务印书馆在股东大会行使职权方面也曾有过惨痛的教训。这主要反映在 1910 年的“橡皮股票风潮”。1910 年之前，商务的经营状况极为良好，资本以每年近 30%的速度递增，营业额占据全国书业的 1/3。这样良好的经营状况，使得商务的资金流转极为迅速，经营的领域也从印刷、出版，走向机器制造、房地产、影视业等更大的投资市场。此时，为了进一步开阔眼界，向西方发达国家学习，张元济于 1910 年 3 月 17 日，从上海启程，作环球旅行。他回到上海是 1911 年 1 月 18 日。就在此期间，上海爆发了橡皮股票风潮，商务总经理夏瑞芳不听张元济的劝告，凌驾于董事会之上，也不通过股东大会，擅自挪用巨额资金购买橡皮股票，结果上当受骗，使公司的流通资金几乎损失殆尽，企业面临倒闭。高凤池在给张元济的信中批评夏瑞芳：“……凡遇此种有关系事，既不照章报告董事会，亦不询商他人，一己独断独行，以致酿成此局。”按照公司法的要求，决定公司的经营方针和投资计划，是必须经过股东大会的。我们查找有关资料，很遗憾的是没有查到 1910 年股东常会的记录，也没有关于临时股东会议召开的信息。可见，制度一旦被人为搁置，随心所欲，有章不循，企业经营就可能遭遇巨大风险。商务印书馆后来一致比较好地按照企业制度进行运作，无疑是吸取了这次惨痛教训的。

以股东大会为召集方式的会议体组织，非公司常设机构，亦无执行功能，只能通过召开会议、作出决议的形式行使职权。股东大会的决议由董事会负责执行，由监事会负责保障、监督。上海商务印书馆股东大会是很注意发挥董事会、监察人的作用，来履行其职权的。至于商务董事会、监察人的有关问题，我们另行讨论。

二、商务董事会的成立及权限

董事是对内管理公司事务、对外代表公司同其他企业进行交易活动的法定业务执行机关。最初的董事常常是从股东中产生的，股东身份是成为公司董事的基本资格。公司董事具有业务执行权及出席董事会和股东大会并对决议事项的表决权和收益权。董事会由股东大会选举的董事组成，是代表公司行使其法人产权的会议体机关，是公司经营决策和执行业务的常设机构，董事会对股东大会负责并接受其监督。

商务印书馆的董事实际是其股东大会的常设委员，代表股东的意志，领导和监督经理人员。商务印书馆的公司章程规定，董事从股东中产生，但凡持有公司10股之上的股东皆有被选举为董事的资格。商务规定其董事最多不得超过13人，他们主要履行稽查、协赞、议决等职权。

商务董事会是股东大会休会时的最高权力机构，它决定公司的经营方针和大计，以及其他重大的和它认为该管的问题。董事会必须在下次股东大会上对股东做上一年度的股东报告，通报经营状况、盈利和亏损原因。一般的经营情况、分支机构的设置和撤销，不动产及重大设备的购置也由董事会在股东报告中陈述。而董事会向股东大会提交的报告的内容，除营业盈亏外，事前须由负责运营的总、副经理进行请批，获准后方能行动。当然在实际的运作中，也有处于不得已原因的“先斩后奏”，但事后必须向董事会澄清。总、副经理对董事局而非具体股东负责，重大问题要向董事会请示。商务印书馆董事会章程第十四条规定，总、副经理针对以下9种事项必须向董事会报告：“房屋地产之买卖或建筑；重要章程之订立或废止及修改；分馆分厂之设立或变更；营业方针之变更；对外重要诉讼事件；公司向外借款或外业股份之认购或转让；每年报告于股东之借贷对照表；提拨公益款项及支用方法；其他总经理认为重大之事件。”① 除此之外，对于公司日常事务，董事会不会干涉。例如，1904年，宝山路印刷所开工时，董事会曾决议过迁居宝兴里的职员、工人每幢房津贴房租一元的决定，抚恤费也经常由董事会经手，这都是日常福利。后来在盈利中提留公益金，总、副经理可按比例支付，但每年还是必须向董事会报告。

对于商务股东大会议决的章程、资本额、经营范围、股权利益，董事必须完全执行而不能逾越。董事会是股东股权和意志的体现者，执行股东的资本权力。“如民国初年商务曾经营过津浦线和京汉线铁路沿线的广告业务，也曾设立过内部保险公司，后决定扩大承保范围兼保股东及职工火险，增设机器制造。这3件事都提交股东大会，讨论通过后才能经营。”②

商务印书馆的董事会每月召开一次，临时会则会因时因事而异。

---

① 转引自汪家熔：《商务印书馆史及其他——汪家熔出版史研究文集》，中国书籍出版社，1998年，第40页。

② 转引自汪家熔：《商务印书馆史及其他——汪家熔出版史研究文集》，中国书籍出版社，1998年，第39页。

商务印书馆的董事会成员，除总、副经理作为职员每年取得花红外，其他成员不论商务盈亏，皆可分得一年固定200元的车马费。

三、经营权的下放——总、副经理的职权与义务

经理人是由公司高级管理人员组成的、控制并领导公司日常事务的行政管理机构。这一机构的最高负责人是总经理，经理人一般由公司董事会聘任，对董事会负责。商务印书馆的经理人包括总经理、副总经理和协理3个层级。商务印书馆的总、副经理虽然由董事会产生，但事实上他们本身就是董事，他们具有出资人和运作人的双重角色。总、副经理对公司全局具有操控力，而各部主任负责具体实施。

关于经理人的职权和义务，《商务印书馆股份有限公司章程（1932年9月4日及11月6日股东临时会议修改）》并未做具体说明，但概括而言，商务的经理人至少拥有以下职权：

第一，主持公司日常经营管理，执行董事会决议。《商务印书馆股份有限公司章程》第十八条规定："由董事会选总经理一人、经理二人，执行公司一切事务，但遇重大事件，由总经理、经理请董事会取决处理。"

第二，聘请或解雇公司各部主任、各分、支馆负责人等中级管理层。由总、副经理酌派的各部主任、各分、支馆负责人等中级管理层对总、副经理负责。实际负责公司全局运行的总经理和副总经理由董事会任命，其他各部主任、书记员、会计暨司事由总、副经理任命。

第三，经董事会授权对外签订合同或者处理业务。

第四，负责向董事会及股东大会报告年度经营成果。"本公司总经理、经理等每年应将账目详细结算，造具簿册，由董事会转交监察人复核后布告于各股东。"①

拥有一定的职权必然要承担一定的义务，商务经理人的责任和义务大致有：

第一，遵守公司章程，履行职务，不得利用在公司的地位和职权为自己牟取私利。

第二，不得以私人名义非法动用公司资产。1910年上海"橡皮股风暴"中，夏瑞芳就私自挪用商务印书馆10万元资金进行橡皮股票投机，结果失败，

① 汪耀华选编：《民国书业经营规章》，上海书店出版社，2006年，第46页。

使商务亏蚀很大。此后，张元济一面积极筹划挽救办法，一面建议改进公司办事章程："须更改章程，划清董事及经理权限，订立管理银钱出入规划。"①

第三，不得自营或为他人经营与商务同类的营业或从事损害公司营业的活动。《商务印书馆股份有限公司章程》第十九条规定："总经理、经理非经董事会允许，不得营与本公司相同之贸易。"

总、副经理对董事会并不只是负责执行，他们还可以依据相关章程拒绝董事会超越权限的干涉。如据《张元济日记（上册）》第 78 页记载，1916 年 6 月 20 日，讨论酬恤的相关事宜时，聂云台、郑孝胥认为需送呈董事会核定。张元济认为公司曾有花费数千元而未向董事会报告的事例，并认为公司支出太多而未必需一一呈报董事会，况且有些支出未必能公开为由，主张不送董事会。而聂云台则以既定章程反驳之。此外，总、副经理甚至有力量干预商务董事的产生②。在 1937 年抗战爆发之后的非常时期，甚至出现了董事会写信给在香港的总经理王云五商议回沪办公之事。1939 年 9 月董事会写给王云五的信中就写道，"同人之意，可否请我兄移驾，就近指挥，遇有困难可以当机立断"，但王云五并未理会。

四、监察人的产生及对商务的意义

监事会是股份有限公司依法设立的监督公司业务活动的机构。在欧美许多国家的公司法中，对于股份有限公司是否要设监事会的问题有着不同的规定。不要求设立监事会的公司，通常被称为一元机构；要求设立监事会的公司，则被称为二元结构。

在英美的公司法中，从来没有明确公司监事或监事会的地位。采取一元制的公司，权力集中于董事会。但对于上市公司和非上市公司来说，董事会的权力集中程度是不同的。而在大陆法系中，一般要求设立监事会。在这种二元结构的公司中，监事会的地位和职权都是比较重要的。德国公司法甚至规定，董事会必须定期向监事会汇报公司的政策、利润、经营状况等，监事会可以随时向董事会了解本公司的重大事务，并可亲自或通过专家审查公司账簿和卷宗。公司监事会可以规定，公司在开展某些业务之

① 吴方：《仁智的山水——张元济传》，上海文艺出版社，1994 年，第 100 页。

② 详见《张元济日记》1918 年 4 月 13 日、5 月 2 日。这一点与现代意义上的企业制度有所不同，现代企业制度中的总、副经理只是董事会产生的公司高级职员而无权干涉董事的产生。

前须事先得到监事会的批准。可见，这种监事会的职权是很大的，实际上它部分地享有了股东大会的职权，或成为股东大会的常设机构。

这里特别值得注意的是日本的监察人制度。20世纪初期日本的公司法多采用一元结构，公司不必设立监事会。但是，在日本的许多公司中设有监察人；监察人由股东大会选举产生，主要职责是代表股东会对公司的财务进行检查。监察人有权对公司的营业情况、财务收支、财务报表进行查询，如发现重大财务问题，可以要求董事会作出解释，甚至可以要求召集股东临时大会进行讨论。监察人制度的优势既可以对公司经营管理人员进行必要的监督，又不必支付太多的费用。

20世纪初叶到40年代，上海商务印书馆成立股份公司以后，采用的一直是日本式的公司一元结构。从1903年开始的商务与日本公司的合资，不仅仅是增强了企业的经济实力，而且还引进了日方的人才、技术、设备、编辑经验以及现代企业管理制度和管理方法。商务元老高凤池在《本馆创业史》中说：

> 当清光绪二十九年，正是公司规模粗具之时，听说日本金港堂要到中国来开办印刷所，——金港堂是日本极大的印刷公司，资本极为雄厚。当时金港堂托上海三井洋行经理山本君调查并计划，山本的夫人是金港堂主的女儿，所以也是金港堂的股东，在金港堂方面是有点势力，并且极为信任的，山本同夏瑞芳、印锡璋二先生都很熟，谈起之后，山本倒有意同本馆合办。当时本馆鉴于中国的印刷技术，非常幼稚，本馆虽说是粗具规模，但是所有印刷工具能力，只有凸版，相差很远，万难与日人对敌竞争。权宜轻重只有暂时利用合作的方法，慢慢的再求本身发展，可以独立。遂由山本介绍议定，由日方出资10万元，本馆方面除原有生财资产，另加凑现款亦併足十万。这是商务与日人第二期关系，并聘请日本技师襄助印务。但是所订的条件并不是事事平等的，我们方面有二个主要条件：一是经理及董事都是中国人，只举日人一人为监察人。二是聘用的日人随时可以辞退。（蟾芬先生补充谓：当时当选董事当然都是华人，惟监察人二人中，有一日人。合股后第一次所举的监察人，日人是田边辉雄，我国方面便是蟾芬。）①

---

① 高凤池：《本馆创业史》，见商务印书馆编：《商务印书馆九十五年——我和商务印书馆》，商务印书馆，1992年，第8页。

正式成立商务印书馆有限公司是在1903年10月，其董事会构成人员我们没有看到一手资料，推举的两位监察人为张蟾芬（名桂华）、田边辉雄。1904年的董事会、监察人是否有变化还有待查询。1905年5月10日，商务印书馆召开了股东常会。这是公司在香港注册之后的第一次会议，按英国章程，注册后四个月内应举行第一次会议。会议报告了当年的经营状况，并公举印有模、原亮三郎、夏瑞芳、加藤驹二为本年值年董事，张蟾芬、田边辉雄为稽查本年账目董事。可见，有关日方在公司董事会中不出任董事的情况有变化，而两位监察人（有时称账目董事，有时也称查账人等）很可能是连续三年连任的。从监察人的几个别名可以看出其职能完全是按照日本公司的监察人制度来设立的，主要负责公司财务审查与监督。该年的11月28日商务再次召开了股东大会，会议同意注销公司在香港注册，拟在本国商部注册，属中国公司。会议内容还包括：本年秋季开办师范传习所，提充善举费备用。自开办至今约共用洋2 000元，明岁仍拟续办。股东会举查账人张桂华、田边辉雄，另有查课人张菊生、谢洪赉。

我们注意到，商务印书馆的监察人（或查账人）制度，是以清政府钦定商律《公司律》为法理依据的。1904年3月1日颁布的《公司律》规定："公司设立后，众股东初次会议时，应公举查账人至少二名，其酬劳由众股东酌定。""查账人任事之期以一年为限。""查账人可以随时到公司查阅账目及一切簿册，董事及总办人等不能阻止，如有询问应即答复。"①大约在1905年7月，中西书局、公艺书局、会文学社、宝善斋、文通书局等12家书业机构联合发起成立中国书业有限公司；作为股份公司，其公司章程中第十七条明确规定："本公司由各股东公举查账二人。"②到1914年，北洋政府颁布了新的《公司条例》，其中设专节论述"监察人"，具体内容有十多条③。

1906年到1908年，商务印书馆的股东常会都是正常召开的。张人凤、柳和诚编著的《张元济年谱长编》依据商务印书馆《股东会记录簿》以及《申报》上的有关广告等，比较详细地引用了相关资料。这三年选举的监察人是哪几个还有待查询原始档案。我们注意到，从1909年到1912年，连续

① 见《申报》，1904年3月1日。

② 见上海市档案馆编：《旧中国的股份制（一八六八年——一九四九年）》，中国档案出版社，1996年，第93页。

③ 见上海市档案馆编：《旧中国的股份制（一八六八年——一九四九年）》，中国档案出版社，1996年，第133—134页。

四年的监察人（记曰“查账员”、“查账人”、“查账董事”等）都是张蟾芬、张廷桂。1906年的董事为夏瑞芳（兼经理）、原亮三郎、印有模、加藤驹二。1907年则选举夏瑞芳为董事兼经理，原亮三郎、张元济、印有模、山本条太郎为董事。1908年的董事会构成待查。到1909年，董事会、监察人都不再有日方人员。1913年的监察人为张廷桂、张葆初。

1914年商务收回日股以后，当年设董事7人，后来陆续增加到9人、11人，再增加到13人；但监察人一直保持3人不变。我们来看看1914年—1923年监察人的具体人选：张国杰、丁榕、叶景葵（1914），张国杰、王亨统、吴麟书（1915），王亨统、张葆初、叶景葵（1916），王亨统、谭海秋、吴馨（1917），谭海秋、王显华、李文奎（1918），张葆初、叶景葵、金伯屏（1919），张葆初、庄俞、周达（1920），周梅泉、谭海秋、曹雪赓（1921），叶景葵、吴麟书、黄炎培（1922），张葆初、叶景葵、金伯平（1923）。抗日战争全面爆发前五年的商务印书馆选举的监察人则是：徐善祥、黄汉梁、叶景葵（1933），徐善祥、黄汉梁、叶景葵（1934），叶景葵、陈光甫、周辛伯（1935），周辛伯、陈光甫、马寅初（1936），马寅初、黄炎培、杨端六（1937）。粗加分析可以看到，监察人人选一般每年有所变化，但又注意工作的连续性，每次不全更换。其中有的监察人是由上届董事转任，也有由监察人转任新董事的。董事与监察人皆由重要股东或有影响的社会名流担任，并转换任职。他们业务熟悉，有利于加强对公司财务的管理和监督。①

按照当时有关法律法规，“监察人”应是一种“常设机关”。裕孙指出：“监察人者，据我国《公司条例》上之解释，系对于公司中执行业务管理财产之董事，负有监督责任之一种常设机关也。监察人与董事同于股东总会中，就股东选任之。”② 作为商务印书馆监督机构的监察人，如何处理与公司执行机构——董事会和经理的关系，是很重要的。董事会要对股东会负责；董事会聘任的经理负责公司的日常经营管理活动，而经理不仅是一种职务，也是一个机构。事实上，股东会、董事会（包括经理）、监察人三者在当时的商务构成一种互相协调配合，又有所制约和监督的关系。从总体上看，商务印书馆能够快速发展，创造辉煌，是与它这种三权分立，

① 范军：《中国出版文化史论稿》，华中师范大学出版社，2011年，第86—88页。

② 裕孙：《论公司监察人之职责》，载《银行周报》第5卷第49号、第50号，1921年12月20日、12月27日。

决策、执行与监督比较合理有密切关系的。但我们也必须明确，老商务实行的还是一元制的公司结构，监察人的权力与作用是有限的。其职责主要限于一年一度的股东常会的财务审查报告，平常的监督并不能完全到位。比如，1910年的“橡皮股票风波”中，公司的监察人张蟾芬、张廷桂似乎也没有起到什么监督的作用。

商务在那个时代，所运用的企业制度无疑是先进的；但有章不循，监督不力，制衡不够，是其深刻教训。张元济在给股东的信中反思道：“对于粹翁，此次尚为正元调票，不免从井救人，弟谓粹翁如驶顺风路船，如饮酒过醉，往往不能自立，殊为危险。从前本公司办事，不能尽按法律，及严定办事权限，保全公司，亦正所以保全粹翁也。”① 这个分析还是讲到了要害处，制度既要合理安排，更要坚决执行。

日本企业的监察人制度一直坚持得比较好。当今，他们主要实行的已是公司二元机构了。他们除了公司常设监事会，还在大型的上市公司实行会计监察人制度，实施双重监督。这很值得我国大型企业包括上市的出版传媒公司借鉴。日本《关于股份公司监察的商法典特例法》对大型股份公司的会计监察人制度作了具体规定。“特例法”的立法目的，在于加强对大型股份公司的财务监督，强制大型股份公司设置双重监察人。“特例法”规定：凡资本额在5亿日元以上或最后资产负债表记载的负债总额在200亿日元以上的股份公司为大股份公司。鉴于大股份公司的股东、债权人、交易相对人及其从业人员为数众多，其财务状况与经营成果对社会经济有较大影响，大股份公司除应按《商法典》规定设置监察人（监事）外，还必须设置外部监察人——会计监察人。会计监察人必须是经国家考核注册的会计师或监察法人。会计监察人的设置，使大型股份公司经营者受到监事与会计监察人的双重监察。双重监察制度的设立，既可以弥补内部监察的不足，又可以防止公司内部监察人与被监察人相互勾结，是加强对公司监察力度的重要而有效的法律手段②。

我国现行的《公司法》规定，股份有限公司必须设立股东大会、董事会、经理和监事会四个权力机构。其基本模式应是二元结构，基本理念是

---

① 张树年、张人凤编：《张元济蔡元培来往书信集》，商务印书馆（香港）有限公司，1992年，第143—144页。

② 张鸿：《日本大股份公司的会计监察人制度及其启示》，载《财会月刊》，2001年第4期。

所有权、经营权和监督权的“三权分立”，目的是为了有效地实行民主管理，科学运作。总结包括商务印书馆在内的晚清民国时期文化企业的经验教训，对于我们今天建立和完善现代企业制度，促进出版文化企业健康发展无疑是有积极意义的。

第二节　商务印书馆直线职能型组织机构的形成

职能部门是总经理管理指挥的一些业务部门，对总经理负责。总经理作为公司一切日常经营的总负责人，必须借助于职能部门来实现其经营目的，推动企业发展，这些部门包括由副总经理分工负责的有关部门及直属于总经理统管的部门。

商务印书馆创立时不过是一家应时而起的印刷作坊，其厂房有限、设备简陋，印刷所和与1899年开设的沧海山房是其当时以实体形式存在的业务部门。那时候，夏瑞芳和鲍家兄弟之间各有分工、各司其职，夏瑞芳虽做总经理，但事实上从总经理、校对、式老夫（收账）、买办、出店（供销）都一人承担，鲍咸恩和鲍咸昌兄弟则主要负责印刷所的工作。

张元济于1902年正式加入后，商务始建编译所和发行所，实现了三所并立。商务印书馆为了加强管理，打破编译所、印刷所和发行所之间各自为政的局面，于1916年成立了商务“执行事务之最高机关”——总务处，用以协调和监督三所的业务。在一处三所的总框架下，下设众多的部、科、股、组及附属公司等各级机构，每一机构都制定严格的部门章程并聘任部门负责人负责部门的日常运作。其实，这种模式在其他行业的公司中也曾有过。晚清民国时期的启新公司，就曾设最高权力机构的执行机构，叫“总理处”，1923年更名为“总事务所”，总揽全局，协调各分厂、部门事宜。1930年，王云五任商务总经理以后，开办了研究所①，与原有的印刷所、编译所和发行所并列，总务处领导北京和香港的两个附属印刷厂及36处分、支馆（店），还有附属机构尚公小学和东方图书馆（如图3-2），“它的规模之大，职工人数之众，不但当时国内出版家不能比

① 王云五说：“固知计画定多疏漏，当俟分科研究诸人回国组织研究所，就本馆各种资料，实地详悉研究，陆续改良补充，然后推行。”可知，研究所设立的初衷是为了完善王云五的科学管理法。

并，世界各国也属罕见”①。“一·二八”国难之后的商务印书馆在全馆人“为国难而牺牲，为文化的奋斗”的激励下于同年8月1日复业，撤销了总务处，成立了直接接受总经理领导的总管理处，从此，商务印书馆进入总管理处时期。商务历史上的数次改革，逐步完善和改进了商务的组织机构体系，使之建立起现代意义上的完备的企业运作组织。

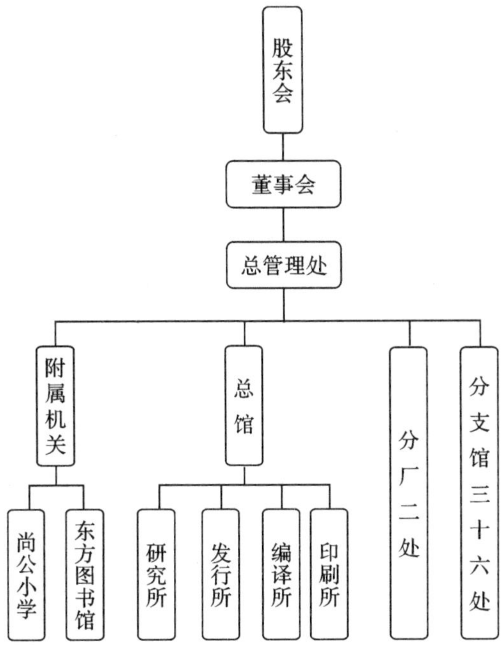

图3-2 商务印书馆总组织系统图示②

一、总馆：“三所”共存向“四所”并立的发展

商务印书馆初创时只是以一幢简陋的厂房和简单的设备进行印刷生产，1902年（清光绪二十八年），张元济入馆后在长康里设立编译所，建造了新的印刷厂和发行所。其时，编译所、印刷所和发行所分别由张元济、鲍咸昌和高凤池任所长。1916年，商务在陈叔通的建议之下建立了一个统一机构——总务处。总务处为执行事务之最高机关，其一切事务由

① 商务印书馆编：《商务印书馆九十年——我和商务印书馆》，商务印书馆，1987年，第103页。

② 庄俞：《三十五年来之商务印书馆》，见商务印书馆编：《商务印书馆九十五年——我和商务印书馆》，1992年，第747页。

总经理、经理执行。1918 年 9 月，总务处改组，分设机要、稽核、进货、存货、出纳、会计、业务、分庄、交通 9 科及报运股，并规定三所所长定期叙谈，制定每年的工作计划，所与所之间的冲突和摩擦用开会讨论的形式解决。会议商讨事宜以三所意见一致才算通过，否则便下次开会再行商量。同时，发行部改发行所，分设收发处、账务处、批发处、庶务处、本版柜、西书柜、仪器文具柜、收银柜、存书课、存货课、轧销课。次年 11 月，营业部改隶发行所，12 月，商务印书馆中国商务广告公司成立后，以前隶属于营业部的广告股取消，由中国商务广告公司设办事处于发行所内。1922 年 9 月，发行所增设事务部及承印部。王云五任编译所所长之后，1922 年 1 月，编译所改组，在编译所设总编译处，下设国文、英文、史地、哲学、教育、法制经济、数学、博物生理、物理化学、杂纂 10 部及事务、出版两部，与各委员会、各杂志社及各函授社并存。同年 8 月，成本会计办事处成立，直属于总务处。因承接印件增多，次年 6 月，设印件监察处，隶属于总务处。1925 年，商务设人事股，负责公司职员之进退、考核及待遇等，隶属于总务处。1930 年，王云五出国考察回国后担任商务印书馆总经理，同年 9 月修订总务处试行章程，总务处原有的会议制取消，由总经理主持总务处一切事务，经理二人辅助之，总务处分总务、人事、稽核、进货、存货、出纳、会计、业务、分庄、交通 10 科，报运工程 2 股，收付签字、印件监察、成本会计三处。同时，增设研究所，一处四所的框架由此形成（见附录 1、附录 2、附录 3、附录 4、附录 5、附录 6）。

1932 年国难之后，商务撤销总务处改设总管理处，总经理主持总管理处一切事务，举经理两名辅助之，设协理协助总经理和经理。抗战时期，商务印书馆总经理王云五所在地的办事处实际上行使了总管理处的职能，其他办事处必须听命于这个办事处，并统一号令。如战时的上海、香港、长沙三地都有编审人员和印刷厂，都出书，但只有香港办事处可以以商务印书馆的名义发布《发售新书通报》。

1946 年 5 月 20 日，商务印书馆在第 463 次董事会上准许王云五辞职。1946 年 9 月 24 日，时任教育部次长的朱经农到商务印书馆视事。1948 年 11 月，朱经农因出任我国参加联合国教科文组织会议首席代表而辞职。继而，夏鹏被商务董事会聘请为总经理。在被夏鹏拒绝后，又聘请陈懋解为总经理，谢仁冰为经理，谢暂代编审部长，主持编辑部工作。

总管理处设编审、生产、营业、供应、主计、审核6部及秘书处、人事委员会（见附录2）。编审部主要负责商务印书馆出版物的编译、审查、计划等；生产部统辖出版科及各工厂，主要负责出版物的制版、印刷等；营业部统辖分庄科、推广科和上海发行所及各分馆、支馆，主要负责公司出版物的营销；供应部统辖进货科及栈务科，主要负责生产材料及货物的供给、保管和运输；主计部统辖会计科、出纳科及稽核科，负责财务、统计、稽核、收支等；审核部统辖检查科及考工科，负责货物、款项、服务的检查及工作的改良等；秘书处负责文书、契约、保险、股务、收发、庶务及不属于各部或人事委员会的事宜；人事委员会统辖人事科，负责公司职员的进退、奖惩及福利等。秘书处、上海发行所、各科及各工厂根据实际需要分设若干股。

总管理处下设的各部设部长1名，由总经理、经理、协理分别兼任，各科设科长1人或兼设副科长1～2名，各厂设厂长1人或兼设副厂长1～2名，发行所设所长1人或兼设副所长1～2名，各股设股长1人或兼设副股长1人，其余职员无定额，视情况而定。

商务编译所设所长1名，下设事务部、总编译部、编译评议会3部，总编译部统一管理各函授学社、杂志社、编译委员会和各组，是商务出版选题策划、组稿、编辑加工的总负责处，掌握着商务的出版源头。

印刷所是商务的生产部门，是连接编译所和发行所的纽带，它负责商务书刊的印制。印刷所设所长1名，下设事务系、工务系、设计系3系。事务系执掌图书的运输及机器设备的管理和维护；工务系则主要负责具体的图书印务，分设石印股、彩印股、制版股、装订股、铅印股、排版股、制造股；设计系则负责图书的装帧设计、生产统计等。

发行所是商务产品的销售部门，负责商务图书及其他产品的发行与销售，设所长1名，下设各柜、各处及各科。

二、开办分、支馆厂，完善产销链

分厂是有印刷生产能力但不从事产品销售的组织机构，商务印书馆先后在北京和香港设立了京华印书局和香港印刷局两处分厂和重庆、赣县两个战时（临时）分厂。1932年股东大会通过的《分厂暂行办事规则》规定，但凡在商务印书馆总管理处设立的工厂均属分厂，分厂的设立与裁撤由总管理处提议董事会决定。商务印书馆的分厂由生产部统辖，设厂长

1名，管理分厂一切事务，设副厂长1名，协助厂长日常工作，厂长、副厂长的聘任、调动和裁撤由总管理处决定。分厂分设总务股、审核股、会计股、工务股，各股设股长1名，处理本股一切事务，设副股长1名，协助股长处理日常事务，各股股长、副股长由总管理处派人担任或由厂长保荐人经总管理处核准后担任。工务股艺局实际情况分设若干课，由厂长提议于生产部决定，各课设课长和副课长各1名。厂长、副厂长可兼任股长，各股雇员可1人兼办两股之事。分厂除厂长、副厂长，股长、副股长以外的人员进出，由厂长核定后报告总管理处生产部转送人事科。分厂总务股主管银钱出纳的人员或由总管理处派人担任或由厂长保荐人员经总管理处核准后出具保荐书后方可担任，出纳人员须缴纳押金。该规则还对分厂各股的工作内容做了规定，总务股主要掌管文书的撰拟及收发、进货、存货、发货及运输、人事、银钱出纳、营业、保管、庶务和不属于其他各股的事项。审核股负责账务、银钱、进货、存货、定印书与印成数、发货等的检查与考核。会计股负责财务的记载与核对、成本会计、预算编制、统计造报、付款开单等事项。工务股负责工作的支配与调度、预算与统计、改良及工厂的安全卫生等工务事项。

关于分馆与支馆的界定，商务规定，独计盈亏者为分馆，名称定为"商务印书馆××（地名）分馆"，本身不计盈亏而与他分馆并计盈亏者为支馆，称为"商务印书馆××（地名）支馆"。各分馆设会计主任1名，分馆内部设会计、营业、事务3股。民国二十五年（1936年），商务重新修订分馆章程，规定总管理处所在地以外设立的发行机关为分馆，分馆在其营业区域内设立分店，其地址与分馆所在地不在同一市区的称为支馆，其与分馆所在地在同一市区的称为支店。

分、支馆与总馆之间，在人事、资金和管理上都是从属关系，是管理与被管理的关系。各地分、支馆的经理都由总馆任命，接受总馆领导。一般分馆的经理，"在商务历史上，只被视为一般层次的管理人员，不把他们看做处于资方代理人的地位，倘若一个分馆的经理调回总馆担任一个科的工作，已经算是调升了"①。在商务历史上，分、支馆的领导者一般不是资方代表而是公司中层雇员。

① 汪家熔：《抗日战争时期的商务印书馆（四）》，载《编辑学刊》，1995年第6期，第88—92页。

商务印书馆各分、支馆自身并没有生产能力，其产品主要靠总馆统一发配，总馆依据各地分、支馆的实际情况制定分、支馆半年或一年的营业底限，超过者获得奖励。各分、支馆的营业收入除扣除维持自身营业需要的资金之外，悉数上交至总馆。分、支馆，分厂职工的薪水、津贴等各项福利遵照总馆规定执行，享受与总馆职工一样的待遇。1932 年“一·二八”事变和 1941 年“一二·八”事变后，为了尽快恢复总馆的生产，总馆要求各地分、支馆尽量把资金和存书情况报回总馆，以便统一调配。

商务印书馆分、支馆的设立主要是为了拓宽商务产品的销售渠道，更大份额地占据国内外市场。汉口和广州是商务最早设立的两处分馆，此后各地陆续设立分馆和支馆 36 处① (如表 3-3)。分、支馆的增多，彼此之间都有明确的经营范围，商务总馆亦为各分、支馆制定了统一的经营规则，这样，就有助于防止公司的客户钻空子拖欠购书款。“1919 年起，商务印书馆编印内部刊物《通讯录》月刊。其中一栏定期公布各分、支馆客户名录。一方面果然有助于分馆间对欠款催收有个竞争力，另外分馆可明白自己往来同业有无在与其他分馆往来。”②

表 3-3　总、分、支馆局设立情况表

类别	名称	地址	设立年期
总馆	总务处	上海宝山路	民国五年（1916 年）
	编译所	上海宝山路	清光绪二十八年（1902 年）
	印刷所	上海宝山路	清光绪三十年一月（1904 年）
	研究所	上海宝山路	民国十九年九月（1930 年）
	发行所	上海棋盘街	清光绪二十八年（1902 年）
	虹口分店	上海北四川路	民国十四年三月（1925 年）
	西门分店	上海民国路	民国十九年八月（1930 年）

① 商务印书馆编：《商务印书馆九十五年——我和商务印书馆》，商务印书馆，1992 年，第 748—750 页。

② 汪家熔：《商务印书馆史及其他——汪家熔出版史研究文集》，中国书籍出版社，1998 年，第 120 页。

续表

类别	名称	地址	设立年期
分馆	南京分馆	南京太平街	民国三年二月（1914 年）
	杭州分馆	杭州保佑坊	清宣统元年二月（1909 年）
	兰溪分馆	兰溪官井亭	民国三年二月（1914 年）
	芜湖分馆	芜湖西门大街	清宣统元年三月（1909 年）
	南昌分馆	南昌德胜马路	清宣统元年四月（1909 年）
	汉口分馆	汉口中山路	清光绪二十九年三月（1903 年）
	长沙分馆	长沙南正街	清光绪三十年二月（1904 年）
	常德分馆	常德常清街	民国四年九月（1915 年）
	重庆分馆	重庆白象街	清光绪三十二年九月（1906 年）
	成都分馆	成都春熙路	清光绪三十三年二月（1907 年）
	北平分馆	北平琉璃厂	清光绪三十二年元月（1906 年）
	天津分馆	天津大胡同	清光绪三十二年元月（1906 年）
	沈阳分馆	沈阳鼓楼北	清光绪三十二年四月（1906 年）
	济南分馆	济南院西大街	清光绪三十三年四月（1907 年）
	太原分馆	太原桥头街	清光绪三十三年七月（1907 年）
	开封分馆	开封财政厅街	清光绪三十二年七月（1906 年）
	西安分馆	西安粉巷口	清宣统二年元月（1910 年）
	福州分馆	福州南大街	清光绪三十二年四月（1906 年）
	厦门分馆	厦门大走马路	民国十三年八月（1924 年）
	潮州分馆	潮州铺巷	清光绪三十二年八月（1906 年）
	广州分馆	广州永汉北路	清光绪三十三年元月（1907 年）
	梧州分馆	梧州竹安路	民国四年二月（1915 年）
	云南分馆	昆明城隍庙路	民国五年元月（1916 年）
	贵阳分馆	贵阳中华路	民国三年九月（1914 年）
	香港分馆	香港皇后大道	民国三年九月（1914 年）
	台湾分馆*		民国三十六年（1948 年）
	新加坡分馆	新加坡大马路	民国五年三月（1916 年）
支馆	吉林支馆	吉林粮米行	民国二年八月（1913 年）
	安庆支馆	安庆龙门口	清光绪三十二年九月（1906 年）
	保定支馆	保定天华牌楼	民国二年元月（1913 年）
	黑龙江支馆	黑龙江南大街	清宣统元年六月（1909 年）

续表

类别	名称	地址	设立年期
支店	张家口支店	张家口上堡仁寿	民国五年二月（1916 年）
	武昌支店	武昌察院坡	民国十六年元月（1927 年）
	衡阳支店	衡阳八元坊	民国三年六月（1914 年）
	大同支店	大同大西街	民国十七年七月（1928 年）
	运城支店	运城南汉	民国十四年六月（1925 年）
	南阳支店	南阳南门里	民国七年六月（1918 年）
分厂	香港印刷局	香港坚尼地城吉直	民国十三年四月（1924 年）
	京华印刷局	北平虎坊桥	清光绪三十一年四月（1905 年）

*台湾分馆：1948 年 1 月 5 日正式营业，设立初期与其他分馆一样，只负责发行本馆图书、文具和仪器，1949 年 5 月后，台湾分馆无法与上海总馆取得联系，遂改变经营方针，由单纯发行变为兼营出版。

三、设立附属机构，为教育出版服务

1. 尚公小学

1906 年，商务印书馆第二届小学师范讲习班附设附属小学，次年，该附属小学更名为尚公小学。民国四年（1915 年），公司拨款在宝山路自建校舍，后逐渐扩充。1922 年，尚公小学扩充为尚公学校，增设业余夜校、平民夜校等，并在吴研因的提议下，将其作为商务印书馆出版的教科书和生产的文具、教育器械的实验场所。尚公小学起初是商务印书馆自筹资金组建的教育机构，日渐发展后，其经费由学校董事会筹措，请公司酌量津贴。

2. 东方图书馆

张元济向来喜好搜藏古今各种有用书籍并常常以此为责任，商务印书馆宝山路的新屋落成之后，时任编译所所长的张元济即开始筹设涵芬楼，除供给编译所人员做参考之外，还允许本馆爱书之人阅览。民国十三年（1924 年），商务印书馆在涵芬楼的基础上成立了东方图书馆。之所以命名为“东方图书馆”，是为了“聊示与西方并驾，发扬我国固有精神”①。

① 高生记：《王云五的出版理论与实践》，载《山西师范大学学报（社会科学版）》，2002 年第 2 期，第 143 页。原载汪家熔：《涵芬楼和东方图书馆》，载《图书馆通讯》，1981 年第 1 期。

东方图书馆是一座钢骨水泥的五层大楼，占地 200 方丈，建筑费用达 10 万元。“大厦底部为流通部和商务同仁俱乐部，二楼为阅览室、阅报室、办公室，三楼为善本室、装订室及版本图书保存室，四楼为书库，五楼为珍藏杂志、保障、地图、照片等。”① 商务印书馆每年拿出 4 万元作为其购书经费，同时规定，但凡商务出版的书，每种必须捐赠 3 册至东方图书馆。1926 年起，东方图书馆进行对外开放，其开放时间是下午 2 时至 5 时，晚上 6 时 30 分至 9 时 30 分，周末不开放。当时，东方图书馆还为读者制作了入门证，每证每年收取 2 元。“直到 1931 年，外借还仅限于商务印书馆的出版人员，一般读者只能在馆阅读，1931 年才成立对外借阅部。”② 截至 1932 年“一·二八”事变前夕，东方图书馆的藏书已达 518 000 多册，图片、照片 5 000 多种。

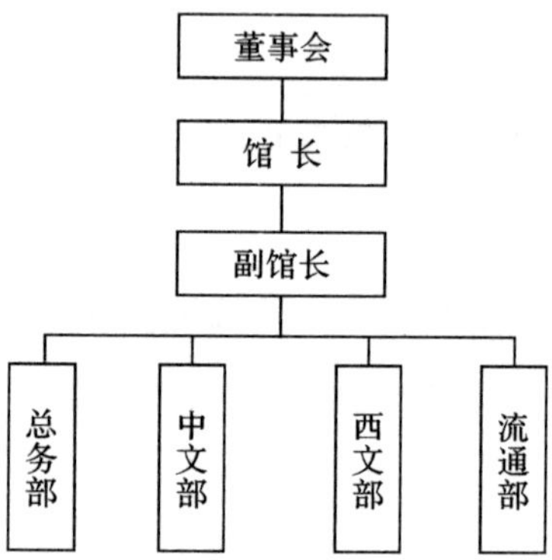

图 3-3 东方图书馆组织系统图示

由此可见，商务印书馆的这种组织结构是以生产管理为中心的。为了大力组织生产，公司的高层领导与生产密切相关的各主要职能部门建立紧密的联系，生产的分配和调度统一受公司总经理指挥，总经理拥有公司最高生产指挥权，能够灵活地指挥各职能部门如图 3-3。公司按职能的不同被划成若干部分，每个部门均由企业最高领导层直接进行管理，是典型的直线职能型的组织结构。在这种组织结构中，各职能部门的分工严密，职责明确，每个部门都有自己的专业分工并实行专业化工作，有助于工作效

---

① 杨扬：《商务印书馆：民间出版业的兴衰》，上海教育出版社，2000 年，第 57 页。

② ［法］戴仁著，李桐实译：《上海商务印书馆 1897—1949》，商务印书馆，2000 年，第 39 页。

率的提高。而职能部门与商务总经理、经理的紧密联系也使高层的决策能够得到很好的贯彻和执行并得到及时的反馈，总经理、经理的组织生产和经营管理的才能可以在公司的整体运作中得到充分的体现。这一点在抗战的非常时期体现得尤其明显。

商务的这种“一处三所”（“一处四所”）的组织机构设置，有力地保证了公司高层，尤其是总经理对于公司下属机构的领导。总经理可以直接掌握公司的人事权和财务管理权，对公司的全盘运作亦具有详细的掌控。这就有利于提高公司在执行总体规划时的一致性，避免因领导太多或领导层意见分歧太大而带来的目标模糊、指挥混乱的局面。商务在总馆之下设立编审、生产、营业、审核各部，是与商务的出版业务相一致的，它使出版的产、供、销连成一体，并各有其职。编译所负责选题策划与编辑加工，印刷所管印刷，发行所管销售，各部门职责明确，协调一致。在提高生产效率的同时也有利于生产专业化的发展。

当然，这种直线型的组织结构也存在着很多不足：

第一，商务这种组织结构实行一元化的领导，行政业务指挥统一，具有高度集权的特点，公司的中层管理人员既不是政策的制订者也不是其执行者，而只是起着“上传下达”的作用，他们只对本部门的工作进行业务指导和管理，这样就难以调动起积极性，同时也影响了决策的灵活性和执行力度。

第二，商务的这种直线型的组织结构过分地依赖于总经理、经理的个人能力，权力的集中使其陷入了大量的日常事务当中而无暇对商务的企业运作进行整体的调配和改良，使商务在实际运行中常常缺乏战略指导和长期目标。

第三，商务职能部门的负责人在对公司进行评价的时候总是从其自身的专业角度和部门出发，对公司政策的评估也会掺杂过多的主观因素而缺乏从全局出发的客观性。在他们看来，自己所在部门是无可替代的，是对公司贡献最大的，因此造成公司“政策的制订或计划的编制通常是有利益关系的各方协商的结果，而不是根据公司全盘需要作出的反应”①。

第四，商务的这种组织结构在培养职能部门的领域专家的同时也容易造成对提高其全面素质和水平的忽视，从而导致中层管理者视野的局限和

① 葛树荣、徐培新：《现代企业管理学》，青岛出版社，1996年，第192页。

管理水平的难以提升。

我国市场经济的发展给出版业带来了冲击也提供了新的发展机遇。出版业积极主动地进行自我调整以适应市场化的新环境。面对以数字化和市场化为特征的竞争环境，出版业要积极寻求组织结构优化的各种途径，改过分集权为分权管理，走内涵式发展的道路。具体而言，出版业要逐步实现选题决策权和人事权的下放，建立起全局统筹与目标管理相结合的绩效考核体系，不断完善和改进组织结构，增强企业的内部张力，使其能够灵活地适应市场、政策和形势的各种变化。同时，出版业自身也要积极探索建立企业的风险预警机制，变被动为主动，减少组织内部消耗和震荡对企业效益提高的冲击和影响，走良性化的可持续发展之路。

第四章　商务印书馆管理制度的自觉维护

企业管理是指企业为实现预期的经营目标而进行的以人为中心的组织协调活动。一般而言，企业的管理涉及人力资源、企业财务、企业物力、企业生产、产品营销和企业品牌等方面的调配与组织。有效的企业管理可以完善企业的生产关系和合理组织生产力，具有决策、监督、组织、协调和激励的作用。

商务印书馆是我国近代出版史上率先进行企业化经营和管理的出版企业，它在人力、物力、财会、品牌等各方面形成了规范、科学的管理制度，并坚持在日常经营中有效地遵照执行，为其内部阻力的最低化和内部效益外部化的实现提供了条件和可能，从而积极地推动商务的发展与壮大。

第一节　以人为本与规范化的员工管理

人力资源管理即从选聘、培训与开发、薪酬等方面对员工的管理，从而实现人力资源的最大开发和人才的最优化使用。具体来说，人力资源管理是指“运用管理系统创新原理，通过组织、激励、教育等方式，从选人、用人、育人等诸方面全面提高系统内各级各类人员的素质，发挥其积极性，挖掘其创造潜能，促使人与人、人与工作之间相互协调一致，更有效地实现系统预期目标，提高公司系统整体功效的一系列有组织的活动”①。“商务之成功半由人事半由机会。”商务印书馆由始至终对员工的组织、激励和培养，是商务印书馆成功的必要条件，同时又是商务成功的巨大动力。

一、竞争上岗，择优录取选人才

商务印书馆在进用员工方面，曾提出“取诸社会，用人惟才”的方

① 黄保强：《现代企业制度》，复旦大学出版社，2004 年，第 190 页。

针，早期的人员进用主要是引荐和竞聘并存，“除从事编译工作的专家学者和具有专门技能的技师、技工需向社会延聘外，对于一般职工大都公开招考，经过培养后进用”①。张元济说：“余等以为本馆营业，非用新人、知识较优者，断难与学界、政界接洽。”② 1902 年，张元济加入商务印书馆以后，以自己的私人关系和以往的学术交往及为官背景，招揽了一大批的文人学士等有才有德之人，如与其一起创办中华学艺社和《外交报》的蔡元培等。1922 年，王云五接任商务印书馆编译所所长，开始力推其“科学管理法”。其中，有一条就涉及人事的改革。“改组编译所，延聘专家主持各部”首当其冲。王云五引进了大批深孚时望的人才，他树立了“大编辑主义”的用人理念，以契约方式聘请馆外文化学术团体著名学者为编审人员，一个“大学丛书委员会”几乎将当时国内学界各学科的权威人士网罗殆尽，如胡适、冯友兰、李四光等。

“一·二八”国难之后，王云五升任商务总经理，对商务的人事进行了大规模的改革，商务的人员进用进一步规范化。

此后，商务印书馆人员的进用其决定权集中在总经理手中，一般职员及分厂的正副厂长的进用需总经理核定，副科级以上职员的进用需由总经理订立聘约，即便是雇佣短期杂役仍需经总经理核准。

根据《商务印书馆职工之进用移调及退职》的相关规定，商务印书馆的进人具有严格的程序并进行多种形式的考核，必要时还需要开具保证书和缴纳一定的保证金。

关于一般职员的进用程序，《商务印书馆人事管理概况》有详细记载。具体而言，主要有以下流程：用人部门开具需添人员知照单送交人事科——→人事科甄选出与需求人数相同或更多的合格人员，并开具提案单——→人事委员会对被提案人员进行审核并议决——→提交总经理核准——→试用（一个月至半年不等）——→人事科在试用人员届满之前向其所在部门的主管人员征询意见后上报总经理——→总经理核定——→正式进用，填写契约——→人事科收集契约后填写职工知照单——→进用完成。

---

① 曹冰严：《张元济与商务印书馆》，见商务印书馆编：《商务印书馆九十年——我和商务印书馆》，商务印书馆，1987 年，第 30 页。

② 张人凤：《张元济日记》（上、下），河北教育出版社，2001 年，1916 年 9 月 6 日日记。

如果遇到临时性需要某种人才，商务采取登报或请职业介绍机关公开征求，考选录取。

在选聘人员时，商务采取严格的回避制度，即凡一家中父母、兄弟、夫妻、子女已有一人在本公司任职的，其余不再进用。在这个问题上，张元济提出“满清之亡，亡于亲贵；公司之衰，亦必由于亲贵”[①] 的观点，极力反对商务在用人方面任人唯亲，他自己亦身体力行。

人事科在进行甄选时，主要采取考试（或测验）、谈话和体格检查三种形式，原本在商务任职的再次选聘时则不需进行这些形式的考评。人员在考试和谈话均合格之后，由公司指定医师对其进行体格检查，合格后方可录用。

商务印书馆的用人契约主要有雇佣、工作、件工三种类型，此外还有学生契约和学徒契约。雇佣契约主要针对总馆副科以上人员，分馆经理、副经理、协理、会计主任及分厂正副厂长。商务事务部门的各级职员、工厂中的管理岗位如股长、课长等也适用此类契约。工作契约主要针对按月计酬的工友，件工契约则主要适用于按件计酬者。

商务印书馆的职员与商务订有劳动合同，合同满后，视工作需要和本人意愿决定解聘或续聘。契约长短不限，但一般不低于 6 个月，期满之后，经过所在部门、人事科及总经理的各方考核后可续约。

商务印书馆严格的进人机制和多种形式并存的考核方式，不仅可以避免任人唯亲，而且能够为有真才实学的人提供机会，为商务的发展注入新的活力。

二、营造学习氛围，帮助人才提升自我

作为一家以知识生产和传播为己任的出版企业，商务印书馆在其发展过程中身体力行地开办学习机构，组织多种形式的员工培训。商务印书馆的涵芬楼最初设立时是为了给本馆编译所的编辑提供一个查找资料、增进学习的地方，后来扩展为东方图书馆，并成为当时东亚藏书量最大的图书馆之一。这为商务印书馆员工提供了学习和交流的场所，对于商务人才的培养发挥了积极的作用。而商务印书馆实行的 8 小时工作制，其出发点就

① 洁甫：《丁文江与商务印书馆》，见商务印书馆编：《商务印书馆九十年——我和商务印书馆》，商务印书馆，1987 年，第 560 页。

是为了给员工提供更多学习和提升自己的业余时间。同时，商务印书馆还开办了各种员工培训，包括书籍印刷、书刊编辑、出版发行等。

为了保证商务同人的学习机会，商务还特别制定了《同人购货优待办法》、《同人入本馆函授学校补习优待办法》、《中华职业补习学校优待本馆同人办法》等，为商务员工进行业务学习从而不断提升自我提供了制度上的保障。

依据《同人购货优待办法》的规定，商务职工凭借人事科开具的介绍信，用现金购买本版图书可享受门市售价的八折优惠，预约特价书及公司指定的大部书和原版西文书籍享受九折优惠。《同人入本馆函授学校补习优待办法》规定，商务总馆职工凭借部长或主任的证明及分馆、分厂职工凭借分馆经理、分厂厂长开具的证明进入函授学校补习享受半价优惠。在函授学校学习国文或英文而成绩获得甲等的职工可以参加学校每年的评奖活动。此外，人事科与中华职业补习学校约定，商务职工入该校晨班、夜班补习，持人事科证明可享受八折优惠。

从 1909 年到 1923 年，商务印书馆办过 7 期商务补习班，共毕业 318 人。补习班的学员经考试录用后，经过半年到一年的训练，陆续分配到商务印书馆的各部门工作，这些人中的大多数都成了商务的管理骨干。

此外，商务印书馆还举办营业员讲习班①、文具仪器训练班②、英语训练班③等各种针对本馆职工的培训，为员工进馆后的再教育和再学习提供机会和平台。

除了自办培训，商务印书馆还积极为职工提供外派学习的机会。1934 年暑假江苏教育学院创办暑期仪器制造讲习班，商务即选派总馆 3 名、分馆 5 名职员前往听课、学习。

这些都是为商务正式职工提供的学习机会。而对于学生学徒和工读学生，商务也开办了诸如华文打字机练习班、发行所学生训练班、主计部学

---

① 1932 年开办，为期两个月，每天早晨举行，分本版、西书和文仪三组，主要为上海发行所营业员传授知识。

② 1934 年举办，学习时间为三个星期，每天早上一个小时，旨在传授文具仪器方面的新知识，但凡上海发行所文仪柜、文仪存货股、栈务科文仪股各职工均可前往听课学习。

③ 1935 年 6 月 10 日开班，聘请富有教学经验的西籍教师于每周一、三、五、日上午 7:00 至 8:30 进行口授，以提高职工英语水平，方便其接待外国顾客。

生讲习班等。此外，对于工读学生，商务每年还发给薪酬100元鼓励其入馆从事商业实习。

为了鼓励职工积极向上、不断学习，商务还命人撰写了很多激励人心的标语，制成搪瓷牌，悬挂于公共场所。

商务的这些举措对于培养员工的学习能力，提高其业务素质是极其有用的。它为商务员工营造了一个积极的学习氛围，使商务企业中“人”的因素不断得到开发和提升，为商务的知识积累和人才积累创造了条件。

三、激励与鞭策双管齐下以留住人才

（一）表彰先进，兼顾公平的薪酬分配

初创时期，夏瑞芳虽为商务经理并身兼数职却只领取每个月24元的薪水，而他邀请张元济加入商务印书馆时，却愿意许以每个月350元的高薪，并供给膳宿、茶叶和水烟。“科学管理法”实施以后，商务印书馆对于员工的待遇更是制定了严格的规章制度，主要有《总管理处职员暂行待遇规则》、《上海工厂职工暂行待遇规则》、《分厂职工暂行待遇规则》、《练习员服务及待遇规则》、《同人奖励金分配暂行章程》、《同人普遍奖励金派发暂行规则》、《总馆特别奖励金派发暂行规则》等。

商务印书馆为员工提供的薪酬主要由薪金、年度奖励金组成。薪金又包括职工的定额薪水和日常奖励金。日常奖励金旨在奖励日常表现良好的员工，数额一般不大，并常常以工作日酬金为单位进行计算。如商务规定，上海发行所门市的柜友星期日下午1:00至6:00照常工作可加薪半个工作日。商务还规定，星期日和公司放假日，薪水照给。

年度奖励金是从公司每年度结账盈余中提取的用于员工奖励的款项，商务总经理和经理享受年度奖励金的10%，剩余的90%作为普通员工的奖励，分为年度普遍奖励金和年度特别奖励金两类。普遍奖励金兼顾总、分、支馆全体职工，按其月薪数目的一定比例发放；特别奖励金是奖励职工中的成绩优异者，按总、分、支馆全体盈余的一定比例发放。特别奖励金中，总经理先行提出一部分酌量派发给总管理处的中层干部及各工厂厂长、副厂长和上海发行所副所长以上人员，剩余部分再按职工业绩考核成绩发放给总管理处、各工厂和上海发行所的部分优秀职工。

商务这种表彰先进、兼顾公平的薪酬制度，将职工薪酬与生产业绩挂钩，一方面兼顾了公平，照顾了商务同人的普遍收入；另一方面也使优秀

人才的潜能得到更好的发挥，并建立了良好的薪酬激励机制，形成了良好的竞争环境。

在这样的薪酬制度下，商务印书馆职工都取得了丰厚的收入。20 世纪 30 年代后，即便是练习员，商务印书馆也给予其每年 50 元的待遇，练习期满后，商务分派其正式职务进入试用期，商务发给每年最低额 80 元的薪水，这在当时，算是很高的薪水。王云五周游九国后曾说："本馆对于同人之待遇，虽尚有可改进。然在世界各国中实居上乘。"①

（二）股票期权让员工"当家做主"

商务印书馆发行股票的对象不仅有本馆的原始投资者，还有本馆员工及作者和对商务有突出贡献的社会人士。如民国十一年（1922 年），商务增股为 500 万元时，就曾另招新股 25 万元，"专备同人及与公司最有关系者认购"②。清光绪三十一年（1905 年）十二月二十二日股东会议上其认股对象就曾规定："京、外官场与学务有关，可以帮助本馆推广生意，又本馆办事之人格外出力者……任其附入。"③ 因此，这一年的股本由 30 万元升至 40 万元，股东数量剧增，其中亦有不少是本馆职工的，而日本方面的木本胜太郎、长尾槙太郎、小平元、原田民治等在合资初期并未持有商务股份，只是在商务印书馆的印刷所、编译所等工作，后来亦以商务职工的名义分别购得 135 股、45 股、60 股和 13 股的商务股份④。

1914 年清退日股时，日股在商务总股本中所占比例为 25.2%，这与 1904 年合作时的中日股份 1∶1 是不符的，其原因主要是 10 年间，商务以增资形式吸收了比日方更多的股金。而这其中更有作者、职员等的投入。东尔在《林纾和商务印书馆》中记载："解放前商务的股票，红利较

---

① 王云五：《商务印书馆与新教育年谱》（全二册），江西教育出版社，2008 年，第 285 页。王建辉在《上海商务印书馆编辑薪水和作者稿酬问题》一文中，通过将商务印书馆编辑薪水与社会公众、政府公务员及大学教员进行对比研究后认为，商务印书馆相当多编辑的薪水、业余稿酬、花红与福利合计，明显优于其他企业和学校，其水平大致可以保障中等以上的小康水平。

② 商务印书馆编：《商务印书馆九十五年——我和商务印书馆》，商务印书馆，1992 年，第 690 页。

③ 转引自汪家熔：《商务印书馆史及其他——汪家熔出版史研究文集》，中国书籍出版社，1998 年，第 41 页。

④ 汪家熔：《商务印书馆史及其他——汪家熔出版史研究文集》，中国书籍出版社，1998 年，第 33 页。

大，为了拉关系，有时也让本馆职工和作译者购买。林纾因为是商务的大作者，稿费收入多，也在商务有一定股份，也是商务的股东之一。"[1]《苦儿流浪记》的作者、同时也是商务的员工的包天笑亦在商务有股份3 000多元，"够得上一个董事资格"[2]。

商务对本馆员工发行股票股权，使公司成为"人人有份"的利益共同体，有力地拴住了职工的人心，同时也是吸引外来优秀人才的有力工具。职工，特别是优秀职工，购得公司股票后，增添了"当家做主"的主人翁意识，有利于其敬业精神和忠诚度的培养。而且，由于商务股票的收益高，这就无形中使商务的知名度和美誉度得到了提高，增强了商务的品牌影响力。

（三）优厚的福利制度

商务印书馆的《因公出外津贴规则》、《因公出外旅费支给章程》、《同人婚丧假津贴薪工暂行规则》、《女同人生产假津贴薪工暂行规则》、《同人疾病补助办法》、《同人人寿保险暂行规则》、《同人子女教育补助暂行规则》、《同人赙慰金暂行规则》等，都是为保证职工福利的落实而制定的。大体而言，商务印书馆对于职工的福利主要包括休假、购买保险、工伤治疗、各项津贴、职工子女教育优惠等。

1. 休假

商务职工的休假包括年假、公休假日和特别休假三类。按规定，商务职工均享受3天年假，纪念节放假遵照政府规定办理，年节、纪念节假期内如果遇到星期天则补放假期1天。

商务职工的特别休假因其工龄的不同而有所不同，《上海工厂职工暂行待遇规则》规定，职工工龄未满3年的，每年享受特别休假7天；3至5年的，享受特别休假10天；5年以上10年以下的，享受特别休假14天；10年以上的每年加给1天，其休假总数不超过1个月计30天。

女职工生产前后给假8个星期，不扣薪金。

商务职工因本人结婚或父母、夫或妻死亡的，可以享受带薪假期

① 商务印书馆编：《商务印书馆九十年——我和商务印书馆》，商务印书馆，1987年，第543页。

② 包天笑：《我在商务印书馆编译所》，见商务印书馆编：《商务印书馆九十五年——我和商务印书馆》，商务印书馆，1992年，第87页。

6 天。

商务职工因病进入指定医院住院的，其每天住院费在 1 元以下的报销全数，1 至 2 元的报 1 元，超过 2 元则报半数，其手术费及医药费按比例报销；在指定医院门诊就医的，商务补助其全部医药费。

2. 购买保险

商务印书馆按规定与三家人寿保险公司签约为商务职员投保终身寿险(注释：如 1933 年商务与友邦、泰山、四海 3 家保险公司签订职工人寿保险合同，约定其职工人寿保险细则)，保险费由商务支付一半，另一方由商务先行垫付后再从职工工资里分两个月抵扣。

3. 工伤治疗

商务印书馆规定，总管理处及上海分厂职员直接因职务受伤其医药费由公司支付，治疗期间，每天给予薪水额的 2/3；如果因公致残而不能继续工作，则公司按残疾程度支付相当于一年薪水额的津贴；职工因公死亡的，公司除支付抚恤金外另给予丧葬费 50 元。

4. 津贴

商务印书馆规定，总馆派员外出公干往返日期满一个月的，享受本人月薪 1/4 的津贴；职工因公外出，商务依据规定报销舟车费（依定价支给或据实开报)、膳宿费（包括房费、餐费等)、杂费（包括旅行必需的药品费、上下舟车的时力费及在驻地每日开支的车费和零星费用)、特别费(邮电费用等)。

商务职工因本人结婚或父母、夫或妻死亡而请假 6 天及以内，因请假而扣去的薪水由公司津贴，祖父母丧或儿女结婚的，其请假日扣去的薪水由公司津贴 50%。女职工在指定医院生育时，费用由公司承担。此外，商务印书馆的《分厂职工暂行待遇规则》规定，由上海工厂调去或由总管理处派遣的分厂职工享受每年回家一次的优待并报销来回资费。

此外，商务的高层领导还可以享受出国考察和旅游的津贴，如张元济和王云五分别于 1910 年和 1930 年出国考察，就曾享受过此项津贴。

5. 子女教育补助

1926 年，商务设立辅助教育基金委员会，管理和审查职工子女的教育补助。商务印书馆每年从公益金中提取一定比例作为职工的子女教育补助，小学每年补助 1 000 名，中学补助 100 名，大学补助 5 名。具体补助金额为：小学生按其学费实行全额补助，中学生每年补助 40 元，大学生每年补助 200 元，均于春秋两季各发半数。补助对象主要是商务职工中子女较多的或者薪水较少的职员。

此外，商务自办的养真幼稚园、尚公小学等，作为商务的子弟学堂，按规定为本馆职工的子女就学提供方便和优惠。商务还于民国十五年（1926 年）拨款 2 万元，由工会开办同人子弟学校。

6. 储蓄收益

商务职工以活期储蓄或定期储蓄的方式将闲散资金存入商务，可按活期常年八厘、定期常年九厘的利息。商务职工还可以以长期储蓄的方式获得利息，即由公司按月扣除月薪的 5%，按常年一分的利息于每年三月底结算。长期储蓄的存款时间越长，利率越高，如满三年的，自第三年起利息改为一分一厘，满五年的，自第五年起利息增至一分二厘。这与当时银行储蓄六厘～八厘相比，是高出了很多的，商务员工因此获得了不少额外的收益。

此外，为了开拓员工的视野，增进员工与外界的交流，商务印书馆还为员工及对商务有帮助的人士提供出国留学、考察的机会，并提供资金支持。

（四）以人为本，为员工提供多种人性化服务

除了上述留住人才的各项措施，商务印书馆在其实际工作中还非常关注员工的生活细节，坚持以人为本，为员工提供多种人性化的服务。如商务印书馆规定，职员如遇本人婚嫁，父母、夫（妻）丧或火灾时，可以向公司预支一个月的薪水，自预支之日起四个月内平均扣还即可；公出人员所带旅费不够时，得函请准之后可按相关规定向驻地的分、支馆或分厂暂借。

为了减少职工汇款回家的麻烦并节省其汇款费用，商务与上海中国银行总行及各大分行签订合同，商务职工凭钟片可前往银行柜台办理汇款业务。1932 年，商务还特派职工 12 人参加上海青年会举办的急救伤科班进行急救培训，并于 1933 年请上海市卫生局吴淞区卫生事务所导管举办急救员训练班，培训员工急救能力。

此外，商务馆内特设了哺儿室，派看护对新生儿进行陪护，婴儿可由家属送来哺乳，一天两次。商务还在馆内设立了治疗室，春秋两季对职工子女施种牛痘，必要时也可为职工注射防疫针。又如“商务厂方对职工的生活比那时一般的工矿企业要注意，在总厂内有一个工人休息的

花园”[①]。

为了丰富员工的业余生活，展现商务人的精神面貌，商务对于职工的业余消遣也尽力赞助。商务不定期地进行职工业余生活调查，了解职工的业余爱好，每到精武体育会、青年会、国术馆征募新会员时，商务即主动为员工做介绍和引荐，并提供一定的会费津贴。商务也为自己的员工组办摄影研究社、书法研习班等兴趣小组，帮助员工丰富业余生活，使其劳逸结合。

商务印书馆科学化的人力资源开发与管理保证了有效地协调人与人、部门与部门之间的生产关系，保证了公司生产经营有条不紊地进行，有助于公司劳动生产率的提高，也有助于公司管理现代化的推进，进而增加公司的经济效益和社会效益。

第二节　建立财会制度与加强科学管理

财务管理是企业管理的重要组成部分，是“关于公司资金的筹集与获得、运用与耗费、回收与分配的管理工作”[②]。科学的财务管理，既要理顺企业的资金流转，确保生产经营的正常进行；又要正确处理各种财务关系，确保各方利益要求的满足。财务管理一般包括对企业资金的筹措活动、投资活动、经营引起的财务活动及利润分配活动的协调管理。

商务印书馆创立初期，以发行所和印刷所为主要的经营部门，当时的账房艾墨樵，是大股东沈伯芬介绍入馆的，后来，艾先生管理商务的银钱有20年之久。但直至中日合资前，商务的财务管理仍然比较混乱。1914年，夏瑞芳被卷入上海“橡皮股风波”而致使商务资金元气大伤之后，张元济深感财务改革的必要。香港、安徽分馆会计携款潜逃，夏瑞芳亲戚鲁云奇贪污案，更使张元济忧心忡忡：“公司现在范围愈广，头绪愈繁，组织太不严密，故每每出事，以余所见，实不能不有所改革。”[③] 1918年9月，商务印书馆总务处改组时，下设了机要、稽查等9个部门，

---

① 万籁鸣：《耄耋之年话商务》，见商务印书馆编：《商务印书馆九十年——我和商务印书馆》，商务印书馆，1987年，第240页。

② 黄保强：《现代企业制度》，复旦大学出版社，2004年，第209页。

③ 张人凤：《张元济日记》（上、下），河北教育出版社，2001年，第387页。

其中一个就是会计科。从此，商务的财务管理有了独立的部门，其工作内容渐渐明晰，工作程序也得到了很大的改进。1921 年 7 月，胡适考察商务时与杨端六长谈，后者提出“馆中无人懂得商业，无人能通筹算”，“馆中最大的弊病是不用全力注重出版而做许多不相干的小买卖”①。以此为契机，商务开始筹办新的会计制度，设立了改革会计制度筹备处并公布简章，并于次年 1 月将新的会计制度付诸实施，改中国惯用的旧式直行记数法为现在通用的新式簿记法。1922 年 8 月，又设立了受总经理直接指挥和管辖的成本会计办事处，1931 年设立预算管理委员会。王云五外出考察回国后，于民国十九年（1930 年）九月十一日向商务印书馆提出组织、财务和人事方面的改革，即所谓的“科学管理法”。

一、王云五的财务管理改革

王云五提交给董事会的改革计划包括“科学管理法计划”报告和“编译所工作报酬标准”两个文件。“科学管理法计划”报告长达 3 万字，涉及预算制度、成本会计制度等 12 个子计划。具体说来，王云五“科学管理法计划”报告中涉及的财务管理改革主要包括以下几个方面：

（一）建立完善的预算体系

王云五认为：“国家无预算，则财政紊乱，根本易致动摇；公司无预算，结果亦正相同。”② 他认为，严格的预算是实现企业周密运转的基础，即便预算本身未必准确也能为企业的经营者提供目标参考，这样，一方面可以对其进行约束，另一方面也可使企业的银钱管理得以调控。此外，公司预算“即对于全体职工之成绩，亦可借此考核，而达到有功必赏，有过必罚之目的，使人人知所努力”③。在认识到企业预算的重要性之后，王

① 钱益民：《1920—1921 年商务印书馆的改革》，载《浙江师范大学学报（社会科学版）》，2002 年第 3 期，第 54—58 页。原载茅盾：《商务印书馆编译所和革新小说月报的前后》，见商务印书馆编：《商务印书馆九十年——我和商务印书馆》，商务印书馆，1987 年。

② 王云五：《商务印书馆与新教育年谱》（全二册），江西教育出版社，2008 年，第 285 页。

③ 王云五：《商务印书馆与新教育年谱》（全二册），江西教育出版社，2008 年，第 286 页。

云五建议“就各部编装预算，计其进出，作为假定之成绩；各小部分再根据所属大部分之预算，另编部分预算，以迄于最小部分”①。因此，他将商务的预算分为全公司的、各所各科的、各部各股的及各个人的四个级别，先从第一、二级入手，再逐渐推及三、四级，由渐而进，先粗后精。

（二）改革成本会计与统计制度

王云五的财务管理改革还涉及商务印书馆成本会计与统计制度，“精确之预算非先有精确之成本会计与统计不为功”。他认为，没有成本会计，则“预算不能准确”，“工作标准无从规定”，“盈余不可靠”。因此，他派研究专员周自安到美国各大印刷所和出版机构去研究其成本编制和会计办法，回国后到研究所拟定改革计划，并进一步改革商务原有的成本会计处。

统计制度改革方面，王云五认为：“苟无统计，则（1）预算不能准确，（2）工作方法难以改良，（3）标准化与简单化无所依据。”② 他建议使用各种统计图表对商务印书馆进行财务统计以获知公司财务概况，进而对公司财务进行监督和指挥。为此，王云五还派关锡麟到英美各大公司研究编制统计的方法，回国后到商务研究所筹备其统计制度的更新事宜。

二、《主计部暂行办事规则》

为了进一步进行财务改革，推进财务制度的完善，商务印书馆于1932年8月18日制订，1933年11月27日修改而成的《主计部暂行办事规则》对主计部的组织构成、职权范围和工作规则做了明确的规定。

（一）财务部门设置

依照《总管理处暂行章程》的规定，商务印书馆的主计部是总管理处的一部分，主要负责商务账务、统计、稽查、收支及其相关事项。主计部设部长1名，主计部之下分设会计科、出纳科和稽核科，各科依据工作内容设若干股，如会计科就分设了总账股、分馆股、客账股、成本股。另外，设收发股掌管主计部一切簿据、文书的收发和保管。除部长外，主计

① 王云五：《商务印书馆与新教育年谱》（全二册），江西教育出版社，2008年，第286页。

② 王云五：《商务印书馆与新教育年谱》（全二册），江西教育出版社，2008年，第287页。

部各科设科长1名，各科分设副科长1～2名，各股设股长1名。

（二）明确的部门职责

商务对主计部部长及下设各科的职责都做了明确规定，如部长主要管理商务的出纳、各种付款凭单的核签、外币买卖的审核、财产的核查、各银行钱庄存款额的核定、财政契约的协商、公司账目的稽查、不动产的购置及资产变动买卖的协商等；会计科主要负责总公司各种账务的记载、结算与核对，分（支）馆、分厂账目的复核，账款的催收，结算报告的编制、付款开单等；出纳科则负责公司的一切首款和付款、现款及票据的保管、市面金融情形的稽查等；稽查科主要负责稽查总分馆、厂各项账目，编制稽查、预算、统计报告，制定各种账法及单据、簿册、表格等事项。

（三）严格的账务管理规定

主计部的部长、科长及副科长需在缴纳一定数额的押柜金并开具保证书和觅得担保人的情况下才可以入馆任职，在其日常工作中主要采取封闭式会议制的形式进行工作的协调和沟通。对于主计部的工作人员，商务有比较详细的规范及工作的注意事项，如不得忽略细数、不得随意涂改撕毁账簿和单据、不得一人兼任银钱与簿记两种工作或一人兼任记账与查核工作等。商务还规定，本部职员对于自己的工作内容有保密职责，对于外部人员询问与账务有关的事宜一概不得作答。

此外，对于账务单据的管理，商务也是极其严格的。如各项记账单据需先经主管员核对无误后交科长签字，各项记账及复核工作都必须由经手人加盖图章以明责任，对于主计部各科收到的信笺一概只能由科长或副科长拆阅等。

正是商务印书馆在其财务方面实行的严格管理，才使得商务的资金状况始终都处于相对明晰的状态，即便是八年抗战，商务仍然能够从其董事会报告中整理出详细的现金收支情况（见表4-1）。萧乾曾说："1935年以后，我的生活流动性很大。但不论我走到上海、香港、英国，战后1949年又由香港回到北京，商务总按季度向我报告该季度销量多少册，作者应得版税若干，并如期汇到。"① 这一切与商务印书馆实行严格和完

① 萧乾：《我与商务》，见商务印书馆编：《商务印书馆一百年》，商务印书馆，1997年，第76页。

备的财务管理制度是分不开的。

表 4-1 1937—1945 年商务印书馆现金收支情况①

年份	收入总额（元）	支出总额（元）	剩余总额（元）	剩余占收入的比例（%）
1937	8 907 483	3 732 306	5 175 177	58.09
1938	6 985 505	3 728 645	3 256 860	46.62
1939	10 020 986	5 375 927	4 645 059	46.35
1940	14 581 955	8 574 685	6 007 267	41.20
1941	19 176 885	15 775 281	3 401 604	17.74
1942	33 255 976	11 253 595	22 002 381	66.16
1943	64 373 799	28 095 575	36 278 224	56.36
1944	190 673 183	67 399 828	123 273 355	64.65
1945	1 717 968 862	829 437 408	888 531 454	54.12②

第三节 完善出版结构与严格生产管理

生产管理是指"对企业全部生产系统进行计划、组织、控制以保证生产出满足社会需要和用户满意的产品或提供服务，有效地利用生产资源，提高经济效益"③。生产管理包括对生产计划的制定、生产过程的组织与生产系统的控制三个方面。出版物生产，是指"出版业生产经营者利用一定的出版资源，按照市场需求生产出与之相适应的出版物的过程"④。对出版物的生产管理包括前期的选题管理、出版物的质量把关等方面。

商务印书馆是近代史上的一家实力雄厚的出版企业，图书出版是其主体业务。在中国近代出版市场上，商务印书馆不论是在出版品种还是图书质量上都具有绝对的优势。例如民国时期至 1949 年，商务的出版种数约占全国同期的 12%⑤。

① 转引自汪家熔：《抗日战争时期的商务印书馆（三）》，载《编辑学刊》，1995 年第 5 期，第 84—90 页。

② 此处疑有误，应为 51.72%——作者。

③ 黄保强：《现代企业制度》，复旦大学出版社，2004 年，第 126 页。

④ 刘益，等：《出版社经营管理》，中国书籍出版社，2009 年，第 45 页。

⑤ 李家驹：《商务印书馆与近代知识文化的传播》，商务印书馆，2005 年，第 156 页。

一、以“扶助教育”为己任，建立起重点突出、兼顾其他的出版结构

创办初期的商务印书馆，只是几个有着姻亲关系和学友关系的有志青年为着商业的理想而组建的家族式作坊，即便是曾经借着社会的风气出了几本《华英初阶》、《华英进阶》一类的英语自学教程，从本质上讲，它仍然还只是传统的印刷业。直到张元济加入，商务印书馆的出版活动才有了自觉性。张元济的教育救国和教育醒民的思想与商务印书馆的印刷出版力量结合在一起，使商务成为中国近代史上杰出的普及教育的文化出版机构。因此，李辉将张元济称为“晚清维新人士中第一个将普及教育的思想大力付之于实践的人”①。张元济加入商务印书馆，是商务印书馆发展的巨大转折和契机。从《最新国文教科书》（初期为“包办”法，后期改为合议制）、《女子小学教科书》的编定，到《商务印书馆新字典》（编纂）、《辞源》（规划），乃至《影印元明善本丛书》、“百衲本”《二十四史》，张元济无不满怀热情和执著，其“扶助教育”的文化追求和职业理想未曾中断过。

1930 年，王云五任商务总经理，商务进入王云五时期，这也是其发展和腾飞的时期。事实上，从理念到精髓，王云五的出版思想都体现了普及教育、启发民智的思想。他所规划出版的《北京大学丛书》、《万有文库》、《百科小丛书》等，坚持学术独立和教育普及。他编纂《王云五大辞典》，发明“四角号码分类法”，坚持自主研发、坚持出版理想，与商务印书馆的出版传统一脉相承、息息相关。

因此，“扶助教育”不仅仅是张元济进入商务的初衷和他为之奋斗一生的信念，事实上也是商务印书馆自始至终坚持的出版理念和价值标准。在这一理念的指引下，1897 年至 1949 年之间的商务印书馆坚持走自主创新的出版道路，逐步建立起重点突出、兼顾其他的出版结构。

（一）以社会科学类图书为主，其他类别为辅

在出版方面，商务印书馆寻找到了准确的市场定位，而且还将出版理念——“昌明教育”贯穿于其商业经营的各个时期。

---

① 李辉：《从张元济到王云五：以教育为己任——商务印书馆早期出版选题普及教育内涵初探》，载《中国出版》，1998 年第 9 期，第 51—53 页。

表 4-2　1897 年至 1949 年商务印书馆各种类型出版种数①

图书类型	出版总数	占总出版数比例（%）
（不详）	3 718	24.56
经济	1 102	7.28
中小学教材	952	6.29
自然科学	951	6.28
教育	922	6.09
中国文学	873	5.77
外国文学	861	5.69
政治	651	4.03
哲学	588	3.88
历史	546	3.61
语言文字	503	3.32
法律	425	2.81
工业技术	393	2.60
地理	364	2.40
医药卫生	349	2.31
传记	308	2.03
艺术	291	1.92
社会科学	265	1.75
农业科学	256	1.69
心理学	136	0.90
体育	133	0.88
文化科学	106	0.70
军事	105	0.69
宗教	86	0.57
交通运输	68	0.45
综合性图书	62	0.41
文学理论	59	0.39
文物考古	32	0.21
世界文学	32	0.21
总数	15 137	100

由表 4-2 可见，1897 年至 1949 年，商务印书馆共出版了综合类图书 62 种，占出版总数的 0.41%；教科书和儿童读物类（含教育类）图书 1 874 种，

① 李家驹：《商务印书馆与近代知识文化的传播》，商务印书馆，2005 年，第 168—169 页。

占出版总数的12.38%；自然科学和应用技术类图书2 514种，占出版总数的16.61%；社会科学类图书6 969种，占出版总数的46.03%。这一时期商务印书馆的出书总类占全国出书总类的12.20%。

从以上分析可看出，这一时期的商务印书馆，社会科学类图书是其出版的重点，它在商务图书出版类型中居于第一位。但商务又不仅仅局限于这一类图书的出版，她在自然科学和应用技术类、教科书和儿童读物类等的出版上亦有不少建树。

（二）以图书出版为主，期刊发行和承接外来印件为辅

商务印书馆是一家以印刷起家而以出版发家的近代企业，出版业支撑其在近代史上的影响和地位，从中小学教材到大学教材，从教科书到一般读物，从普通图书到学术专著，从新式书籍到古籍善本，从中文书籍到西文图书，从人文社科到自然科学，商务印书馆的出版范围几乎涵盖了图书业的各个领域。

商务在以图书出版为主的同时，也积极在期刊发行和承接外来印件两方面开拓业务。

商务印书馆的期刊出版不仅数量众多而且种类齐全（如表4-3），据不完全统计，商务一共发行了论及教育的期刊14种，人文社科类期刊13种，涉及基础科学和应用科学的期刊6种，文学艺术和政治经济类的期刊各有5种，一般刊物4种。如《东方杂志》主要是讨论时政、阐明学术；《妇女杂志》旨在探讨妇女问题，寻求妇女解放；《学生杂志》旨在联系青年学生，增进青年知识。

表4-3　1897—1949年商务印书馆部分期刊出版统计①

年份	期刊
清光绪二十九年（1903年）	《绣像小说》
清光绪三十年（1904年）	《东方杂志》
清光绪三十三年（1907年）	《理工报》
清光绪三十四年（1908年）	《军学季刊》《法政介文》《儿童教育画》
清宣统元年（1909年）	《教育杂志》

① 根据商务印书馆编《商务印书馆九十五年——我和商务印书馆》（商务印书馆，1992年）中《本馆四十年大事记》及［法］戴仁著，李桐实译的《上海印书馆1897—1949》（商务印书馆，2000年）中相关数据整理而成。

续表

年份	期刊
清宣统二年（1910 年）	《图书汇报》《小说月报》
清宣统三年（1911 年）	《政法杂志》《少年杂志》
民国元年（1912 年）	《经济杂志》
民国三年（1914 年）	《学生杂志》《出版界》
民国四年（1915 年）	《英文杂志》《妇女杂志》
民国六年（1917 年）	《农学杂志》《学艺》《太平洋》
民国十年（1921 年）	《儿童世界》
民国十一年（1922 年）	《儿童画报》
民国十二年（1923 年）	《小说世界》
民国十五年（1926 年）	《职工》《自然界》
民国十七年（1928 年）	《美育杂志》
民国二十五年（1936 年）	《文学杂志》《新少年画报》
民国二十八年（1939 年）	《健与力》
民国三十三年（1944 年）	《世界文艺季刊》《文史哲季刊》

商务印书馆是以印刷创业起步的，印刷对它来说算是“祖业”，它在印刷行业拥有得天独厚的技术优势和人才优势，并可以借助其社会往来的各方关系承接外来印件以增加收入，因而，代印收入事实上一直就在商务营业额中占有一定分量。1937 年以前的几年，商务的代印业务的收入及占总营业额的比例如表 4-4。

表 4-4　商务印书馆战前代印额占总营业额比例如表①

年份（年）	总营业额（元）	代印额（元）	代印所占比例（%）
1927	7 917 733	1 197 826	15.13
1928	10 135 654	1 439 077	14.20
1929	11 668 000	1 299 097	11.13
1930	12 117 653	1 370 480	11.31
总计	41 839 040	5 306 489	12.68

商务印书馆的印刷业，在国内无论是从规模还是从技术设备和技术技巧上，一直都处于领先地位。其印刷工人在极盛时期曾超过 3 000 人。陆费逵曾说：“商务印书馆谁都知道它是我国惟一的出版家，它的营业，出

① 汪家熔：《抗日战争时期的商务印书馆（二）》，载《编辑学刊》，1995 年第 4 期，第 90—95 页。

版占十分之六，印刷占十分之三。”①

20世纪30年代王云五出国考察时了解到西方出版的经营单一性，回国后决定收缩商务的副业，停止采购新式印刷机器。同时20世纪20年代后半期商务印书馆工人在全国工人运动的影响和鼓动下，以印刷所工人为主要力量的商务印书馆工人运动此起彼伏，也在客观上推进了商务印书馆对印刷业的压缩。“一·二八”事变后，王云五采取了压缩上海自有印刷力量，发展对外加工和加强香港厂建设的方针。上海的印刷业务裁减之后，对外承接的代印量也相应减少，原有的专管代印的“营业部”在“一·二八”事变后被取消，改设为一车间，称“外来印件股”。

1937年8月13日，日军进攻上海的“八·一三”事变爆发，商务印书馆的印刷方面又承印有价证券，如政府公债、纸币和邮票等。这一方面与当时的总经理王云五与国民政府的关系有关；另一方面，在战争的非常时期，发展政府业务有助于增加收入、弥补损失。1939年4月8日的董事会报告称：“计二十六年（1937年）‘八·一三’至年底，营业不下四十万元，二十七年（1938年）合港厂与各分馆所承接者亦有五十余万元。今年（1939年）则已成立之合同，除一次性者五十万元，连续性质者每年约三十万元；此外尚有相当之希望，大约本年度或可达百万元。”②1937年至1940年，商务印书馆代印业务占总营业额比例如表4-5③：

表4-5　1937年至1940年商务印书馆代印业务额及占总营业额之比

年份（年）	总营业额（元）	代印额（元）	代印所占比例（%）
1937	8 907 483	约400 000	4.49
1938	6 985 505	约500 000	7.16
1939	10 020 986	约1 000 000	9.98
1940	14 581 955	约2 224 000	15.25
总计	40 405 929	约3 764 000	9.22（平均占比）

① 陆费逵：《六十年来中国之出版业与印刷业》，见宋原放主编：《中国出版史料》（现代部分），第1卷（下册），山东教育出版社、湖北教育出版社，2001年，第415页。

② 汪家熔：《抗日战争时期的商务印书馆（二）》，载《编辑学刊》，1995年第4期，第90—95页。

③ 汪家熔：《抗日战争时期的商务印书馆（二）》，载《编辑学刊》，1995年第4期，第90—95页。

1927年至1930年间，商务的代印额占总营业额的比例都在10个百分点之上，而1937年至1940年的4年间，除了1940年突破了10个百分点之外，其余的基本上都没有达到战前水平。1941年，珍珠港事件后，商务印书馆不再承印任何外件。因而总体上看，商务印书馆的代印业务是在逐步缩减并最终被取消的。但我们无法否认代印业务作为商务印书馆在图书出版、期刊发行之外的副业地位，至于其机械制造、电影制作等营业，“在经济上并无大的利益”①，因而只能算作商务印书馆的一种短期投资行为。

二、严把书刊质量关

图书和杂志是精神劳动和物质劳动的共同结晶，是传播和传承人类文化的载体，具有文化和商品的双重属性，在其生产并得以传播之后，将产生程度不同的社会效益和经济效益。我们分析书刊质量的把关就力图从“软件”（书刊承载的知识内容和精神价值）和“硬件”（书刊的物质载体）两个方面入手。从这个意义上讲，商务印书馆对于书刊质量的把关是极其严格的。

首先，商务印书馆致力于图书知识内容的甄别和精神价值的提高。商务印书馆从图书生产源头——作者入手，利用其广泛的社会力量寻找行业专家组织、撰写书籍。从张元济入馆开始，严复、蔡元培、胡适等学术精英和当代著名知识分子就紧紧地围绕在商务印书馆的周围，他们一方面为商务撰写高质量的书稿，另一方面为商务的图书出版提供诸多建议和意见，促进其图书质量的提高。王云五时期，商务更是召集了很多当时社会上的知名人士为商务服务，“大学丛书”的编委会便是其一。此外，商务印书馆总管理处还设立专门的编审部门并制定相关规定对图书的“软”质量进行前期把关。商务印书馆《编审部暂行办事规则》规定，编审部主要掌管商务出版物的编译、审查、计划等相关事项。

其次，商务制定了图书出版的质量规则，如《生产部暂行办事规则》、《考工科考核本版样书规则》，等等。商务规定，总管理处的生产部掌管商务出版物的制版、印刷及相关事项，包括对出版造货的核定、总厂与分厂印刷事务的监督、印刷材料的进货审查，等等。《考工科考核本版样书规

① 汪家熔：《商务印书馆史及其他——汪家熔出版史研究文集》，中国书籍出版社，1998年，第76页。

则》规定，所有本版图书，无论出版、重版，都必须送考工科进行审核，考工科必须在一个星期以内反馈样书的缺点及需要改进之处，并由出版科返回到印制工厂进行改良或补救。

三、设立安全委员会，为生产提供安全保障

商务印书馆历来重视为公司财产购买保险，1903 年，商务印书馆北京路的印刷厂突发大火，所有机器、工具全部被烧毁，幸好当时公司为其新近购买的机器投保了火险，从而领到赔款重振旗鼓。自此，商务对于其机器设备和房屋等的火险购买越发重视。商务为此专门设立直属于总管理处的安全委员会，并制定了《投保火险规则》。商务印书馆的安全委员会设委员 9 人，其职责主要是房屋建筑及设备、机器、工具设备、电气、煤气等设备、装修设备等的安全监管，包括对这些设备的检查、安全设计、设施安全使用指导等。该委员会每月须开常会一次，按月检查公司各项设备的安全并制定报告上交总管理处。《投保火险规则》主要是对商务印书馆自建房屋投保程序的规定。1932 年“国难”之后，商务印书馆吸取惨痛教训，于 1936 年 6 月成立了防火委员会，该委员会负责商务的防火及职工的灭火救助演习，并负责推动商务的劳动卫生规则。

商务印书馆还特别规定，总馆出入要道及太平门、太平梯要保持通畅，不得堆积杂物或杂件，庶务主管必须监督杂役逐日检查电力开关、火炉等，以免发生火灾。此外，商务印书馆还定期对职工进行消防练习，并自行设计制造安全灭火机 200 部，分发各部门科室备用。

第四节　开拓发行渠道与运用促销策略

市场营销是“通过创造有价值的产品和服务并与顾客交换，以满足市场需求和实现企业自身目标的过程”[①]。营销管理即企业以通过详细的市场调查并分析自身所处的营销环境和销售市场为基础，依据自身优势进行准确的市场定位并综合运用各种有效的营销手段进行企业产品的销售和企业形象的塑造，以及对这一过程的组织、调节和控制。详细的市场调查为企业找准目标市场、确立自己的市场定位提供依据和条件，从而帮助企业

① 刘益，等：《出版社经营管理》，中国书籍出版社，2009 年，第 99 页。

设计、生产和宣传自己的产品，并有针对性地开拓多种发行渠道进行产品的促销，并实现产品价值和获得利润。

出版是商务印书馆的主营业务。初创时期，夏瑞芳顺应时代潮流和社会形势而出版了供国人自学英语的《华英初阶》、《华英进阶》，张元济入馆之后，更是以时代发展和社会局势为背景，使商务印书馆在其不断壮大之中找准了自己的市场。通过开拓多样化的发行渠道和采取合理的营销策略，商务成长为中国近代出版史上的“第一家”。

一、准确的市场定位

出版企业的市场定位是“企业根据自身特点和自身形象的特性加以设计，针对读者心理加以传播，使之在读者心理上占据一个与竞争者相互区别的位置”①。商务印书馆从创馆出版的《华英初阶》、《华英进阶》就开始注意和重视自己的市场定位，一方面它积极开拓和努力站稳教育市场，另一方面它的古籍整理和丛书出版事实上是它开辟图书馆市场的表现。

（一）占稳教育市场

教科书及与教育有关的书籍是商务印书馆出版的重头戏。据统计，商务1897年至1949年间出版的教科书及与中小学教育有关的书籍占其出版总量15 137种的22.29%②，接近其1/4的比重。商务发展的前50多年，出版的教育书籍包括幼稚园、小学、中学、大学、师范、职业学校以及补习学校用书，民众师资班用书，几乎应有尽有（见表4-6、表4-7）③。

表4-6　商务印书馆1897年至1949年间出版的中小学教科书情况一览表

级别	项目	出版年份
小学程度		
	最新教科书	1903
	女子教科书	1904
	简明教科书	1910
	共和国教科书	1912

① 刘益，等：《出版社经营管理》，中国书籍出版社，2009年，第112页。

② 李家驹：《商务印书馆与近代知识文化的传播》，商务印书馆，2005年，第223页。

③ 李家驹：《商务印书馆与近代知识文化的传播》，商务印书馆，2005年，第216页。

续表

级别	项目	出版年份
单级教科书		1913
	实用教科书	1916
	新法教科书	1920
	新学制教科书	1923
	新撰教科书	1924
	新时代教科书	1928—1930
	基本教科书	1931
	复兴教科书	1934
	更新教科书	1939
	最新教科书	1905
	共和国教科书	1912
	新体教科书	1919
	新学制教科书	1923
	新时代教科书	1928
	基本教科书	1931
	复兴教科书	1934
	职业学校教科书	1937
	更新教科书	1939

表 4-7 商务印书馆 1897 年至 1949 年间出版的有关学校教育的图书的统计①

类别	种数
儿童	92
少年	13
初级	176
初等	37
小学	361
中学	344
幼儿	2
学生	47
学校	655
教育	685
总数	2 412

① 李家驹：《商务印书馆与近代知识文化的传播》，商务印书馆，2005 年，第 223 页。

（二）开拓图书馆市场

张元济加入商务印书馆之后，积极为我国古籍善本的整理和出版而努力，曾先后组织出版了《涵芬楼秘笈》、《续古逸丛书》、《四部丛刊》（初编、二编、三编）、《续藏》、《道藏》、《学海类编》、“百衲本”《二十四史》、《四库全书珍本》等。张元济在写给傅增湘的书信中说：“吾辈生当斯世，他事无可为，唯保存吾国数千年之文明，不至因时势而失坠。此为应尽之责。”

新文化运动之后的 1923 年，中国教育改进社决定以美国退回中国的 1/3 的赔款[①]来建造一批利于国人接受新教育和新思想的图书馆。图书馆运动在全国各地热烈地开展起来。1928 年，全国教育会议在南京召开，会议要求全国各处的学校均建立图书馆，并要求以每年流动经费的 5%用于购置图书。在这种形势的推动之下，商务更加积极筹划和运作了针对图书馆而出版的百科丛书、百科小丛书、“万有文库”等。王云五曾自述：“我自从 20 岁左右便开始感到图书馆的重要。自入商务印书馆编译所之次年，即筹议为国内小图书馆植其初基。”[②] 50 多年间，商务印书馆一共出版了 7 668 套丛书，在这些丛书中，超过 80 种的就有 20 项。

二、多渠道推动发行

出版物发行渠道是指“出版物从出版社向读者转移的过程中，所经过的与出版物发行有关的一切组织和个人连接起来而形成的通道，以及在这些通道上所必然发生的出版物商品所有权转移的经济过程”[③]。商务印书馆的成功经验中很重要的一点就是积极开拓发行渠道，自办发行与委托销售相结合，建立起辐射广、反馈及时的发行网络。

（一）创办分、支馆

1903 年，商务印书馆开始设立汉口分馆，到 20 世纪 30 年代，商务共在全国设立分支机构 36 处，遍布华北、华中、华东、华南各处。这些分、支馆直属于总务处（总管理处），主要任务在于商务图书的发行。各分、支馆自身没有生产能力，其图书供货由总馆统一调配，分、支馆一方面接受

---

① 此赔款是为补偿外国干涉义和团起义所造成的损失。

② 王云五：《商务印书馆与新教育年谱》（全二册），江西教育出版社，2008 年，第 111 页。

③ 刘益，等：《出版社经营管理》，中国书籍出版社，2009 年，第 120 页。

总馆的图书配给，发货给下级销售商或者各支店，另一方面主动掌握分管范围内的往来客户情况，对其与商务的账务往来进行监督和跟进。在分、支馆的备货上，商务采取总馆集中备货、销售点勤添的办法，即“货由发行所统一备，各销售点报销存数，发行所根据销售点销存情况决定添印数额”①。

（二）组建“现批处”

现批处是商务自营发行机构中的终端机构。商务春秋两季开学前由分、支馆到偏远地区设点供应课本和辞典等学校用书。商务的现批处既面向同业也面向学校及个人，其特点在于现钱交货，不赊欠。一般而言，“现批处”投入少、规模小，但资金回笼较快，风险也不高，是一种即时性的发行方式。

（三）设立“特约经销处”和经销店

商务的“特约经销处”一般是在县城。商务以比一般零售店多2～6个百分点的折扣将图书批发给特约经销处。这些经销处的营业额一般较高，并且有自己的下级渠道，可以实现小额转批。商务的特约经销处在辛亥革命以前有 300 处，一般都有自己的招牌，如徐州的普育书局等。还有一些经销处为拓展客源，借用了商务的名称做招牌，事实上并不是商务的自办机构，如“商务印书馆胶东分销处”。

经销店及一般的零售店，一般不只是卖图书，还兼营文具、仪器等的销售。他们一般直接与商务进行业务往来，专做学校生意。

（四）开展邮购业务

1922 年，商务成立“通讯现购处”，开始书籍邮购业务。商务印书馆的现购处由发行所管辖，设在上海河南路 211 号，主要是为方便未设分馆地区的读者及学校团体购买商务的书籍、文具和仪器。商务的邮购业务一律实行款到发货。读者可以到就近的中国银行、交通银行、浙江兴业银行、上海银行、金城银行及江苏省农民银行免费汇款或通过邮局汇款至商务，商务收到购物款项后直接发给读者，除中国蒙古、西藏、新疆及国外，国内各处均免收运费。

三、合理的促销策略

促销也称市场推广，其主要方法包括广告、公共、销售促进、人员推

① 张丽明：《商务印书馆早期成功因素简析》，载《出版科学》，2007 年第 1 期，第 89—90 页。

销、口碑传播等。合理的促销，不仅有利于产品的销售和经济效益的增长，还有助于企业品牌的塑造和形象的维护，实现企业无形资产的增值。商务印书馆非常注意对于自身产品促销和形象的树立，在它早期从事印刷业务时就在其承印的书刊、报单上面印上“商务印书馆代印”字样，这一方面可以广开客源，另一方面也有意识地增加自身影响，树立其自己在业界的形象。在此后的发展中，商务印书馆逐渐摸索并形成了自己别具特色的一套促销策略，主要有：

（一）广告宣传

广告宣传是最直接的促销方式，也是效果最直接的一种促销方式。它以“推”的方式通过广告元素的综合运用向受众展现产品的性能、特色等，从而带动和引发购买欲望。商务印书馆的广告宣传主要是在当时的著名报纸和本馆自办杂志上进行书刊广告，内容主要包括新书书目、新出版物介绍、书目征订、文具仪器的宣传、函授学校招生、特价信息等，综合运用了多种广告元素，如图片、字体、字号、色彩、编排等。

除了在报纸上刊发广告，商务还曾尝试自办广告进行主动宣传。如它曾大量编印书目、样本大范围发送。据统计，1910 年至 1936 年抗战爆发之前，商务编发的综合性书目有 140 册，平均每季就有一册①。只要读者与商务进行过通信往来即可以收到商务寄给的书目信息。

此外，商务曾雇人四处张贴广告单，几乎一年就要花费上万元。20 世纪二三十年代的时候，商务还曾举行过巡回汽车展，在上海大范围做宣传。如 1922 年至 1924 年，商务印书馆发行所就举办过“巡回图书馆”，由张敏逊、黄警顽组织人员将本版图书运到浙江沿海的小市镇公开展览。

（二）公关活动

公关与广告宣传相比，是一种长期的、效果隐形的促销手段。公关的目的并不在于向社会受众推广产品，而主要是拉进企业与消费者之间的距离，改善两者之间的关系，在消费者心中树立起良好的企业形象，从而间接地推进销售。商务印书馆进用名人、权威专家等，这本身就是一种高明的宣传和广告，能提高知名度和美誉度。据沈百英回忆，商务最盛时，聘

---

① 汪家熔：《商务印书馆史及其他——汪家熔出版史研究文集》，中国书籍出版社，1998 年，第 127 页。

请的各科专家多达 300 余人，成为东方的最高学府[①]。

1914 年，商务在清退日股时，就积极采用公关手段进行形象塑造。当时，为平息社会上对于商务含有日股而进行的指责，商务在上海各大报章上发表“敬告国人书”、“特别启事”为自己已退日股做说明和澄清，以挽回企业形象的损失。这是商务进行危机公关的典型事件。作为当时国内出版界的大型企业，商务印书馆还积极进行日常的公关活动，比如逢商务建馆五周年或者十周年的时候派发一些纪念品（火车时刻表、电报电码本之类的）、儿童节举办智力比赛并派发奖品等。

值得注意的是，商务印书馆积极创办公共事业，为社会提供便利和服务，这也是商务进行的一种公关活动。张元济入馆以来就立志“就力之所及，举办几项有益于社会教育的事业，才能相得益彰，日臻繁荣”[②]。商务创办的公共事业，有尚公小学、东方图书馆、励志夜校等。

此外，商务印书馆还积极参加国内外举办的各种博览会并获奖（如表 4-8）。

表 4-8　新中国成立前商务印书馆参加历届博览会及其获奖情况[③]

时间	展览会名称	获得的奖项
1911 年	德国特莱斯登万国博览会	最优等金牌
	意大利万国博览会	金牌及最优等奖
1915 年	江苏筹办巴拿马赛会出品协会	农商部一等奖
	江苏第一次地方物品博览会	一等奖
	巴拿马万国博览会	二等奖，名誉优奖章
	南洋新加坡华人制造品展览会	优等奖
1920 年	云南第一次物产会	一等奖
1921 年	江苏第二次地方物品博览会	一等奖
	上海总商会第一次展览会	农商会最优等奖，优等金牌奖，一等银牌奖

① 李映辉：《论商务印书馆早期成功之道》，载《长沙大学学报》，2003 年第 3 期，第 54—57 页。原载沈百英：《我与商务印书馆》，见商务印书馆编：《商务印书馆九十年——我和商务印书馆》，商务印书馆，1987 年。

② 商务印书馆编：《商务印书馆九十年——我和商务印书馆》，商务印书馆，1987 年，第 26 页。

③ 根据商务印书馆的《商务印书馆九十五年——我和商务印书馆》（商务印书馆，1992 年）中的《本馆四十年大事记》中相关数据整理而成。

续表

时间	展览会名称	获得的奖项
1922 年	筹赈江北水灾全省艺术展览会	名誉奖
	新加坡物品展览会	奖凭
	陕西工业展览会	奖凭
	安徽省立第一商品陈列所	优等奖
	新加坡中华总商会马婆联合展览会	最优等奖
1923 年	荷属爪哇万隆城第四次劝业大会	奖状
	安徽省立第二商品陈列所	最优等奖
1924 年	上海总商会陈列所第三次展览会（化学工艺品评会）	最优等奖
1925 年	江苏省第三次物品展览会	一等奖
	绥远教育实业展览会	特等奖
1926 年	美国费城万国博览会	大奖及荣誉奖
1928 年	国民政府工商部中华国货展览会	特等奖及优等奖
1929 年	西湖博览会	特等奖
	河南省政府建设厅展览会	超等奖凭
1930 年	暹罗（暹罗，泰国的旧称）中华总商会国货陈列场	奖凭
	河北省国货展览会	一等奖
	比利时独立百年纪念博览会	最优等奖

为了有力地组织公关活动以提升企业形象，商务还曾设立过交际科，专门从事服务联络工作。交际科大干事主要负责接待读者，邀请作者、官员、教师等来馆访问，疏通各方关系，调查图书发行情况等工作。黄警顽即担任该科科长多年。

（三）销售刺激

销售刺激主要包括打折、抽奖、赠送等，它极易产生短期的购买行为，增加自身的知名度。商务印书馆的大部头丛书在其刊发预售信息时同时注明即时汇款进行预购即可享受一定的折扣优惠、向学校免费寄送商务杂志等都是其销售刺激的手段。此外，商务还向读者发行礼券、赠书券等，刺激读者购买商务产品。如黎泽渝在回忆其父亲黎锦熙的文章里就曾说："那时年青的商务（二十岁）曾发行一种'礼券'，'礼券说明'中印有‘本券兑取敝馆出版书籍暨文具仪器等类任意择采’。”①

此外，商务印书馆在1935年10月还曾利用“星期标准书”的形式进行销售刺激，即商务每周“选取人人当读之书，并拟定标准，分请专家审查”②，于每周六发行，名为“星期标准书”。该书在一星期内以半价销售，自此年7月第一周起，改为七折发售。

（四）人员推销

人员推销是销售人员直接与消费者进行接触，了解其消费倾向和爱好并进行推销的促销方式，这样的促销可以使企业与消费者之间形成长期的合作关系。商务印书馆有自己的发行所，各地还设有分、支馆，对于自己门市中的职员，商务要求其必须经常熟悉本馆书籍及文具、仪器的使用，与读者进行交流和沟通，直接向读者推荐和推销商务产品。例如教科书的推广，商务要求员工必须至少将新书的编辑大意看一遍，以方便其接待顾客。早期做发行业务的沈知方、吕子泉以及“交际博士”黄警顽，都是商务印书馆进行市场推销的能者。

（五）口碑传播

口碑传播是一种有效的人际传播，它具有较高的接受度和信任度，可以产生其他促销手段无法达到的效果。商务印书馆是我国近代史上出版企业的“第一家”，它的图书质量、服务质量和企业形象在当时都是极为人称道的。当时的人对于商务印书馆的经营风气曾给予过这样的评价：“南商习为骄惰，客来落落对之，衣冠鄙陋者益加白眼。独商务不然。入其肆，虽三尺童子应客，亦彬彬有礼貌，条理秩然。”③ 良好的口碑使商务在其营销中具有扎实的群众基础，其图书、杂志等产品得以顺利推销出去。

第五节　注重品牌建设与做好版权管理

版权即著作权，是指文学、艺术、科学作品的作者对其作品享有的权

① 黎泽渝：《黎锦熙与商务印书馆》，见商务印书馆编：《商务印书馆九十年——我和商务印书馆》，商务印书馆，1987年，第232页。

② 商务印书馆编：《商务印书馆九十五年——我和商务印书馆》，商务印书馆，1992年，第707页。

③ 吴方：《仁智的山水——张元济传》，上海文艺出版社，1994年，第77页。

利，包括财产权、人身权。版权管理是指“将版权作为一种经营资本，对其所进行的筹划、开发、经营和交易等活动，使之发挥最佳效益”①。版权管理的主要形式是版权交易与版权维护。商务的版权交易方面，如张元济周游欧美时曾以商务印书馆的名义，与欧美的一些出版公司签订版权合同，约定商务作为该公司出版的图书的中国区代理②。

中国历史上第一个版权合同是由商务印书馆 1903 年 10 月与严复签订的。自此，商务印书馆在出书之前都与著者、编者或翻译者签订版权合同，约定双方由图书版权而产生的权利和义务。1904 年，严复在商务出版的《英文汉诂》除有英文版权声明“All Rights Reserved”之外，还在版权页上印有“侯官严氏版权所有，翻印必究”。商务印书馆对于版权的保护是极早就已开始并一直在进行的。

首先，商务印书馆主动与作者签订版权合同，规约双方权责及版税计算方式等细节问题。商务印书馆与作者之间的版权交往主要包括约定版权共有、商务购买、租赁作者版权及作者向商务馈赠版权。

严复是早期在中国推进版权活动的第一人，他曾去信说，“此稿（作者注：《原富》）既经工学贰千金购印，则成书后自为公学之产，销售利益应悉公学得之。但念译者颇费苦心，不知他日出售，能否于书价之中坐抽几分，以为著书者永远之利益”③，张元济答应了他。这是严复与张元济之间第一次就版权进行交流，之后，张元济加入商务印书馆，严复亦因此与商务建立了长期的联系。商务印书馆的版权意识由此萌芽，其版权活动也由此开展。

1903 年，商务印书馆与严复签订的版权合同规定：“此书版权系稿、印两主公共产业，若此约作废，版权系稿主所有。”“此约未废之先，稿方不得将此书另许他人印刷。”④ 由此可见，商务与严复签订的版权合同约定版权由双方共有，任何一方不得在未经另外一方许可的情况下与第三方

① 刘益，等：《出版社经营管理》，中国书籍出版社，2009 年，第 200 页。

② 茅盾：《商务印书馆编译所和革新〈小说月报〉的前后》，见商务印书馆编：《商务印书馆九十年——我和商务印书馆》，商务印书馆，1987 年，第 147 页。

③ 陈应年：《严复与商务印书馆》，见商务印书馆编：《商务印书馆九十年——我和商务印书馆》，商务印书馆，1987 年，第 522 页。

④ 王清：《商务印书馆近代版权工作实践》，载《法学杂志》，1992 年第 6 期，第 11—13 页。

进行有损版权的活动。商务除了与作者约定的版权归属之外，还在合同中约定版税的支付。“此书出版发售每部收净利墨洋五角。”“此书另页须贴稿主印花。”即是商务支付给严复《社会通诠》的版税。

张元济的日记中对于商务买断作者版权的事常有记载，如《张元济日记》1912 年 8 月 24 日记载：“朱树蒸英文成语辞典一部，四百五十元，又送书二十部。”又如商务曾以“版权买入”的形式取得日用百科全书的版权，1919 年，在蔡元培的引荐下，商务 200 元购进刘半农的《中国文法通论》一书。

版权馈赠是作者将书稿的版权免费赠送给出版机构并放弃自身作为版权所有人的权利的行为。如吴讷士的《钟鼎拓本》、梁启超的《财政元论》、章太炎的《章太炎全集》和《红楼梦疏证》都是作者以馈赠的方式将版权送给了商务印书馆。

其次，商务印书馆积极应对与己有关的版权纠纷。商务印书馆与中华书局、广益书局、美国经恩公司、美国米林公司都发生过版权纠纷。商务在面对这些版权纠纷时并没有采取回避或无视的态度，而是雇佣法律顾问丁榕积极应对。如 1911 年，美国驻沪领事向上海公共租界公审公廨控告商务在没有征得美国公司同意并支付报酬的情况下翻译其出版的《欧洲通史》等书，侵犯了美国公司的版权，商务委派丁榕出席庭审并最终胜诉。

最后，以张元济为代表的商务印书馆还积极参与中国近代版权制度的建立，推进版权立法。商务为顺应国内版权意识的增强和版权保护的需要，于 1903 年将英国《不列颠百科全书》引进国内，请周仪君进行翻译，并出版了《版权考》一书。另外，1905 年，张元济对清政府商部依据日本著作权法所拟的版权律、出版条例草案提出了修改意见书。他主张对教育书籍进行审查注册并缴纳审查费之后再给予版权，并主张在中国境内对外国人的版权实行有限的保护。

总而言之，虽然这一时期的商务印书馆对于版权的管理还只是处于初级阶段，但它已经意识到了版权对于出版社的意义和保护版权的必要性，并身体力行地对自身的版权进行保护，在维护版权方面进行积极的探索，迈出了我国近代出版史上出版机构进行版权管理的第一步。

结　语

商务印书馆是我国近代出版史上一家具有卓越成就的著名出版机构，在中国现代文化教育史上可与北京大学比肩而立。它能在中国内外交困之下生存并发展壮大，很好地平衡文化与经济的关系，不得不说是一个奇迹。然而，这个奇迹的创造绝对不是天赐的，而是几代商务人孜孜不倦努力创造的结果，尤其是商务人在现代企业制度上不断探寻的结果。

旧时代的商务印书馆初步建立起现代企业制度，以公司产权为基础，以公司制为自己的财产管理形式，在不断探索和实践中建立起现代法人治理结构的大框架，并结合出版业的特征和企业化生产的需要设立了各类职能部门，形成了股东大会和董事会领导下的以总经理为核心的组织机构，并逐渐对人才、财务、出版物生产、营销和版权等各个方面进行协调、控制，完善了对人力和物力的管理，使其科学、规范地运转。从这个意义上讲，说商务印书馆作为我国近代史上现代企业制度的先行者和实践者，规范的公司产权制度、合理的公司组织机构及制度和有效的公司管理制度的结合，支撑了它的发展和壮大，这是一点也不为过的。陈翰笙就认为，“摸索了一套科学的管理方法和可行的制度”① 是商务印书馆之所以成功的原因之一，也是留给后来者的经验之一。商务印书馆的青史留名，一是因为优秀的出版物，二是因为它的优良的管理。二者缺一都不可能成为一流的出版文化企业。

商务印书馆就整体而言，是近代史上一个力图创新和改革，并将科学的创业理念付诸实施的现代企业制度的楷模，但由于时代的局限和各种主客观原因，1949 年前的老商务仍然无法摆脱封建家族色彩，从创立时期的股东关系，到后来持续不断的“新人”与“旧人”之争，乃至领导层的分歧，都是封建烙印的表现。茅盾就曾这样评介：“这个商务印书馆是个

① 陈翰笙：《商务印书馆与我同龄》，见商务印书馆编：《商务印书馆九十年——我和商务印书馆》，商务印书馆，1987 年，第 368 页。

‘怪物’，一方面似乎搜罗人才，多出有用的书籍，而另一方面却是个变相的官场，处处讲资格、讲人情，‘帮派’壁垒森严。”① 这些在一定程度上制约和影响了商务的发展。

此外，虽然商务印书馆在夏瑞芳、张元济和王云五的领导、协调之下，积极探索了现代企业制度并将之付诸实践，但是，其产权制度并不具有严格意义上的“产权清晰、权责明确”等特征，其组织机构在具体的实践过程中也存在着诸如冗余、低效等特点。而其管理制度在王云五的改革之下是高度集权于总经理一人之手的，这就造成了管理上存在的专权和漏洞，从而导致“该管的管了，不该管的也管了”，导致事实上的执行力度不够与制度上的一丝不苟之间的矛盾长期存在。

回顾百余年来我国经济发展的历程，现代企业制度上的最大变革是企业终极所有权与经营权分离，即“所有者缺位”。据此，有专家提出，我国大型国企包括出版文化企业改革的正确思路和战略选择，就应该是产权资本化和资本社会化，改革的重点则应该落实在选择和培育有效的替身所有者。其实，受当时条件与环境的限制，商务印书馆在产权资本化，尤其是资本社会化方面仍然有明显的缺憾。马寅初在 1927 年的一次演讲中称，即如“商务印书馆、兴业银行等，虽系股份公司，而其股票尚未分散于多数人之手。其余著名公司、银行之股份，多分配于其亲戚朋友，并不流布于各处普通不相识之人，在市上及交易所中，均无从购买，与合伙之组织不相同而其股票之流行，实无稍异，仍为少数人所创办”②。这当然是时代使然，但毕竟是其不足。由此看来，老商务进行过的探寻，所存在的缺憾，即便是在今日仍有其现实的参考价值。

当下，中国出版业由公益性的事业单位到经营性的企业机构的转型已经初步完成；从更宏观层面讲，集团化、股份化、多元化的发展也已经取得了初步成效，现今的中国出版业正走在新的发展征程上，进入到新的发展模式的路口。如何进行新形势下的战略部署，取得新阶段的健康良性发展，是摆在中国出版业面前的首要问题。企业的产权制度、组织制度和管理制度都有值得进一步探讨之处。本书从个案入手，分析商务印书馆在企业制度建设上进行探索的成果和留下的经验，正是期望能为此提供些借鉴和参考。

---

① 茅盾：《商务印书馆编译所和革新小说月报的前后》，见商务印书馆编：《商务印书馆九十年——我和商务印书馆》，商务印书馆，1987 年，第 154 页。

② 马寅初：《马演初演讲集第四集》，商务印书馆，1928 年，第 25 页。

附录 1　商务印书馆总务处组织系统图示①

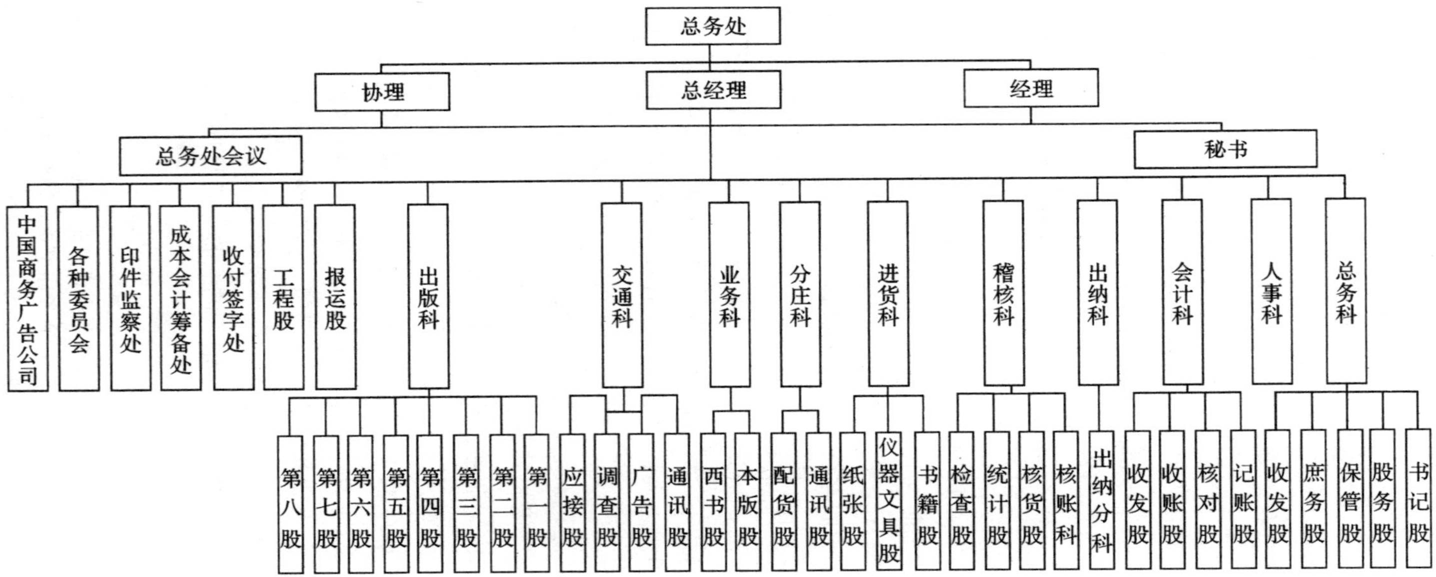

① 庄俞:《三十五年来之商务印书馆》,见商务印书馆编:《商务印书馆九十五年——我和商务印书馆》,1992 年,第 743 页。

附录 2　商务印书馆总管理处组织机构系统图示[①]

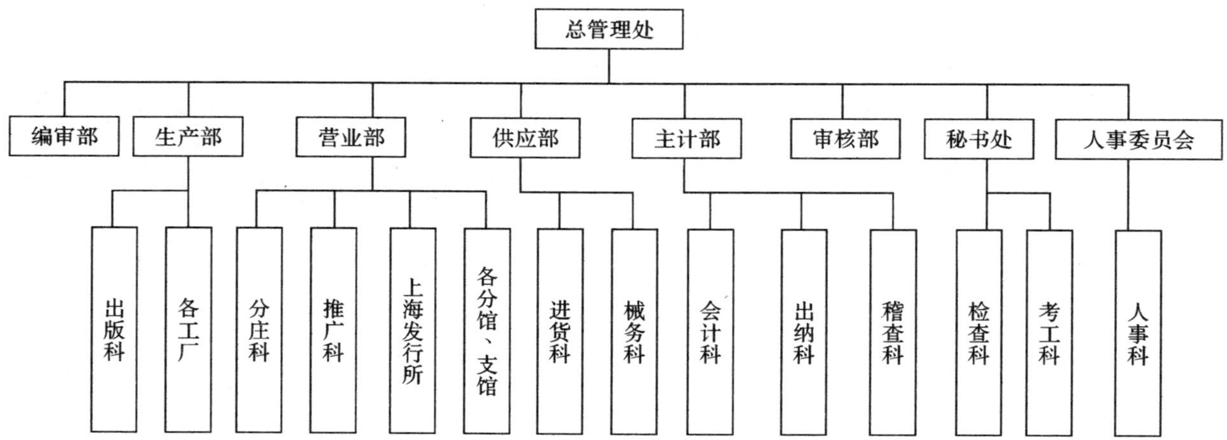

① 本表系作者根据汪耀华选编:《民国书业经营规章》(上海书店出版社,2006 年)中所录的商务印书馆股份有限公司《总管理处暂行章程》对于总管理机构设置的记录绘制而成。

附录3 商务印书馆编译所组织系统图示[①]

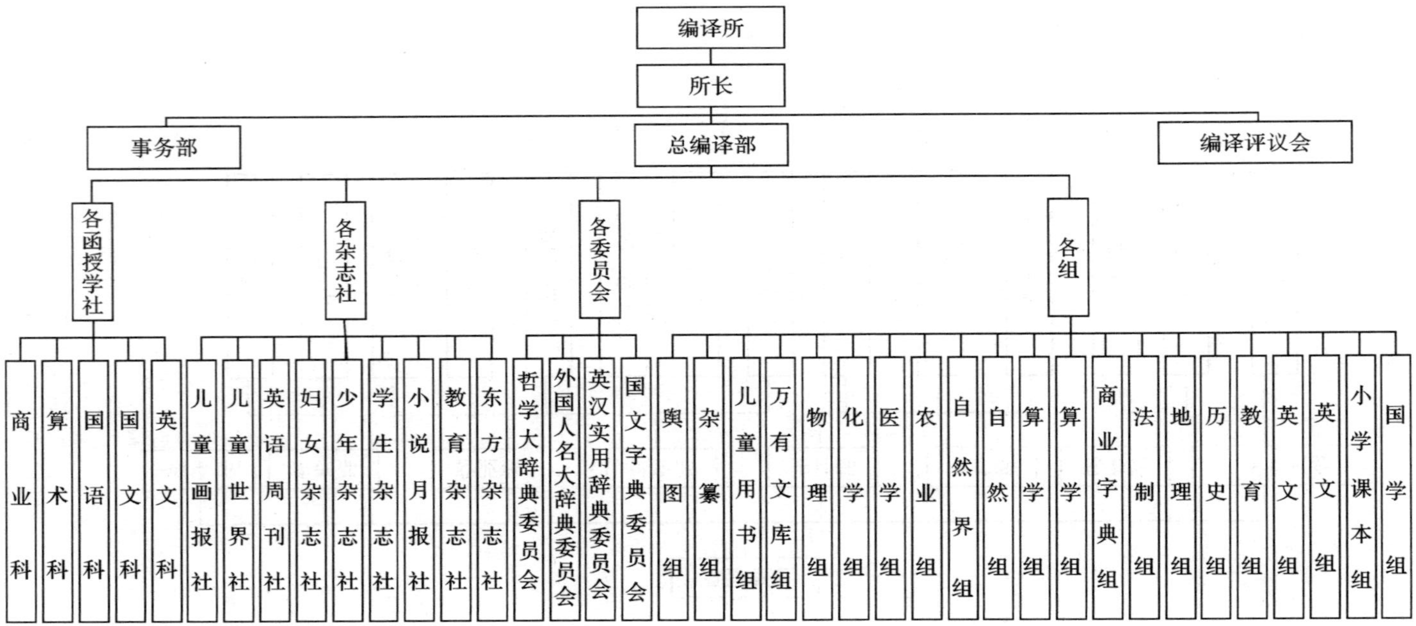

① 庄俞:《三十五年来之商务印书馆》,见商务印书馆编:《商务印书馆九十五年——我和商务印书馆》,1992年,第744页。

附录 4　商务印书馆印刷所组织系统图示①

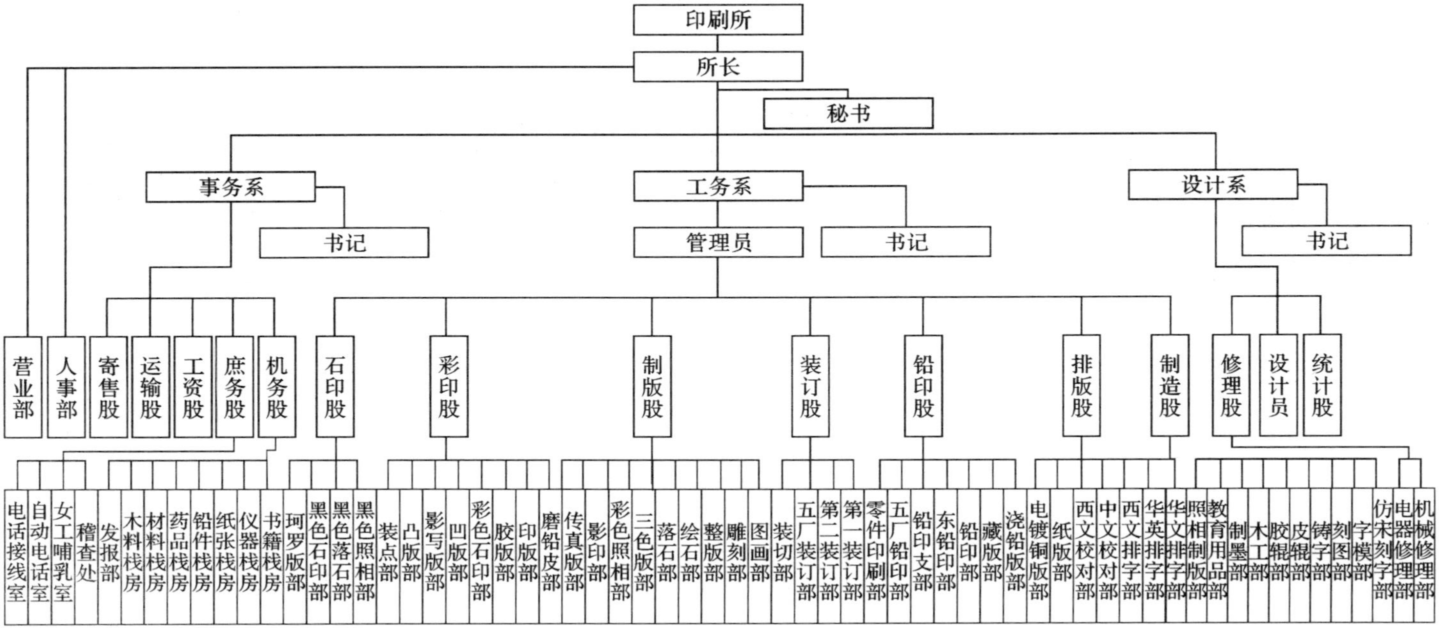

① 庄俞:《三十五年来之商务印书馆》,见商务印书馆编:《商务印书馆九十五年——我和商务印书馆》,1992 年,第 745 页。

附录 5　商务印书馆发行所组织系统图示[①]

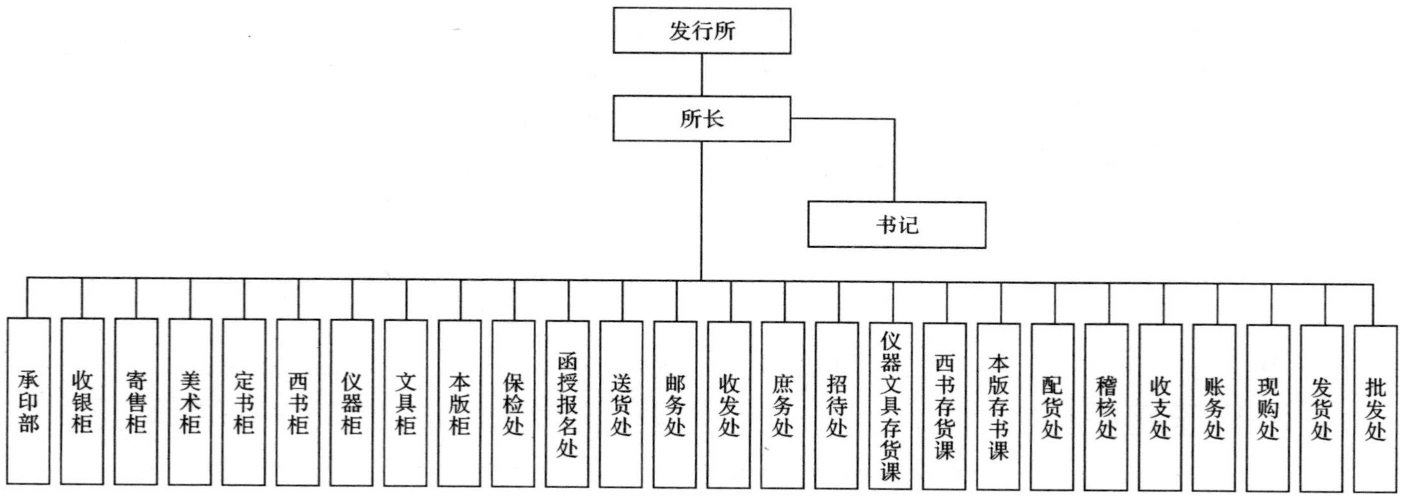

① 庄俞:《三十五年来之商务印书馆》,见商务印书馆编:《商务印书馆九十五年——我和商务印书馆》,1992 年,第 746 页。

附录 6　商务印书馆研究所组织系统图示[①]

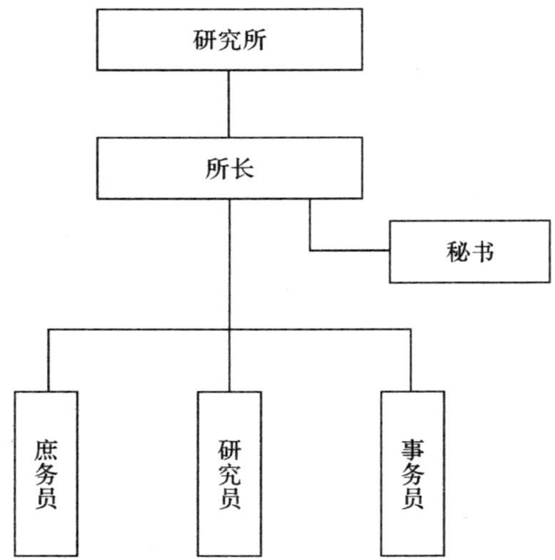

① 庄俞：《三十五年来之商务印书馆》，见商务印书馆编：《商务印书馆九十五年——我和商务印书馆》，1992 年，第 748 页。

附录7　20世纪30年代商务版“大学丛书”的策划与运作

论及百年商务印书馆前五十多年的文化贡献，人们往往是从西学引进、古籍刊刻、教科书编纂、工具书出版、杂志创办等方面展开讨论。而论述教科书的编写和印行，主要是以初中等学校教材为对象的。以今天的观点来看，在三大出版板块中，20世纪前五十多年的商务印书馆主要是做教育出版，兼及专业出版。大众出版并非其所长，亦非其用力所在。而在教育出版领域，商务是有多方面尝试与成就的。过去人们对它在服务高等教育、编写与出版大学用书方面的工作重视不够，研究甚少。其实，老商务在这个被时人忽视的领域也曾进行过积极的探索，并有一定的影响。王铁崖先生在《商务印书馆对中国文化教育的贡献》这篇回忆性质的短文中说：“我有深刻印象的是两件事。第一，商务出版了‘大学丛书’，虽然每部书的情况不同，但是，总的来说，它对当时大学生的学习和青年在知识方面的提高都很有益处。……第二，商务建立了一个‘东方图书馆’，图书相当丰富，为学人提供了方便。”① 郭太风先生在《王云五评传》中说：“王云五主编的‘大学丛书’，则填补了近代中国高等院校没有中文教科书的缺憾，将我国高等教学推进到一个新的阶段。”② 这里，我们仅以“大学丛书”为题，来探讨老商务特别是王云五先生在高等教育出版方面的策划、运作和贡献。

一、策划出版“大学丛书”的背景

1. 高等教育的稳步发展

“大学丛书”是从1932年开始出版的，此后陆续推进；而“大学丛书”的编辑与刊行无疑是以大学师生为主要服务对象的。因此，我们就有必要来看看20世纪20年代后期和30年代全国高等学校发展的基本情况。

---

① 商务印书馆编：《商务印书馆九十年——我和商务印书馆》，商务印书馆，1987年，第420—421页。

② 郭太风：《王云五评传》，上海书店出版社，1999年，第2页。

清朝末年颁布的《癸卯学制》规定，高等教育机构有大学堂、高等学堂、高等实业学堂、政法学堂和优级师范学堂等。民国元年（1912年）颁布学制规定，高等教育机构有大学、专门学校。民国十一年（1923年）颁布新学制，高等教育机构的改变主要是：可以设立单科大学；高等师范学校改为师范大学。从此，全国许多专门学校和高等师范学校纷纷改为大学。从民国五年（1916年）至民国十四年（1925年）高等教育发展的情况大致如下：(1) 大学。民国五年（1916年）全国有大学和独立学院（包括师范大学）10所，教员420人，学生1 446人，经费883 069元。民国十四年（1925年）全国有大学及独立学院50所，教员4 669人，大学生25 278人，经费11 473 289元。(2) 专科学校。民国五年（1916年）全国有专科学校76所，教员1 616人，学生15 795人，经费2 790 086元。民国十四年（1925年）全国有专科学校58所，教员2 909人，学生11 043人，经费3 235 372元。从这些数据可以看出，从民国五年（1916年）到民国十四年（1925年）的10年间，大学数、大学生人数、办学经费都有很大的增长。但专科学校则明显减少，除教员人数外，学校数和学生数都显著下降。据中华教育改进社的调查，北京市在民国十三年（1924年）、民国十四年（1925年）两年间的大学由12所增至29所，成为当时世界大城市中大学设立最多的城市。其主要原因是新学制颁布后，许多专科学校升格为大学。①

与北京政府时期相比，国民政府初建（从民国十七年（1928年）到民国二十六年（1937年），即国民党政权建立到抗日战争爆发时期的高等教育），在学校的层次、类别和数量上还是有进一步发展的②。具体情况见下表：

高等教育发展情况（民国十七年至民国二十六年）

年度	学校（所）	学生（人）	教员（人）	经费（元）
民国十七年（1928年）	74	25 198	5 214	17 909 810
民国十八年（1929年）	76	29 123	6 218	25 533 343
民国十九年（1930年）	85	37 566	6 985	29 867 474
民国二十年（1931年）	103	44 167	7 053	33 619 237
民国二十一年（1932年）	103	42 710	6 709	33 203 821
民国二十二年（1933年）	108	42 936	7 209	33 574 896
民国二十三年（1934年）	110	41 768	7 205	35 196 506
民国二十四年（1935年）	108	41 128	7 234	37 126 870
民国二十五年（1936年）	108	41 922	7 560	39 275 385
民国二十六年（1937年）	91	31 188	5 657	30 431 556

① 熊明安：《中华民国教育史》，重庆出版社，1997年，第72页。

② 熊明安：《中华民国教育史》，重庆出版社，1997年，第147—149页。

民国十八年（1929 年）七月，国民政府公布了《大学组织法》、《专科学校组织法》。同年八月，教育部又公布了《大学规程》。民国二十年（1931 年），又公布了《专科学校规程》。这一系列的法令、法规，对高等学校的教育、教学、经费及设备等问题都作了明确的规定。但由于教育经费的投入并不到位，高等学校总量和教师、学生人数的增长并不是很快。据悉，民国二十年（1931 年）统计，全国人口 474 787 400 人，每万人中小学生有 246.85 人，中学生有 11.3 人，大学生只有 0.93 人。

但若从高等教育的内在结构、办学质量等多方面考察，1928 年到 1937 年的 10 年，又是我国高等教育发展相对稳定、较为迅速的阶段。高等教育初具规模，形成了独立的体系。我们以“大学丛书”出版前的 20 年即民国元年（1912 年）到民国二十年（1931 年）为一个时段来分析，也是很有启发的[①]。先看大学数。1912 年时，全国有专科以上学校 115 所。其中除 4 所大学外，绝大多数为专科学校或大专院校附设的专修科。1931 年时，专科以上学校有 103 所，数量虽不及民国元年(1912 年)，但内部比例结构及层次规模却非民国元年（1912 年）可比。103 所专科以上学校中，大学40 所,独立学院 32 所，专科学校 30 所。再看教员数。1912 年全国专科以上学校有教员 2 312 人，1931 年教员数达 7 560 人（此为霍益萍统计，与前引熊明安的说法略有不同）。20 年增加了 3 倍多。至于大学内研究机构的建立，课程设置的完善，图书仪器设备的增加，还有中国人自己主政的大学，等等，这 20 年的变化都是显著的。王云五对高等教育发展与出版之间的关系是有自觉意识的。他在其《商务印书馆与新教育年谱》“民国二十一年，即 1932 年”部分中就“教育部编印全国高等教育统计一册”的有关资料做了著录，内容包括从民国十七年（1928 年）到民国十九年(1930 年)大学及专科学校数、学生人数、经费等项目。[②]

2. 大学教学改革的逐步深入

关于大学的教学改革，内容是很丰富的。这里，我们仅就与大学用书密切相关的课程设置和教材编写略作申发。

高等教育的教学改革肇始于晚清。那时，一些杰出的、有世界眼光的

---

① 霍益萍：《近代中国的高等教育》，华东师范大学出版社，1999 年，第 212—215 页。

② 王云五：《商务印书馆与新教育年谱》（上册），江西教育出版社，2008 年，第 359—360 页。

开明教育家就把课程设置以及相应的教材编写提上了议事日程。张百熙(1847—1907)就是其中的一个。1902年，他奉命办理京师大学堂（北京大学前身），“悉心考察，夙夜构思”，厉行改革。他亲自抓了教科书的翻译与编写[①]。戊戌变法后，中国国内新式学堂纷纷设立，但对教科书则未予重视。故谈中学则四库七略，谈西学则东抄西录，断章取义。张百熙认为，新学制只是新教育的外壳，课程是其灵魂，教科书实与学堂相辅而行。他指出，“泰西各国学校，无论蒙学、普通学、专门学，皆有国家编定之本，按时卒业，皆有定程”。因此“学堂又以编译课本为第一要事”[②]。当时京师大学堂既是全国最高学府，同时兼管全国教育行政事务。因此，张百熙既注重中小学的教科书建设，又关注大学堂的教学及教材问题。他要求大学堂各科教习，除西学可采用其他译本外，其余均须自编讲义。当时的教习们在这方面确实也作了努力。如伦理学讲义，由张鹤龄编写；经学讲义、中国通史讲义，由王舟瑶编写；史学科讲义，由屠寄编写；中国史讲义，由陈黼宸编写；万国史讲义，由宇之吉编写；中国地理、中国地理志讲义，由邹代钧编写；经济学通论、经济学各论讲义，由于荣三郎编写；掌故学讲义，由杨道霖编写[③]。有学者指出，京师大学堂这样大张旗鼓地编译教科书，在中国教育史上史无前例。教育史家注意到它对京师大学堂恢复正常教学、对各个学科的建设所起到的积极作用，给予了充分的肯定。其实，它对教育出版特别是大学教科书出版的潜在影响也是值得重视的。

民国时期对于教学改革予以高度重视的首推蔡元培。1916年12月被任命为北京大学校长后，蔡元培整顿教师队伍，改革教学内容以及学生的课外活动，成效显著。在教学内容的改革方面，也充分体现了积极吸收国外先进文化科学知识的“兼容并包”的教育思想。他说：“今世为中西文化融合时代，西洋之所长，吾国自当采用。”他提出，大学教学内容，要对“世界的科学取最新的学说”[④]。当时理科的一些教材，多采用各国科

---

① 霍益萍：《近代中国的高等教育》，华东师范大学出版社，1999年，第76页。

② 《中国近代学制史料》（第二辑上册），华东师范大学出版社，1987年，第835页。

③ 霍益萍：《近代中国的高等教育》，华东师范大学出版社，1999年，第76—77页。

④ 蔡元培：《在北京大学画法研究会之演说词》，见《蔡孑民先生言行录》（下册），新潮社，1920年刊行，第349页。

学的新成果。如物理系三、四年级的近代物理课，内容大多选自居里夫人在巴黎大学讲授的最新材料。至于请进来、走出去，多方面接受外国先进科学文化成果并用于教学之中，蔡元培还有许多举措。

在蔡元培那里，吸纳世界最新文化科技成果与大学教学中的自主创新和教材本土化不是矛盾的，而是相辅相成的。因此，他后来担任中央研究院院长一职后，对教学改革和教科书建设又进一步提出了建设性的意见。1931 年 4 月，蔡元培在上海的一次演讲中提出了“国化教科书”的问题，提倡用中文编写本国各学校（特别是高中以上）所用教科书。他的演讲很快引起了国内学术界的重视①。我们注意到，经过近三十年的努力，中小学教科书的编写与出版已经取得了很好的成效。除了商务印书馆，还有中华书局、世界书局、开明书店等机构，都纷纷介入教科书出版的竞争，推动了教科书的水平提高。但相比之下，当时国内所用大学教材，多为外国人编写，有的还是外文原版。这是有利有弊的。如果教科书一味地、长期地西洋化或东洋化，对于提高教师的研究和教学水平，对于学生的适用与提高，都是存在问题的。而当时，随着高等教育的稳步发展，教师队伍建设的加强，教学科研水平的逐步提高，自主编写出版“国化教科书”就显得不仅必要，而且可能。

3. 现代图书馆的勃兴与发展

19 世纪末叶，在戊戌变法运动的影响下，一些较开明的维新派人士请求开设公共性的藏书楼。初期的公共图书馆，多由藏书楼演变而来。1910 年，国家图书馆的前身——京师图书馆（曾改为国立北平图书馆）开始筹建，1912 年正式开放。到这时，大多数省级图书馆也纷纷创立。

而近代大学图书馆的产生，在时间上要早于近代公共图书馆。由中国人自己创办的，以 1902 年建立的京师大学堂图书馆为代表；由外国人创办的教会大学图书馆，则以 1894 年成立的上海圣约翰大学图书馆为最早。

辛亥革命和五四运动都给近代中国图书馆事业的建设注入了新的活力。旨在推广、普及近代图书馆的“新图书馆运动”从 1917 年兴起，一直持续了 10 年左右。20 世纪二三十年代，图书馆事业发展较快。据统计，1930 年全国有各种类型的图书馆 2 935 所，到 1936 年达 5 196 所。前身为京师图书馆的

① 冯春龙：《中国近代十大出版家》，广陵书社，2005 年，第 71 页。

国立北平图书馆1929年与北海图书馆合并，藏书50余万册。这一时期的通俗图书馆改为民众教育馆，据1935年统计，民众教育馆多达1 225所。①

近代图书馆的兴起，特别是国家图书馆、省级图书馆和大学图书馆的建立，为高层次的大学用书提供了新的市场。图书馆成为学术著作和大学教材新的重要的客户。近些年因为大学评估，大学图书馆成为图书采购的一支重要力量，对推动图书出版事业产生了积极作用，也可印证图书馆事业与图书出版事业之间的密切关联。

二、"大学丛书"的具体运作情况

"大学丛书"成系列、大规模的刊行是从1932年开始的。但在此之前的多年，商务即已涉足大学教材和学术专著的出版。对此，王云五先生有比较详细的论述：

> 各大学与学术团体，为人才荟萃之所，向来教授学者常有心得之作，惟以出版不易，此于作者与读书界均有损失。商务印书馆在我主持编译所以前，亦尝与若干学术机构订有出版各该机构丛书之合约；然为数无多。我认为此种合约可以保证作者之著作获有问世之机会，所以鼓励学人颇大。我又想起商务印书馆过去所编印之教科书，仅止于中小学校；所有大学教本，向来惟外国文字之出版物是赖，学子了解终不如本国文字之便利。今后当谋更进一步，编印以本国文写作之大学教本，计亦惟有以各大学教授所编者择优采用为宜。为推行此计划之初步，惟有鼓励大学教授的写作尽量由商务印书馆代为印行，将来积有数量，再行严加审查，扩充为大学教本。于是加强与各大学及学术团体商订出版合约，分别冠以各该机构之名为丛书名义，与商务编译所自编或特约撰著之分科丛书或小丛书分道扬镳。迄于对日抗战之前，先后订立此项各大学及学术团体丛书之合约，多至四十种，而在我主持编译所以前订约者不过三四种而已。②

商务印书馆正式运作"大学丛书"是在1932年"一·二八"国难之

① 《中国大百科全书》(图书馆学 情报学 档案学)关于"图书馆学"的概述部分，中国大百科全书出版社，1993年；来新夏，等：《中国近代图书事业史》，上海人民出版社，2000年，263页。

② 王云五著，王学哲编：《岫庐八十自述》(节录本)，上海人民出版社，2007年，第58—59页。

后。这一年，商务遭空前之浩劫，被迫停业半年。王云五回忆当时“大学丛书”编辑出版的情况说：“甫于是年八月复业，我即于十月开始将此项拟议付诸实施，并组织大学丛书委员会，分聘全国学者为委员。”“后来应聘为“大学丛书”委员会委员者共 55 位，皆为全国一时之选。各科各类皆有专家，对于审查书稿，可各按专长担任，至为便利。”“迄于民国二十六年（1937 年）秋间全面抗战之时，仅四年有奇，已编印出版之大学丛书超过二百种，已达原计划三百种的三分之二以上。抗战初期，商务印书馆以香港分厂为重心，对于新收之大学丛书仍继续出版；及三十一年（1942 年）以后，重心移至重庆，制版印刷之力远不如前，仍锲而不舍，虽出版数量远不如战前，但每年新出版者，平均亦达十余种，重版重印者约倍之。”[①]“大学丛书”从 1933 年开始正式推出，当年出版 80 余种，此后陆续增加，历时 9 年。据出版史家汪家熔的说法，“大学丛书”“前后共出版370 种”[②]。这与笔者统计的 369 种基本一致。

作为一套服务于高等学校教学科研的大型丛书，“大学丛书”的编纂出版体现出了很强的选题策划意识与制度规约意识。其策划的周全和严密充分表现在丛书的两个章程中，一个是《商务印书馆印行“大学丛书”章程》，另一个是《商务印书馆“大学丛书”委员会章程》。一个侧重于出版印行，一个侧重于组织，二者紧密联系，相互配合。它表明，这里“不是人管人，而是机制管人，机制管书的出版”[③]。两个章程都比较简洁，不妨转录于下[④]：

> 《商务印书馆印行“大学丛书”章程》规定：一、大学丛书依大学委员会所定目录，经各委员代为征集稿本，由本馆酌量次第印行，或经各委员介绍专家，由本馆约定编著之。二、本馆已出版之专门著作，经委员会审查后，得加入大学丛书。三、大学丛书第一集暂以三百种为限。四、大学丛书拟分五年出版，除本馆已出版可以归纳者外，自民国二十二年起，每年出版四十种。五、大学丛书每书分量约为十五万字至三十万字。六、大学丛书经各委员征集或由本馆约编之稿本，

① 王云五著，王学哲编：《岫庐八十自述》（节录本），上海人民出版社，2007 年，第 105—106 页。

② 汪家熔：《民族魂——教科书变迁》，商务印书馆，2008 年，第 225 页。

③ 罗维扬编：《编辑大手笔》，崇文书局，2005 年，第 4 页。

④ 罗维扬编：《编辑大手笔》，崇文书局，2005 年，第 2—3 页。

须经委员一人以上之审定。七、大学丛书出版后，由本馆以版税百分之十五报酬著作人。八、大学丛书出版时，除列著作人姓名外，并在里封面载明全体委员姓名。九、国内各大学及学术团体之丛书加入大学丛书时，仍在各书封面附列某大学或某学术团体丛书字样，以示区别。十、关于本书之订约印行等事，均由本馆编审委员会办理。

《商务印书馆“大学丛书”委员会章程》规定：一、本会由本馆聘请国内著名大学及学术团体代表，协同本馆编审委员会代表若干人组织之。二、本委员会任务如左：1. 拟定大学丛书全目。2. 介绍或征集大学丛书稿本。3. 审查大学丛书稿本。三、委员各就专长，分别担任前条之任务。四、大学丛书出版后，各书均列委员会全体委员姓名，以昭慎重。五、委员会受本馆委托审查收稿时，每稿由本馆酌送审稿费。六、大学丛书每次初版发行时，由本馆赠送全体委员各一册，以备随时审核。

这两个出自王云五手笔的章程十分简约精到，但又十分重视细节，具有很强的针对性和可操作性。前者主要是规范出版机构内部的，后者是针对商务所聘请的馆外专家的。丛书委员会由德高望重的蔡元培领衔，学科专家包括胡适、冯友兰等众多名流学者。一流的编辑出版人才，加上一流的专家队伍，还有一流的规范管理，无疑构成了“大学丛书”品质的坚强有力的保障。而有关“大学丛书”这个大型出版项目的学术质量管理、行政管理、业务管理、经营管理等，在两个章程中皆可见一斑。“细节决定成败”，“过程见证品质”，“大学丛书”的成功并非偶然。

一般认为，抗战后期商务印书馆最终停止了“大学丛书”的编辑出版工作。这是因为“部定”大学用书编写事宜已经由筹备逐步到实施，取代了商务印书馆等出版机构自行编印的大学用书。1939 年教育部设立大学用书编辑委员会之初，对已经出版的大学用书加以甄选、审查、修改，权作“部定”大学用书。自 1942 年起，教育部特约专家编写的教科书已经达到相当数量，达到 250 部，于是商务印书馆不再自主新编“大学丛书”。但列入“部定”者依然印行。“部定”大学用书交予正中书局和商务印书馆两家分担印行。正中书局印行者为法、农、工、师四学院用书，商务印行者为文、理、医、商四学院用书①。笔者最近从孔夫子旧书网上查询到

① 苏朝纲：《国立编译馆与“部定大学用书”》，见叶再生主编：《出版史研究》（第三辑），中国书籍出版社，1995 年。

1948 年 8 月刊行的一个 20 页的图书目录，内容即“商务印书馆出版部定大学用书 · 大学丛书目录”。

三、“大学丛书”的特点和价值

依据王云五的回忆，“大学丛书”是从 1932 年开始运作的，而上海图书馆编印的《中国近代现代丛书目录》则把该丛书的编辑出版时段定为 1929 年至 1954 年[①]。比较可靠的解释应该是，作为一个大型出版项目的策划和操作的确是始于 1932 年，但有些此前已经刊行的图书再版时加入了这套大型丛书，《商务印书馆印行“大学丛书”章程》里有“国内各大学及学术团体之丛书加入“大学丛书”时，仍在各书封面附列某大学或某学术团体丛书字样”等话，《中国近代现代丛书目录》很可能就是据此而把丛书的起点定在 1929 年的。这样一套大型的“大学丛书”有什么特点，又有什么重要的出版价值和意义呢？

首先，商务版的“大学丛书”最为全面系统地反映了现代大学教学与科学研究的新成果，具有集大成的特点。

随着中国现代形态的大学的产生和发展，着眼于服务大学教学科研的出版家在担当文化学术使命的同时，也是把大学作为一个利好的市场来看待的。除了和具体的某个大学或研究机构合作出版丛书外，一些出版社也纷纷打出了“大学丛书”、“大学文库”之类的牌子，推出一些论著。据《中国近代现代丛书目录》，“大学丛书”既非商务印书馆首创，也非其专利。在 20 世纪三四十年代，上海南京等地的一代出版商以“大学丛书”名义出书的还有 5 家，以“大学文库”名义出书的有 2 家，以“大学丛刊”、“大学学术丛书”、“大学教科丛书”名义出书的还各有 1 家。但这些所谓丛书、丛刊、文库大都有其名而无其实，或不成系列，或有始无终，或门类单一，没有哪一种能与商务版的“大学丛书”相抗衡。我们来看 5 种“大学丛书”的情况：上海黎明书局的，仅出书 2 种，分别为《杨著中国金融论》（杨荫溥著，1931 年初版，1932 年再版）、《货币金融学》（朱彬元著，1932 年再版）；上海珠算学社的，仅于 1931 年刊行施伯珩著《钱庄学》；上海启智书局的，也仅出书 1 种，即 1936 年初版的《电气事

① 上海图书馆编：《中国近代现代丛书目录》，上海图书馆 1979 年印行，第 47 页。本文涉及的其他丛书也参考了这个目录，不再一一进行注释。

业减价补偿论》（肖冠英编译）。“大学丛书”稍具规模者只有南京正中书局和贵阳文通书局出版的，前者的此丛书1934年出版（后来有的曾再版）了《中国田制史》、《现代人口问题》、《变态心理学》、《战后欧洲土地改革》、《最近欧洲政治史》5种，后者标明由马宗荣、谢六逸主编，于1941年—1948年间出版了9种著作，包括《大学训导之理论与实施》、《中国文字学概要》、《中国训诂学概要》、《心理与教育测验》、《生理学实习指导》、《机械人生（生理学）》、《西洋戏剧史》、《邱氏最新内科学》、《经济学原理》。其他以文库、丛刊、学术丛书相标榜者，少的仅一种或三四种，最多的也不超过20种；稍成气候且呈明显进步特色的是言行出版社1938年的“大学文库”，刊行的著作有《马克斯传记》、《马克斯的经济学说》、《艺术社会学》、《史的唯物论》、《社会主义之教育政策》、《西洋哲学的发展》、《中国历代文学理论》等16种。

从比较可以看出，商务印书馆“大学丛书”无论规划的宏大、章程的严密、编辑的规范、专家的权威，还是编辑理念的先进、具体运作的认真、实际效果的良好、社会影响的持久，都是其他同类丛书无法比拟的。有人认为，商务版的“大学丛书”从1932年到1939年刊出了52种[①]，显然是不准确的。这个提法可能来源于王建辉的《文化的商务——王云五专题研究》，该书中说：“现存一份1932年—1939年出版的著作目录（翻译不在内），可见这套书的若干面貌，见本文附录。”[②] 查王建辉著作，这份著作目录著录了马宗霍《文学概论》、徐谦《诗词学》、吴梅《词学通论》、王力《中国音韵学》等，共计52种。但本书作者并未说它就是1932年—1939年“大学丛书”的全部目录。至于丛书出版的种数，王云五自己的说法也不一致，前面引述的他的回忆，说到1937年时已经刊行了两百多种，而他在《七十年与五味》一文中又说近四百种。这两个数字当然都远远大于52种。笔者据《商务印书馆图书目录（1897—1949）》一书统计，“大学丛书”收录图书有277种；而统计《中国近代现代丛书目录》所得，商务版“大学丛书”包括的著作是369种，不过出版的时间下限是1954年了。值得注意的是，这两个大型目录所列商务的“大学丛书”，似

① 罗维扬编：《编辑大手笔》，崇文书局，2005年，第4—5页。

② 王建辉：《文化的商务——王云五专题研究》，商务印书馆，2000年，第116页。

都没有把所谓“国内各大学及学术团体之丛书”加进来。商务印书馆出版过的这类丛书很多，包括“国立中央大学丛书”、“北京大学丛书”、“国立清华大学丛书”、“国立武汉大学丛书”、“南京高等师范学校丛书”、“中山文化教育馆研究丛书”、“尚志学会丛书”、“共学社丛书”等。这些丛书中，哪些是列入“大学丛书”名下的，还有待查对。即便是撇开这些丛书，仅以上述两个目录所列商务版“大学丛书”的情况，仍可看出其规模的宏大、内容的丰富，以及学科门类的齐全。《中国近代现代丛书目录》所录是按照所录图书书名第一个汉字的笔画编排的，不易看出丛书在各学科的出版面貌；而《商务印书馆图书目录（1897—1949）》中的“大学丛书”是按学科进行了二次分类，它可使我们对丛书为教学科研服务、为学科建设服务的贡献一目了然。丛书涉及的专业、学科共分为 27 类，具体包括总类、哲学、社会、统计学、政治学、经济学、法律、行政、保险、教育、商业、交通、语文学、科学、算学、天文学、物理学、化学、生物学、医学、工程学、农业、商业实践、化学及制造工业、艺术、文学、史地。王建辉认为这套丛书“对中国大学教材的科学化起到了推动作用”[①]应该说是言之成理的。它对以前大学的学术研究、学科建设和教材编写在某种程度上可以说是一个整合、一个总结，而其“筚路蓝缕以启山林”的功效也是十分明显的。

其次，“大学丛书”的策划与运作体现出自觉而强烈的学术名家意识与精品战略意识，对我们今天的出版工作仍不乏启示。

大学凭借大师立校，优秀的出版社也要依靠大师级作者立社。香港陈万雄先生论及“商务印书馆出版历史经验”说过这样一段话：

> 在商务出版的发展过程中，有一个很好的经验。出版主持人常集拢了一批出版的翼赞者为商务的出版出谋划策。一生不渝，配合张元济发展出版文化的最为人熟知的是蔡元培。除蔡元培外，早期为商务依俾甚深的是汪康年、严复、梁启超等人。稍后是章士钊、马君武，再稍后是蒋梦麟、胡适等。这些都是一批在近代中国文化思想大有影响的人物。值得指出的是，这些翼赞者群像很有共通性。他们一辈人都是一生献身于中国文化教育的人物，关心时务，但基本仍是倾重于从事文化教育的人物，态度稳健，较侧重于长远文化教育的考虑。至于个人素质，都是学有专精，学贯中西，旧学深邃，新学洞知的学

① 王建辉：《文化的商务——王云五专题研究》，商务印书馆，2000 年，第 117 页。

者。从商务主持人对这批出版翼赞者的依重，也透露了商务的出版取向——注重长远文化教育价值的发展，这也是商务有异于推动当前政治社会思潮，鼓动意识形态的一类出版社。①

陈先生所说的张元济稍后的主政者就是王云五。王云五与胡适的非同一般的关系人们已不再陌生，其实他同蔡元培的公交私谊也是极其深厚的。王云五策划运作“大学丛书”时就充分倚重了这些学术文化界的“翼赞者”。由蔡元培领衔的丛书委员会可谓名家荟萃，皆为各学科“一时之选”。当时以姓氏繁体字笔画为序，排列各委员名单如下②：

丁燮林　王世杰　王云五　任鸿隽　朱经农　朱家骅　李四光　李建勋
李书华　李书田　李圣五　李权时　余青松　何炳松　辛树帜　吴经熊
吴泽霖　周　仁　周昌寿　秉　志　竺可桢　胡　适　胡庶华　姜立夫
翁之龙　翁文灏　马君武　马寅初　孙贵定　徐诵明　唐　钺　郭任远
陶孟和　陈裕光　曹惠群　张伯苓　梅贻琦　程天放　程演生　冯友兰
傅斯年　傅运森　邹　鲁　郑贞文　郑振铎　刘秉麟　刘湛恩　黎照寰
蔡元培　蒋梦麟　欧元怀　颜任光　颜福庆　罗家伦　顾颉刚

这个 55 人的委员会到丛书正式刊行时略有调整。从名单看，社会名流、学界精英和出版专家济济一堂。而这些委员不只是挂名的虚衔，根据章程，他们对于丛书书目的拟订、书稿的介绍征集、图书质量的审核把关，是负有切实责任的。比如冯友兰的两卷本《中国哲学史》，当年列入“大学丛书”时就是由陈寅恪、金岳霖分别撰写审读报告的。前者说该书“神游冥想与立说之古人处于同一境界”；后者评价它是“没有以一种哲学成见来写中国哲学史”③。冯先生的这部成名之作至今受到哲学界的高度重视。从书目看，其中的不少委员本身又是丛书的重要作者。我们现在一些大型丛书也有众多名家挂编委、顾问之类的头衔，但十之八九是不管事的。

为了保证“大学丛书”的质量，确保有高水平作者无疑是关键。为此，商务是很费心力的。仅举一例。为组稿等事宜，1934 年 6 月 27 日时任商务印书馆编译所的所长何炳松深夜抵达南京，次日一早即去中央大学和金陵大学，拜访两校校长罗家伦、陈裕光，面议有关“大学丛书”诸事。商定

---

① 陈万雄：《历史与文化的穿梭》，中国社会科学出版社，2000 年，第 233—234 页。

② 《商务印书馆百年大事记》编写组编：《商务印书馆百年大事记（1897—1997）》，商务印书馆，1997 年。

③ 汪子嵩：《对商务提点要求》，见《商务印书馆一百年》，商务印书馆，1998 年。

与罗、陈以丛书委员的资格联名发帖，在中央饭店宴请两所大学的教授。

“大学丛书”的作者大多是学界名家、大学名师，少数青年才俊也是富有学术实力和创新能力者，加上严格的委员审核把关制度，使得丛书精品迭出，名作众多。我们从1937年9月1日商务所做的“大学丛书”宣传广告书目即可见一斑①。这个书目包括52种图书，其中有吴梅的《词学通论》、王力的《中国音韵学》、郭绍虞的《中国文学批评史》（上）、郑振铎的《文学大纲》、潘天寿的《中国绘画史》、冯友兰的《中国哲学史》、胡适的《中国哲学史大纲》（上）、金岳霖的《逻辑》、钱穆的《中国近三百年学术史》等。这些著作堪称学术文化精品，或为大家的成名之作，或为学科建设的开山之作，或为学术上的厚积薄发之作。它们虽以教科书的形式出现，但突出的是学术性和专业性，因而对于发展学术和建设现代学科体系意义不同一般。这中间的一些著作，至今仍然是从事某些学术领域研究的必备必读之书。即便是某些人们并不熟悉的著作，其实也在学界也享有美誉。例如列入上述书目的陈恭禄的《中国近代史》就是如此。当代著名史学家章开沅前不久就向笔者推荐此书。“大学丛书”中的一些教材不仅在国内享有盛誉而且也为国外翻译，如萨本栋的《物理学》就被译成英文，影响波及海外。

至于有研究者认为这套“大学丛书”的策划刊行“促进学术独立”②，笔者则觉得有些牵强。所谓学术独立主要是指学术独立于政治意识形态。学术独立是和大学独立等相关联的，这种独立除了现代的思想观念以外，最重要的是制度设计。几本书乃至一套丛书无论规模多大，影响是十分有限的。如果说“大学丛书”体现了当时相对开放、自由的学术氛围倒还可备一说。笔者以为，“大学丛书”在促进中国学术的现代化、高等教育的科学化、大学教学的规范化等方面确实是有意义的。诚如有论者所指出的，大学是高等教育的标志，专业是大学成熟的标志，课程是专业成熟的标志，而教材是课程成熟的标志。如果从这个角度来看，“大学丛书”的意义就更加清晰地凸显出来了。

（原载《济南大学学报（社会科学版）》2010年第4期）

---

① 《商务印书馆百年大事记（1897—1997）》，商务印书馆，1997年，“1939年”部分。

② 洪港：《试论中国近代大学教材的发展——以商务版“大学丛书”为中心》，载《煤炭高等教育》，2008年第3期。

附录8　郑孝胥·张元济·商务印书馆

研究商务印书馆史的著作和论文不算少了，有关老商务的史料汇编也出版了多种，但这些论著与史料集中基本没有涉及郑孝胥——一个商务史上曾经占有一定地位的历史人物。本文主要从郑孝胥与张元济（字菊生）及商务印书馆关系的角度，来略述相关史实。

郑孝胥（1860—1938），字苏戡，号太夷，福建省闽县（今福州市）人。《郑孝胥日记》整理者劳祖德先生对他作了这样的综合性评价："郑孝胥生当封建末世，颇知民生疾苦，早岁奋发有为，深思力学，一时以干略称，晚清所谓名督抚争相延揽，士林亦谓其旧学精邃，直谅相与，事功可期。但即在此时也已有人指出：'其论多不足信，此欺世盗名者也'，又有人说他：'论事甚好，然不能作事'（以上引文均见于日记）。从他的日记中可以看出他封建意识的浓重以及封建士大夫的虚伪性。例如他后来经济裕如，其积聚实始于广西边防督办三年任内。平素自许过当，好为严刻之论，于所游处，或时加微词，或凶终隙末。先后规画甚多，成就殊鲜。终则以贞事一人为节操，以逆时代潮流而动为卓特，由遗老沦为国贼，助桀为暴，身败名裂。"①

"遗老"尚可宽容，"国贼"却无法原谅。正是因为这个原因，人们回忆、研究晚清民国时期的商务印书馆，不愿意提及郑孝胥就不难理解了。但这位商务的重要股东，从1909年到1923年长达十余年连任商务印书馆董事，其中1913年后持续多年担任董事会董事长（或称主席，或称会长）的郑孝胥，还是值得重视和研究的②。而他和商务联系最为密切的近20年，

---

① 中国国家博物馆编，劳祖德整理：《郑孝胥日记》（一），中华书局，1993年，"整理说明"。

② 张元济担任董事会主席的时间是：1909年3月到1912年3月；1926年8月到1950年8月。见《馆史资料》，第19卷（1982年11月），第20页。转引自叶宋曼瑛《从翰林到出版家——张元济的生平与事业》，商务印书馆（香港）有限公司，1992年，第285页，注释部分。

正是商务印书馆的张元济时期。无论于公于私，郑孝胥都和张元济、商务印书馆有着千丝万缕的联系，不可一笔勾销。

一

1898年，38岁的郑孝胥受回任湖广总督的张之洞保举，至京引见，遂以道员候补，派在总理各国事务衙门章京上行走，曾迭上《敬陈变法大要以备别择先后缓急》等折，主张变法图强。而这一年，31岁的张元济“继续在总理各国事务衙门任章京职”[①]。两人算是同事关系，开始有所交往，但不频繁。6月16日，光绪帝在颐和园召见张元济。是日，郑孝胥日记有载：“徐致靖保荐人才：康有为、张元济皆召见……”[②] 次日的日记又再次提到“刑部主事张元济，着于本月二十八日预备引见”。而百日维新失败后的10月1日，张元济于午后拜访了郑孝胥，自言“已备就逮，奴仆有下堂求去者，今特漏网耳”；言罢“零涕读三诗而起（去）”。此时同属改革派的两个年轻章京有共同的语言，同气相求。这年的11月1日、2日，两人又相遇往还。10月25日，夏偕复宴请郑孝胥，张元济也在座。此后不久，经李鸿章向盛宣怀推荐，张元济前往上海谋求新的事业。这个期间，两人的交往更加密切，11月1日、2日、12日、13日张与郑在塘沽、上海或偶遇，或互访。

戊戌变法失败后，郑孝胥也离开京师。他先是请假南下，抵湖北，任芦汉铁路南段总办。张之洞倚重之，委办湖北全省营务处。义和团运动在北方兴起，佐张之洞镇压会党，并联络刘坤一订立《东南互保章程》。1903年，岑春煊督两广，奏调到省，委充洋务处督办、营务处总办。两广借调湖北武建军，郑即充该军统领，因“边防不靖”，由岑奏准督办广西边防事务，率军驻龙州。郑孝胥在龙州三年，因调度饷项，自立银号，又特别留意地方教育，创设学社，开办学堂，筹拨专款，保送地方士子出洋或到上海学习。这个阶段郑孝胥积聚了一些个人财富，但也为地方办了一些实事、好事，应予公正评价。

---

① 张人凤、柳和城编著：《张元济年谱长编》（上卷），上海交通大学出版社，2011年，第62页。

② 中国国家博物馆编，劳祖德整理：《郑孝胥日记（二）》，中华书局，1993年，第661页。以下凡引郑的日记，皆出自五册本的《郑孝胥日记》，为查核方便，不再一一加注。

1899年以后的数年间，张元济先是在盛宣怀主办的南洋公学下属译书院任职，后来正式加盟民营的商务印书馆。郑孝胥南下曾途经上海，后来在湖北、广西任职期间也屡次来到上海。郑每到沪上，必然会和张元济有所接触。查《郑孝胥日记》，1899年1月3日，张元济访郑孝胥；隔了一天后的1月5日，郑即到张所居虹口北隆庆里回访，“逢赵仲仙工部，寓张处。……菊生言‘夏坚仲已归浙江’”。1月13日，张元济再次拜访了郑孝胥。6月20日，郑得何嗣焜来信，他在日记中记下何对张元济的评价：“张菊生勤敏，经此摧折，或者可成正果。”后来的事实证明了何的判断。1900年，郑孝胥忙于会党之类事务的处理，与张元济联系不多，仅4月13日有“复张菊生书”的记载。

1901年，旧历的正月、二月郑孝胥在上海。西历3月12日，张元济访郑孝胥。3月15日，郑孝胥等“同诣赵仲宣、张菊生，菊生未归，晤其兄”。3月16日，郑孝胥等到南洋公学，晤福开森；下午盛宣怀等人也来，饭后，张元济邀请一行人参观上院、中院。此后一直到8月，郑孝胥似乎都没有离开上海，日记中不下8次记载高梦旦来访、与高梦旦和李拔可（名宣龚）共同进餐的情形。但这几个月，张元济在南洋公学并不愉快，与监院福开森冲突加剧，加上盛宣怀对自己也不那么理解和支持，渐生退意。他和郑的交往此期也比较少。也就是在这一年，张元济正式投资商务印书馆，与印有模同时成为商务的重要股东。这里，我们顺便要提及的是，除了张元济与郑孝胥故旧关系外，郑之能在后来入股商务并热心商务的出版事业，与其福州同乡高梦旦、李拔可关系很大；二人与郑在数十年间，其来往之频繁、关系之密切是远在张元济之上的。李拔可《硕果亭诗》中就有与郑孝胥唱和的诗词13首之多①。郑孝胥则创作有《寄李拔可》、《为拔可题黄石斋与乔柘田手札》等诗词②。上海沦陷时期的亲汪伪文人刊物《古今》半月刊第31期（1943年9月），所登赵叔雍《记郑孝胥》一文说郑孝胥“海上往还陈衍夏敬观李宣龚周达。尤相投分”。

到1902年，张、郑往还又有所增强。4月25日，郑孝胥午前自汉口

① 郑孝胥著，黄坤、杨晓波校点：《海藏楼诗集》（附录二），上海古籍出版社，2003年。

② 郑孝胥著，黄坤、杨晓波校点：《海藏楼诗集》（附录二），上海古籍出版社，2003年。

抵沪，吃罢午饭就到译书院拜访张元济，随后又拜见了盛宣怀。在上海期间，他起草了《南洋公学译书院撙节办法》并上呈盛宣怀。5 月 1 日，张元济在万年春餐馆宴请郑孝胥、蔡元培、汤寿潜、沈孝宜。5 月 5 日一早，郑孝胥又拜访了张元济。5 月 20 日，郑再次到虹口译书院与张元济“谈久之”。10 月 8 日，郑孝胥“得菊生书”。11 月 7 日，张元济专程拜访郑孝胥，谈南洋公学事。此时，张去意已决，年末便辞去南洋公学译书院职，打算全身心投入出版文化事业。也就这一年，张元济把家搬迁到了离设在北福建路的编译所不远处的文极司脱路长康里。

接下来的 1903、1904 两年，郑孝胥后期可能没怎么来上海，故而也没有与张交流，但 1903 年上半年二人的往来还是比较密切的。1 月 28 日，郑、张见过一面；1 月 29 日，郑拜访张，但没有见到人。三四月间两人则有比较高频度的往返。3 月 12 日，张元济和汤寿潜一道宴请郑孝胥、汪康年等人。3 月 21 日，郑孝胥收到岑春煊电报，托他邀请张元济、罗振玉“同入川”。次日，郑孝胥便在一家春餐厅请张元济和李维格吃饭。3 月 23 日，郑登门拜访张元济。隔天后的 25 日，张元济正式回话“辞不入蜀”。4 月 23 日，郑孝胥“午后过张菊生谈”；24 日，他又在九华楼约了六七个人聚会，张元济在列。此后的 5 月 8 日、9 日、14 日，两人又在不同场合或多人共叙，或两相对谈。也就在 1903 年，张元济介绍郑孝胥的同乡、过从甚密的朋友高凤谦（字梦旦，以字行）加入商务印书馆编译所。高梦旦后来被誉为商务印书馆的“参谋长”。

从 1898 年到 1904 年的六年间，张元济与郑孝胥从初识，到逐步互相了解，建立了工作关系的基础和个人的友谊。早年的郑孝胥“奋发有为”，与张元济同属支持变法一派；他的“深思力学”，旧学根底深厚，热心文教出版事业，又为以后两人共同发展商务印书馆的事业奠定了基础。当然，两人在政治倾向、为人处世等方面存在明显的分歧，这也决定了他们以后在一些重要问题上的不同态度，以及人生和事业最终的不同归趋。

二

1905 年，郑孝胥自求解职去，在上海筑“海藏楼”，参与路矿、金融、工商、新闻、出版、教育等新兴事业，誉望甚隆，其诗歌、书法尤为时人所重，学部奏为头等谘议官，预备立宪公会举为会长，端方邀入两江幕府，岑春煊殷约共事。1910 年，应东三省总督锡良和奉天巡抚程德全之聘，任锦瑷铁路督办。次年，受任湖南布政使，随即被湖广总督电派进京以备内阁咨询。郑孝胥抵京后，四川有抗路之事，密为盛宣怀应对之策。武昌起义后，盛宣怀、载泽都向之问计，迭有建议。以后局势急转，他便回到上海。此后的十几年间，郑孝胥在上海作寓公，遵养时晦，曾一度闭门谢客，以示与世相遗。而实则盱衡中外，广通声气，多与日本朝野接纳，指使其子郑垂奔走南北，静观待变。他还与一班遗老组织"读经会"，每月皆聚，共抒恋旧怀故之情；与新成立的中华民国采取不合作态度，排抵时政，悬笔单卖字，凡书件有"民国"字样者一律不写。[①] 这种情况一直持续到1923年。

在长达19年的时间里，郑孝胥虽也有过短暂外出，但基本上是稳定地居住在上海。这19年特别是他在1909年担任商务的董事后，便直接进入商务印书馆，参与了公司管理与运作。而这个阶段也是张元济心无旁骛地献身商务出版文化大业并作出杰出贡献的辉煌时期。

1905年的郑孝胥可能是刚解职务，筑楼繁忙，还有身体方面的原因，与商务印书馆的联系似不及以前紧密。据日记记载，7月份有《边事旁记》由商务印书馆付印；9月份曾收到商务所寄该书40本书。此外，在年底的12月4日、8日，见过李拔可一面，另赴李拔可宴请一次。但接下来的1906年，郑孝胥与商务人的来往骤然剧增。郑与张元济、高梦旦、李拔可等人相互探视、宴请，正可谓"过从甚密"。其中，日记中"过高梦旦"、"梦旦来谈"、"赴梦旦约"这类的字样就有46处，每月近4次。而这个期间，他与张元济联络也多达十八九次，与商务印书馆的沟通，对编辑出版领域的实际工作开始有所涉及。比如，4月份张元济在京时写信给高梦旦，请他催郑孝胥速选编《古文读本》。郑孝胥5月5日日记即载有选编工作启动之事。1907年，郑孝胥继续保持与商务高层张元济、李拔可、高梦旦等人的密切联系，向商务印书馆推荐编辑人才如孟森，此外还记载有多次和高梦旦等人玩"斗牌"的娱乐活动。不仅如此，他和商务的董事印有模也有了接触，总经理夏瑞芳5月22日专门宴请过他。

1908年，他在日记中提及张元济的大约有9处。我们注意到，从这年开始，郑孝胥比较具体地介入了商务的经济管理与运作。3月20日写

---

① 中国国家博物馆编，劳祖德整理：《郑孝胥日记》（一），中华书局，1993年，"整理说明"。

道："至商务印书馆，晤二高，谈印股票事。"4 月 13 日这样记载："过商务印书馆访张菊生、高梦旦，皆不遇。"第二天，他又"至印书馆，晤菊生，知子益已到，即往华兴坊访之，谈有顷"。我们还注意到，郑孝胥除了工作关系，个人在经济方面也与商务建立起密切的联系。比如他 1 月 21 日的日记就有这样的内容："自至商务印书馆，以存款交艾墨樵，取息而去。"在以后各年的日记中，郑在商务存钱取钱是家常便饭，倒很少见他去银行存款取款。

三

1909 年是郑孝胥正式出任商务印书馆董事的年份。

新年伊始，郑孝胥就与商务高层往返密切。在 4 月 15 日召开股东常会之前的三个多月，郑在日记中记录的与夏瑞芳、张元济、李拔可、高梦旦等来往多达二十六七次。例如，1 月 21 日，"过商务印书馆，与夏瑞芳谈久之。张菊生来"。3 月 3 日，"赴张菊生之约预备立宪会"。

4 月 15 日，是郑孝胥与商务关系史的一个重要时间节点。这天他在日记中记载："午后，诣商务印书馆股东会，议增董事为七人，被举者张菊生、郑苏戡、高翰卿、印锡璋、高梦旦、鲍咸恩、夏粹方。股本已收七十五万元，拟增至八十万元。"4 月 23 日召开董事会，郑的日记这样记载："又至商务印书馆，董事会第一次会议，张菊生为主席。"担任商务印书馆董事后的郑孝胥开始以很高的热情参与公司的决策与运作，积极建言献策，如他在 5 月 23 日的日记就详细记录给张元济提出的若干建议："张菊生来谈商务印书馆事，余言，宜分四部：股票、产业为一部，物料、印刷为一部，款目、发行为一部，编译、出版为一部，每部由董事一人担任其责，则基业固矣。菊生然其说，拟于董事会提议。"过了没几天，郑"又过商务印书馆，与张菊生谈"（5 月 25 日）。郑孝胥不仅一如既往地和商务同乡密友你来我往，一如既往在公司存款取钱，而且更多了一项任务：参加董事会会议。仅 1909 年 4 月到 12 月，他就一次不少地参加公司董事会的全部 8 次会议（包括个别时候因人数不够没开成的）。他关心商务的事业，也介入商务的人事，例如 12 月 14 日的董事会上，他就"荐杨思慎于张菊生"。

郑孝胥在商务不是只挂名不管事的董事。查郑 1910 年和 1911 年的日记，可知他越来越具体地参与到商务的日常管理和重大决策中了。1910 年

1 月 14 日日记有云：“张菊生来，示商务印书馆董事会复日本股东一信，使余签名，为夏瑞芳加薪水公费事也。”次日，又“至商务印书馆，议北京琉璃厂典屋事”。同年 7 月 22 日，“午后，商务印书馆开特别会议，夏瑞芳经手，被钱庄倒去十四万”。这里所举几件事都是比较重要的，特别是夏瑞芳在“橡皮股票风潮”中受骗致使公司损失很大。会后，董事会由高梦旦出面致信在国外的张元济通报相关情况。此信现已不存。约 8 月初张复信郑孝胥、印有模、高凤池，对于夏“为正元调票”，造成公司损失，提出处置危机的几条意见。第一，要求内紧外松，保持镇静；公司有款，分散存储。第二，吸取教训，依法办事。[①] 可见，在商务处理一些重大问题时，郑孝胥都不是处于等闲位置。1911 年 6 月 3 日，“至时事报馆，晤菊生、瑞芳、梦旦，余谓：宜编通俗少仪教科书，养成少年知礼之风气”。

四

1912 年是农历壬子年、鼠年，中华民国元年。1 月 1 日，孙中山在南京就任中华民国临时大总统。2 月 12 日，清帝下诏退位，满清覆亡。3 月 10 日袁世凯在北京就任临时大总统，中国进入北洋政府军阀混战的民国时期。

作为满清遗老，郑孝胥对新政权采取了不合作态度。商务借重郑广泛的社会关系、人脉资源，开展业务活动。6 月 7 日，“商务印书馆送辛亥结账报告。昨夏瑞芳来信，请余作书致陆荣廷，将在广西设商务印书馆分庄，遣鲍宝琳持书见陆，求为保护；即为作致陆干卿书”。但不知何故，郑不久提出了有关商务印书馆董事的辞呈，但商务高层没有同意。6 月 14 日，“夏瑞芳偕刘秉钧来访……夏瑞芳言，商务印书馆董事请余勿辞”。郑显然接受了夏瑞芳的挽留。6 月 16 日，“张元济来谈商务印书馆事，谓余既举董事，曷以暇日研究进行之策”。既留之则安之，商务高层希望郑孝胥发挥更大的作用。估计事先已经面谈，7 月 1 日“商务印书馆以函来，约请到公司办事，每日三小时，月送舆马费百两。”从此时起郑孝胥有长达一年多（至次年 10 月）的时间，每日到商务印书馆“坐班”。自此，郑孝胥不仅参与商务印书馆的一系列重大决策，而且参加到公司的日

① 柳和城：《商务印书馆“橡皮股票”风波岂容否认!》，载《中华读书报》，2009 年 8 月 12 日。

常管理工作中。比如，7 月 8 日，“与梦旦、菊生谈仿宋铜模事”；7 月 9 日，“往印书馆，夏瑞芳商派人赴各省联络，调查所拟章程”；7 月 13 日，“夏瑞芳忽谓余曰，‘欲联合报馆中人，专持开放主义’。印锡璋使之商于余。晤梦旦，示蒋维乔致张菊生书，欲归印书馆编译所，月索二百元，且求假钱八百元购印书馆股票，而分三年归还”。9 月 14 日，“至印书馆，调查发行事务”。9 月 18 日，“至印书馆，商教科书减价事”。9 月 26 日，“至印书馆，谈奉天教科书事”。10 月 2 日，“为公司草一信与各省财政司，以浙江所办不动产移转税法及登记收费法章程格式寄之，以揽印刷之业”。可见，作为驻公司的董事郑孝胥涉及的工作包括编辑、印刷、发行、人事诸多方面。

应该承认，作为封建士大夫的郑孝胥传统文史的根基比较深厚，艺术的素养也比较好。而他这方面的优势也正是张元济从事古籍整理出版所值得借重的。张与郑在商务的工作联系往往以此为纽带展开。1912 年 9 月 16 日，“杨小宋兄弟三人携褚《兰亭》墨迹来，乃梁茝林故物，有米老跋，莫云卿、王弇州、文体承、王百谷诸跋，翁覃溪考证甚详，梁茝林双钩入石。与菊生共看一过，议付石印”。10 月 2 日，日记有“菊生遗《涵芬楼书目》”字样。10 月 3 日，“至印书馆，菊生示所藏精本书目”。10 月 11 日，“菊生邀入藏书楼，出观宋、元刊本及抄本二十余种，有北宋刻本《珞琭子》、南宋刻本《草堂集》为最，毛斧季、何义门、黄荛圃校本皆精”。10 月 14 日，“晨，过张菊生，观所藏唐人书《文选》卷子，长二十余丈，及元刻《王荆公诗》，李壁（璧）注，刘辰翁评点”。10 月 15 日，“菊生示宋嘉兴张有谦中所著《复古编》抄本，中有朱笔用影宋本、钱塘本、吴本对校，又有‘覃谿’印，然非翁校，字既不类，且翁性丁宁详审，必不肯不署己名耳。”11 月 28 日日记写道，“昨，张菊生示《永乐大典》一册，学字二万九千，二卷，凡四十一叶。每卷二十二叶，上卷缺三叶，自第四叶起，云以四十元得于北京”。12 月 7 日，“至印书馆，菊生示明仁孝皇后《劝善书》，乃北京所购者”。1920 年 1 月 26 日，“张菊生赠石印宋李明仲《营造法式》三十四卷目录、《看详》二卷，原本为绛云楼物”。1920 年 9 月 28 日，“菊生送来《漳州府志》”。珍贵古籍相互借阅、共同欣赏的事在两人的日记中均还有多处记载。

张元济与郑孝胥有着相似的国学根柢、共同的文史兴趣，但他们作为商务印书馆的“高管”，对中国古代珍稀典籍、宝贵书画的爱好又不仅仅停留在相与赏析的阶段，而是把这种爱好、知识和经验运用到古籍出版工作中。1912 年 12 月 18 日，郑记曰："张菊生请余择碑帖各种可资初学摹写者，将石印贱售以供小学校之用。"1914 年 8 月 23 日，"张菊生来，携《宋诗钞》示余，将付石印"。1915 年 5 月 17 日，郑又"至印书馆，晤拔可，谈《四部举要》，余曰：'有总集，无别集，殊不可解。宜择别集数十种列入第一集'"。这是典型的工作建议。到 7 月 1 日，郑孝胥更加具体地就《四部举要》中史书的刊本提出自己的看法："杨寿彤谈《四部举要》中全史几居其半，若仍用武英殿本，则与各家所印无异，不若自《宋史》以上别觅佳本，四史可用宋本，《三国志》有明本，注用大字、低一格，似亦可用。余深然之；至印书馆以告拔可，使转语菊生。"1917 年 4 月 26 日，郑孝胥记曰："小七携《李思训碑》，云有人欲托商务印书馆石印以售，菊生使余观其佳否。余展视，乃翻板之劣者耳。"赵叔雍《记郑孝胥》对郑的评价颇多谄词，其中一段写道："商务印书馆经理张元济、李宣龚。延主董事会。先后十余年。改革馆制。征存文献。孜孜不辞劳苦。四部丛刊初编议定。更为去取存篇。俾于影本留真之外。兼为治学者之门径。"① 此乃亲汪文人写汉奸，不无溢美夸大处，但也在某种程度反映了郑与商务印书馆及其古籍整理刊刻的密切联系，可备参阅。

我们知道，张元济在古籍整理出版方面是作出了巨大贡献的，而在这项重要的工作中，馆外得益于傅增湘最多，馆内则孙毓修是得力助手，郑孝胥也是一个很好的参谋。

五

作为商务印书馆的董事和董事会主席，郑孝胥除了日常工作，还参与了公司的众多重大决策，对一些重要事项发表意见，发挥了应有的作用。

郑孝胥身为商务局中人，十分关心其竞争对手。1912 年 7 月 31 日日记写道："张继、胡汉民、熊希龄、于右任、汪兆铭等发起民立图书公司，招股百万，编译、印刷二部已成立，此商务印书馆之劲敌也。"

收回商务印书馆的日股一事在 1913 年前后事关重大。新成立的中华书局号称完全华股，拿商务的日股说事。郑孝胥在该年 1 月 4 日日记中记载："至印书馆，会议收买日人股票事，余以为不便。"郑与日本人渊源很

① 赵叔雍：《记郑孝胥》，载《古今》半月刊，第 31 期，1943 年 9 月。

深，关系暧昧，在商务收回日股问题上可见一斑。同年9月10日他又记载："夏瑞芳将同长尾赴东京议购日本股票。闻日本海军第三舰队将封锁长江。"在这个大是大非问题上，张元济与郑孝胥态度截然不同，郑9月11日的日记这样写道："报言，日本要求甚和平。至印书馆，菊生愤愤言：'日人太无理，非收回日股不可。'"郑未予评议，但臧否隐于其间。关于此事，郑在此后日记中还屡次涉及。郑孝胥后来附逆日寇，张元济则在抗战时期编写出版被日本人查禁的《中华民族的人格》，便不足为奇了。

1914年有两件大事：商务印书馆收回日股和总经理夏瑞芳被暗杀。暗杀案件原因至今仍是谜团。据《郑孝胥日记》，1月4日，"晚，赴商务印书馆，议收回日本股票事。总价五十四万余元，先付一半，馀以六个月为限。"1月7日，"遂赴商务印书馆董事会。收回日股已于昨日签字，付二十七万余两。议以正月三十一号开临时股东会。李湛阳劲风来谈，欲在外处购地。余闻夏瑞芳有地十四亩在胶州路，每亩只售一千两，乃约夏瑞芳及拔可于礼拜日往观"。1月10日，"梦旦约晚饭。……至宝山路梦旦新宅，甫坐进食，有走报者曰：'夏瑞芳于发行所登车时，被人暗击，中二枪，已入仁济医院。'梦旦、拔可先行，余亦继至，知夏已殁，获凶手一人。此即党人复闸北扣军火之仇也。众议：夏卒，公司镇定如常，菊生宜避之。余与菊生同出，附电车送至长吉里乃返。"第二天，"至印书馆。拔可来。夜，赴商务印书馆董事会，举定印锡璋为总经理"。送夏瑞芳出殡是1月14日；但追悼会则迟至5月9日才举行。郑记曰："雨。夏瑞芳追悼会在张园，请余为主礼，吊客甚众。"据说，"夏瑞芳的葬礼十分隆重，有二三千人参加，由此亦可见得商务印书馆社会影响之大了"①。有研究者指出，即便是不再担任董事长后，作为董事的郑孝胥仍然参与一些重大决策。如1925年和1927年，商务爆发了两次工潮。"对于工潮，商务印书馆董事会和领导层有两种不同意见，以郑孝胥、王显华为代表的主硬，不惜以停业和请兵来对付工人；以张元济、王云五为代表的主柔，想采取适当的妥协办法来平息工潮，保证公司正常生产不受大的影响；最后以张元济、王云五的意见占上风。"②

① 刘俐娜：《出版史话》，社会科学文献出版社，2011年，第54页。

② 王建辉：《旧时商务印书馆内部关系分析》，载《武汉大学学报（人文科学版）》，2002年第4期。

我们注意到，在这个多事的时期以及此后相当长时期，郑孝胥配合张元济等人，主持召集公司会议，参与商务印书馆重大决策，应急处理突发事件，在议决公司章程、调整相关政策、收回日人股份、公司增资扩股、购买土地、新建分馆、推举新的总经理、主持重要丧事活动以及后来与中华书局合并的商谈等利害攸关的问题上，均发挥了一定作用。

郑孝胥在《陈叔通属题江弢叔墨迹》诗中，曾经发出“名心未死深可叹”之慨（《海藏楼诗集》卷九）。陈叔通也是老商务的高管。1923 年，郑孝胥受胡嗣瑗等人鼓动，赴北京见溥仪，溥仪深加信重，即于宫中派为内务府大臣，佩带印钥，任领班。郑亟思振衰起弊，革易旧章，部署清理皇产，裁节经费，并曾建议溥仪出洋游历。然而形格势禁，徒托空言，未几即不得不“奏称开缺”。……1931 年“九・一八”事变发生，又同溥仪潜行出关。次年，伪满洲国成立，任“国务总理”，方逾半载，即递辞请……然此时之出处去就既非郑氏所能干请，亦非溥仪所可擅断。到 1935 年 5 月才得解职。其后颇拟归老北京，亦不获行，淹留长春至死，时在 1938 年 3 月，时年 79 岁。① 最后这十余年，郑孝胥与张元济、与商务印书馆也就没有多大关系了。商务印书馆原来的馆名本是郑孝胥题写的，因为他曾出任过伪职，1958 年商务恢复独立建制时便另请郭沫若题写馆名，此乃后话。②

（原载《出版博物馆》2012 年第 2 期）

① 中国国家博物馆编，劳祖德整理：《郑孝胥日记》（一），中华书局，1993 年，“整理说明”。

② 汪家熔：《郭沫若为我馆题写馆名二三事》，载《商务印书馆馆史资料》，2012 年 2 月新一期。

附录 9　谈谈张元济的出版广告

张元济先生是学者型的出版家，但他不是迂腐的学究一类，而是属于典型的“儒商”。从商仍向儒，在商亦言商，文化理想与商业智慧在他那里很好地统一起来了。在出版实践中，他不仅重视选题策划、编辑加工，同时也高度关注文化市场，关注竞争对手，了解读者需求，注重产品的推广与宣传。老商务对书刊宣传投入了大量的人力、物力和财力，张元济先生本人既积极倡导，还身体力行，亲自撰写了少量硬性的出版广告，以及数量甚多的软性书刊广告。

一

收录在《张元济全集》中的硬性广告只有五六则（见《全集》第 4 卷、第 10 卷）。其中，原载于 1914 年 1 月 13 日《申报》上的《商务印书馆广告》原文如下：

> 本公司总经理夏粹方君不幸于民国三年一月十日午后六时遇害，经董事会举定印锡璋君为总经理，其经理一职仍由高翰卿君担任。本公司一切事物、账目由印、高二君主持，特此声明。
>
> 董　事　伍廷芳　郑孝胥　叶景葵
>
> 张元济　鲍咸昌　　　　　同　启

这个出自张元济手笔的“广告”其实说是“告示”或“启事”都更恰当些，当然从宽泛的“广而告之”角度说它是“广告”也未尝不可。张元济执笔撰写的另外两则广告（1916 年），一个是以商务印书馆同人名义赠送纪念册的，内容为：“本日随报附送商务印书馆国庆纪念册，专送本埠。如未收到，请即向送报人索取。外埠另期赠送。”另一推荐商务版影印古籍“殿版四史”的预约广告，刊登在 1916 年 10 月 10 日《申报》的国庆日特刊上。这个预约广告算得上是典型的图书宣传广告。广告的主体是这样的：

文学家史学家必备　商务印书馆影印　殿版四史　预约展期三月

中国上等赛连纸印　史记　前汉书　后汉书　三国志　共五千页订四十册

本书为学界研究文学及史学必备之书，即学校教授历史尤可资为参考之助。自样张发布后，外间均以印刷精良、校刊精审，颇为欢迎，纷纷购券预约。顷者预约业经截止，而外间仍以偏僻之处未能普及，均以延长期限为请。本馆用是特将预约期限展长三月，至本年年底为止。此书出版，亟应慎重。现以全书校阅必须三次，始敢付印。落石以后，清样修整亦费数次手续，务使印刷、校阅两臻满意。特改为年底出书。区区之忱，幸希公鉴。

预约每部七元，阳历年底截止，阳历年底出书。

接下来就是具体的《预约简章》，介绍《殿版四史》如何约定，不同地区的邮资如何，没有邮局不能汇款的地方如何办理，等等，内容十分详细周全。《张元济日记》（商务印书馆 1981 年版）1916 年 9 月 30 日载："拟祝日送价告白、简章。"张人凤以此为据，在编辑《张元济全集》时推断这个"告白"、"简章"为张元济所撰。仔细阅读这则广告，我们注意到其内容之丰富、行文之雅洁、推销之讲求实际，堪称样板。张元济深谙读者心理，对于选择的版本底本如何（殿本）、校刊是否过关（影印本仍三次校对，称为"精审"）、价格如何（仅七元）、规模如何（厚达五千页，四十册）、纸张如何（上等赛连纸）等均交代得清清楚楚。至于读者对象，主要定位为"文学家史学家"，称该书为其"必备之书"；虽为广告口吻，但亦比较恰当，绝无浮夸之辞。

张元济撰写的另一则典型的图书广告是《〈雪窦四集〉广告》，刊登在 1934 年 10 月 21 日的《申报》上。1934 年 10 月 18 日张元济致丁英桂书云："又《雪窦四集》广告已撰送推广科矣。"张人凤据此推断这则广告当系张元济所亲撰。具体内容是：

雪窦四集

颂古集　拈　古　　　宋刊本

瀑泉集　祖英集　　　二册九角

《四库》著录，《祖英集》二卷，宋释重显撰。《提要》称："重显戒行清洁，其时多语涉禅宗，胸怀洒脱，韵度自高。"又称其"风致清婉，非概作禅家酸馅语。"是为南宋宁宗时刊本，于《祖英集》外，又增《颂古》、《拈古》、《瀑泉》三集，均为《四库》未收之本。

在古籍版本中，宋版书享有崇高的声誉。这里，张元济以宋刊本作为卖点来进行宣传推广，是抓住了古书购买者心理的。既是宋代珍贵的刊本，又为《四库》未收之书，其价值可想而知。这是专家写的广告，专业、精准，又实事求是。

古籍整理刊行是张元济出版活动的重要组成部分，也是其最有贡献和价值的一个方面。为了保存国粹、广罗旧籍，以便收藏和刊刻，张元济1909年3月16日在商务印书馆自办的《教育杂志》第一年第二期刊出《收买旧书广告》："兹为保存国粹起见，拟搜罗旧学书籍。无论经、史、子、集，只须版本精美，的系旧刊，或据善本影抄，或经名人手校，均可收购。海内藏书家有愿割爱者，祈将书名、册数、撰人姓氏、序跋姓氏、刊印时代、行款、纸色、有无残缺损破、欲得售价若干，逐项开示，径寄敝寓。信资自给。合用者即当函商一切，否则恕不答复，伏乞雅鉴。"最后还落下了张公馆详细地址。在古籍出版中，搜集、收藏、整理、校勘、出版都是十分重要的。这则广告意不在推广而在收购，但仍可归于出版广告的范畴，值得注意。

1937年4月，商务印书馆推出了《影印元明善本丛书十种样本》。"样本"是中外出版界进行图书宣传推广的一种重要形式，属于典型的广告。张元济为这个《样本》撰写了《影印元明善本丛书十种启事》，有云："兹选定《济生拔萃》、《今献汇言》、《历代小史》、《百陵学山》、《古今逸史》、《子汇》、《两京遗编》、《夷门广牍》、《纪录汇编》、《盐邑志林》十种，用手制连史纸景印；书式为四开本，字体与原书大小殆无二致。仍就可能范围，从廉发售。在昔重金难致之孤本佳椠，今后尽人得以百分之一二之代价，置之几案。在未备《丛书集成》者，固可由是而撷其精华；在已备《丛书集成》者，更可藉此进窥原书之面目，而益增其浏览之兴趣。至于图书馆之已备有《丛书集成》者，今更得此景印真本，一以应公共阅览，一以供永久保存，尤为二美兼备。今将景印丛书十种之提要、子目及其样张附列于后，敬祈公鉴。"（收入《全集》第10卷）这里的广告宣传意味之浓是显而易见的。其针对的对象既有个人，也有图书馆；既有已收藏《丛书集成》者，也有未购买《丛书集成》者。从版本（景印真本）、价格（从廉）、开本等多角度进行介绍，属于名副其实的"专家代言"，句句行话，要言不烦。

二

张元济的营销宣传理念更多的是体现在他对市场的重视，体现在编辑出版的各个具体环节之中。抗日战争全面爆发以后，张元济于1937年编纂了《中华民族的人格》这一影响甚巨的著作。他在《编书的本意》中说："只要谨守着我们先民的榜样，保全着我们固有的精神，我中华民族，不怕没有复兴的一日！"这本小册在出版后成为超级畅销书，一版再版，印了很多次，主要是因为其内容适应战时救亡图存的需要，同时商务的广告宣传也起到了很好的推广作用。民国二十八年（1939年）五月的《商务印书馆图书汇报》（新8号）上有一则《中华民族的人格》广告，内容如下：

> 张元济先生编著《中华民族的人格》一册　定价三角
>
> 作者校阅"百衲本"《二十四史》，最近校《史记》时，深有感于古代英雄人格之高尚，足以激扬民族精神，因就《列传》及《左传》、《国策》中选取十数人，均舍生取义复仇雪耻之辈，堪为今日国民模范，并将原文译成白话，分排上、下层，对照读之，明白浅显，尤易感动。今欲复兴民族，必先提高人格。此为国难期中不可不读之书。

这则广告侧重介绍《中华民族的人格》一书内容上的特点、价值及时代意义，兼及编辑形式（分排上、下两层，便于对照阅读），非常精炼、准确、实用。它不是出自张元济之手，但应当是得到了他过目或认可的。

张元济为教科书、工具书、古籍整理类著作、刊物撰写了大量序跋文字，其中不少具有广告宣传的功效，详细介绍编辑缘起、内容特色、形式风格、适用对象等，可以归入"软性广告"之列。

1903年6月，张元济为《中国历史教科书》撰写的序言，先谈及旧有的经书如《十三经》，史书如《纲鉴易知录》、《通鉴辑览》等"宜于浏览而不宜于教科也"，新式学堂需要适合的教科书。"今钦定学堂章程，由大学以至小学，无不有史学一科。而大学堂复有编纂课本之议，盖亦知以上诸书之不宜于教科矣。编纂新本，迄为颁行。商务印书馆主人辑为是编，以应急需。综阅始末，条理秩然，颇与童年脑力相合。用为课本，可使稍知古今大事。虽不能尽得读史之益训，而致之要不难。"这里，张元济侧重强调新编的历史教科书条理清晰，内容的难度适合少年儿童的"脑力"。作为商务人，来宣传商务的教材，有宣传推销意味，但因抓住要害、特点，并不使人生厌。

《康熙字典》是清代最有影响的工具书之一。该字典用张元济的话说是“其于点画之厘正，音切之辨析，足以裨益写读者殊非浅鲜”。但该书规模甚大，收字四万二千多个，后来的《备考》、《补遗》，又增加了六千四百多字。这样的大型字典并不适合一般读者日常使用。因此，商务印书馆 1949 年 2 月编辑刊行了《节本康熙字典》，张元济为这个“节本”撰写了“小引”，其中写道：老的康熙字典“每检一字，必遇有不能识亦不必识者参错其间，耗有限之光阴，糜可贵之纸墨。时至今日，穷当思变。不揣冒昧，尝于翻阅之际汰去其奇诡生僻、无裨实用者，凡三万八千余字，留者仅得十之二弱。非敢谓披沙拣金，抑聊谋艺林之乐利。原序云‘部分班列，一目了然’，亦犹是此意而已”（收入《全集》第 5 卷）。张元济在此处将原《康熙字典》的优点、不足说得十分清楚，把为什么要新编《节本康熙字典》以及这个“节本”的优点、特色也交代得很到位。

对于一些大型的古籍整理出版项目如《四部丛刊》、“百衲本”《二十四史》，张元济更是尽心竭力，从搜罗善本，到审鉴校勘，再到摹写影印，乃至预约发行，无不亲力亲为，力求达到最好的效果。他在《印行〈四部丛刊〉启》（收入《张元济论出版》，商务印书馆 2011 年版）中，就自豪地宣称，“《四部丛刊》之刻，提挈宏纲，网络巨帙，诚可云学海之钜观，书林之创举”。关于《四部丛刊》的特点和优长之处，通过与以往同类书比较后张元济总结了丛刊之“七善”：一是所收之书，“皆四部之中家弦户诵之书，如布帛菽粟，四民不可一日缺者”。二是与过去“裁剪”者不同，丛刊“仍存原本”。三是“广事购借，类多秘帙”，以旧本为贵。四是将学者“所求之本具于一编，省事省时”。五是运用石印新技术，册小而字大，便于收藏和阅读。六是版型纸色均佳，堪称“精雅”。七是售价优惠，加上预约更加划算。关于第七善，原文是：“夫书贵流通，流通之机在于廉价；此书搜罗宏富，计卷逾万，而议价不特视近日旧籍廉至倍蓰，即较市上新版亦减之再三。复行预约之法，分期交付，既可出书迅速，使读者先睹为快，亦便分年纳价，使购者举重若轻，其善七矣。”这是典型的“王婆卖瓜”语气，也是高超的广告艺术，但条条说到了点子上。对于这类大型的国学典籍丛书，没有深厚的国学根柢，以及对古旧图书市场的谙熟，毫无疑问是难以宣传到位的。可见，小广告中也有大学问。“百衲本”《二十四史》刊行时，张元济也撰写了“前序”（收入《张元济论出版》，商务印书馆 2011 年版），在该序的结尾有这样一段话：

长沙叶焕彬吏部语余："有清一代，提倡朴学，未能汇集善本，重刻《十三经》、《二十四史》，实为一大憾事。"余感其言，慨然有辑印旧本正史之意。求之坊肆，匄之藏家，近走两京，远驰域外。每有所觏，辄影存之。后有善者，前即舍去，积年累月，均得有较胜之本。虽舛错疏遗，仍所难免，而书贵初刻，洵足以补殿本之罅漏。诵校粗毕，因付商务印书馆，用摄影法覆印行世。缩损版式，冀便巾箱；真面未失，无虑尘叶。或为有志乙部者之一助欤！

"百衲本"《二十四史》梓行开始于1930年，中经"一·二八"事变，直到1936年才全部完成。全书分装820册。所谓"百衲本"，是指采用的各种版本，残缺不全，彼此补缀而成，有如僧服的"百衲衣"一样。其实，在该书开始刊行的20年前，张元济就在进行相应的准备工作了，数十年呕心沥血，终成巨帙。这篇序略述访书之过程，搜罗之艰辛，诵校覆印之情形，绝非一般的图书宣传广告所能比。1930年6月1日《申报》头版用整版篇幅刊登了"百衲本"《二十四史》的广告，6月中旬到8月底，几乎每两三天就在头版登半版广告，形式变换，内容丰富。广告上有百衲本与殿本对比的校样，有北平、南京、沈阳、汉口等地报刊对"衲史"的评论摘要；此外还印制了不少"样本"，刊登序言，介绍各史书版本，选择一二样张，给读者以直观印象。样本有目的地分赠各地藏书家、学者、学校、图书馆，也在发行所和各分馆免费任读者阅读、索取。据1930年9月17日张元济致傅增湘信所言，"百衲本"《二十四史》仅发售预约就超过一千部。1932年11月4日张元济在给丁桂英的信中说，《东方杂志》所登"百衲本"《二十四史》广告"仍战前之言，殊有不合，赶紧停印，改撰"，要求"以后关涉是书广告，务先送鄙处看过再发，以免歧误"。可见张元济对广告宣传之认真、之重视。1933年12月，张元济还撰写了"百衲本"《二十四史》出书通启"（收入《全集》第10卷），亦带有特殊背景（突遭国难）下的广而告之之意。张元济其他众多经、史、子、集的序跋文字，也都包蕴着丰富的带有推广意味的内容。如1937年6月撰写的《景印〈国藏善本丛刊〉缘起》（收入《全集》第10卷）末尾说："兹编之成，庶兼两美：所采皆学人必备之书，所摹为流传有绪之本。非仅供儒林之雅玩，实以树学海之津梁。搜奇采逸，期为古人续命之方；取精用宏，差免坊肆滥竽之诮。"这个《善本丛刊》第一辑还编印了广告性质的《样本》，每种书的提要也由张元济亲自撰写。在张元济的序跋、识语一类文字中，像这种带有营销宣传性质的还有不少。

总起来看，张元济的图书宣传属于专家推荐型。不同于当下大众媒介上的众多假专家（网友戏称为“砖家”）的装腔作势、胡吹海吹，张元济是真正的一流编辑出版家、一流的版本目录学家，其宣传性文字虽有一定的推销意图，但都是实事求是，富有专业的深度和高度，含有浓浓的书卷味。这也是晚清民国时期众多编辑出版大家如鲁迅、茅盾、叶圣陶、巴金、赵家璧等人书刊宣传的共同特征，值得今天的书业界学习。

（原载《张元济研究》2013 年第 2 辑）

附录 10　张元济与商务印书馆电影部

一

晚清民国时期的上海，有“东方好莱坞”之称。作为中国电影摇篮的上海，在很长时间里一直是国内电影的制作中心，是优秀电影人才和资金集中的地方。中国 90%以上的电影摄制在这里进行，上海各大电影公司制作的电影，影响一直辐射东南亚。在 20 世纪 40 年代以前，上海也是亚洲豪华电影院最多的大都市。而无论在上海还是中国电影发展史上，晚清民国时期著名的书业龙头企业——商务印书馆都在其中占有重要的一席之地。

早期的商务印书馆得益于夏瑞芳与张元济的珠联璧合。1902 年张元济正式加盟商务后，夏、张二人互相信任，优势互补，密切配合，使得商务印书馆完成了由主要是单纯致力于印刷业务，向多元化的现代文化出版企业的转型。在这个期间，商务印书馆还在国内刚刚起步的电影领域进行了积极而有益的探索，值得我们关注。

在商务成立前一年的 1896 年 8 月 11 日，电影远涉重洋来到了中国。上海徐园的“又一村”放映了“西洋影戏”，这是电影在中国的第一次放映。1897 年 7 月，美国商人雍松将美国片带到上海，先后在天华茶园、奇园、同庆茶园等处放映。1899 年，西班牙商人加伦·白克来到上海，带来了一部半新不旧的放映机和几本残旧的短片，在福州路的茶楼里放映。后来，加伦·白克将设备和影片全部转让给了他的西班牙朋友雷玛斯。雷玛斯经营有方，在 1908 年建造了著名的虹口大戏院，还组织了“雷玛斯游艺公司”。作为新生事物，电影进入中国，成为大都市一种新的娱乐方式，受到了大众的喜爱，也使得中国人产生了自己拍摄影片的愿望。1908 年，国人尝试在北京摄制影片，内容是京剧《定军山》中的请缨、舞刀、交锋等几个场面，是由著名京剧演员谭鑫培表演的。因为是无声片，只能拍摄一些动作较多、富于表演性的场面。而当时还没有电影制片厂这样的专门机构，第一个“吃螃蟹者”是琉璃厂的丰泰照相馆。该照相馆是在露天广场，利用日光代为拍摄的。1909 年，美国人布拉士其在上海组织亚细亚影戏公司，摄制了《西太后》、《不幸儿》等片子，此外还拍过一些新闻片和风景片。中国人张石川、郑正秋等组织了“新民公司”，与亚细亚公司合作，承担了亚细亚的编剧、导演和雇佣演员等相关工作。1916 年，张石川、管海峰等在上海徐家汇成立了自己的“幻仙影片公司”，拍摄了《黑籍冤魂》。幻仙影片公司尽管受到观众的欢迎，但也只是昙花一现，不久即因资金周转不灵而宣告停业①。

电影，正如程季华所说，是一种企业，属于文化工业范畴。它需要有相当数量的资金和雄厚的技术设备，始可着手摄制，并坚持下去。因此，电影在中国出现后，虽然引起了一些知识分子的重视，并且也有人尝试摄制了一些短片。但由于缺乏足够的资金和相应的技术装备，并没有能顺利地开拓和发展我国自己的电影事业，再加上一切技术设备及胶片供应等都完全依赖外国，萌芽和初创时期我国的电影事业一直发展缓慢。正是在这种背景下，商务印书馆开始在新兴的电影行当试水，并作出了自己的贡献。

关于商务印书馆是如何涉足电影业的，亲历者杨小仲导演曾经回忆说：“1917 年的秋天，商务印书馆由于该馆交际科长谢宾来的介绍，向一个美国人购买了一批拍摄电影的器材，于是在该馆印刷所照相部隶属之下成立了活动影戏部，开始拍摄了一些新闻纪录片、古迹风景片和一些文明新戏式的短故事片。1919 年底、1920 年初，美国环球影片公司来沪拍摄连集长片《金莲花》中的一部分在中国的外景，该馆给予帮助，并将照相部设备供与使用。该摄影队返国时，即将带来的炭精灯和一些摄影器材售与商务印书馆，活动影戏部乃得到进一步的扩充，改名为电影部，直接由印刷所管理，于 1923 年开始拍摄大型故事片。至 1926 年，由该馆分出改组为国光影片公司。”② 这个国光公司维持了仅一年多，到 1928 年就结束了。1932 年，商务印书馆的电影拷贝和几乎所有相关文件毁于战火。

关于商务印书馆电影部（这里所称“电影部”包括早期的“活动影戏

① 程季华：《中国电影萌芽时期简述（1899—1921）》，载《中国电影》，1956 年第 1 期（创刊号）。

② 杨小仲：《忆商务印书馆电影部》，载《中国电影》，1957 年第 1 期。

部”，回忆者也称“影片部”），我们还可以从一些资料上知道更多细节。比如起初从美国商人手里盘下的摄影机是“百代”旧式骆驼牌的，价格算很便宜了，只需 3 000 元；另外还有放光机 1 台，底片若干尺。商务还专门派鲍庆甲到美国实地考察印刷业和电影业，回国后就正式成立活动影戏部。活动影戏部成立时，聘请曾任基督教会报刊编辑的陈春生为部主任，又调印刷所装订部的任彭年做助手，而摄影师则聘请了留美归国学生叶向荣。他们在上海宝山路商务印书馆印刷所四楼照相制版部内，建了一个长方形的玻璃屋顶摄影棚，这在当时是最先进的。后来，这个摄影棚主要用来租给其他没有大厂的小公司拍片子用。

商务印书馆的电影拍摄无论是在影片内容上、类型上，还是技术上，都有过严肃认真的探索，并奠定了良好的影片类型规范和技术基础，在一定程度上开创了中国电影史的新纪元。商务电影部的影片涉及新闻、记录、宣传、科教、舞台艺术、虚构故事等重要的电影类型。商务电影部拍摄影片的初衷，是“抵制外来有伤风化之品，冀为通俗教育之助”。可见，他们的电影活动与出版活动类似，皆有“扶助教育”、提升国民素养的良好愿望。因此，电影部拍了不少教育片，如介绍新兴教育事业及体育、军事教育的《盲童教育》、《慈善教育》、《女子体育观》、《陆军训练》等；还拍摄了时事教育类的电影，如《欧战祝胜游行》、《东方六大学运动会》、《国民大会》，等等。更多的还是直接配合学校课堂教学和爱国教育的风景片，如《北京风景》、《长江名胜》、《浙江潮》，等等。这些影片的拍摄，创作态度严谨，同时又富有探索精神。而在故事片创作中，商务电影部涉足喜剧片、正剧片、武侠片、神话片等不同的电影类型模式。1920 年摄制完成的新剧《车中盗》获得巨大的成功，并且成为中国电影史上第一部类型片。而商务电影部 1921 年拍摄的 3 卷《第五届远东运动会》，也属于我国新闻纪录片的开先河之作。它的教育片制作，同样也是具有开创性意义的。①

在电影技术和艺术手段上，商务印书馆电影部也多有创新和开拓。根据《聊斋志异》中的《崂山道士》改编的神话剧《清虚梦》，采用了水缸破而复原、人走入墙壁中、物件自己会动等特技，成为我国第一部用特技

---

① 陈江：《我国电影史上的商务印书馆》，见《商务印书馆一百年》，商务印书馆，1998 年。

摄影的影片。在影片制作中，杨小仲导演等大胆试验和探索，如第一次用电力大风扇创造出风雨之景，第一次用模型和布景相结合创造出活灵活现的火烧场面，还有意识地将许多自然风光的空镜头插入电影之中，以“蒙太奇”的形式反映人物的内心活动和思想感情。除此之外，商务印书馆电影部还依托自身企业管理与经营的良好基础，不断完善电影部的管理体制和生产方式，尽量谋求经济与艺术的共赢。

二

关于商务印书馆电影部与张元济的关系，过去未见有专门文章论述。笔者认为，夏瑞芳1914年遇刺逝世后，在商务的企业经营中张元济发挥了越发重要的作用。而商务印书馆电影部从创办到消逝的十一二年，也正是在张元济担负极重要管理职责期间。我们有必要梳理、勾勒一下张元济先生与商务电影部的关联之处。因为这方面的资料甚少，只好主要依据张先生本人的日记和《张元济年谱》等来做些归纳和整理。

夏瑞芳去世后，接任的总经理是颇具才干的企业家印有模，可惜他也在1915年病逝。而代之者是属于“教会派”的商务元老高凤池。张元济则在1916年担任经理（相当于副总经理）。实际上便由过去的“夏张配”变成了“高张配”，二人共同主导商务印书馆的馆务，但他们的相互配合并不默契。1920年，张元济、高凤池改任监理，鲍咸昌任总经理一职。商务印书馆电影部的成立、发展恰恰是在这个阶段。《商务印书馆百年大事记（1897—1997）》在“1918”条下记载：“设活动影戏部。”“活动影戏部1918—1926年先后拍摄梅兰芳的戏剧片《天女散花》、《春香闹学》两部，教育片《儿童教育》、《养真幼儿园》、《养蚕》，风景片《南京名胜》，新闻片等数十部。——摘自档案资料。”《大事记》的“1926”条下仅记这样一句话：“活动影戏部改组为国光影片公司，独立经营。”而这一年，“张元济辞监理职，被推为董事长”。

查询《张元济日记》等可知，张元济对于商务活动影戏部（电影部）的成立、经营和管理是颇为关注的。1918年1月22日的日记有载：“翰在会议室又言、活动影片部已费去若干资本、宜决定如何进行。余意首要得人、次须取得版权。前郭洪生到日本、曾与日本电影公司谈过。余意拟派人前往考查、一面并与日人商议合办之法。”这里的“翰”即高翰卿，也就是高凤池（字翰卿）。张元济一向重视选人用人，这里首先强调“得人”；版权意识是一种现代观念，商务也是最早由张元济与严复签订了中国历史上第一份版权合同，搞电影显然也有版权问题；至于与外商合作，商务早期无论是印刷，还是教科书编辑，都得益于日本技师、专家甚多，因此张元济提出与之“合办”影戏部的建议。张元济与高凤池的配合远不及与夏瑞芳默契，他的这些想法能否都得到支持就大可怀疑。同年1月29日的日记即可为证：“电灯影片事。议定、先请杜就田到厂、与郁君等研究、再赴日本考察。目前先就教育、实业、风景三项酌制。如成二三万尺，即可出租于人。余意能与日本电影公司合资，可得人才、可得版权。同人多不赞成。且俟到日考察后、如何情形再定。”活动影戏部的重大问题，张元济一直是参与其中，并积极建言献策，且大多从战略出发（与外资合作），有市场意识（考虑“出租”影片）。

1919年，张元济日记中与活动影戏部有关者有6条。(1) 是年1月21日，“演试焚土影片”。(2) 3月15日，发信“伯恒、为活动影片事、电促梦回”。“伯恒”即孙伯恒，为商务印书馆北京分馆经理，“梦”指高梦旦。至于“活动影片事”具体何事，因记录简略不得而知。(3) 4月10日，致信傅增湘，告知《百衲通鉴》棉纸印就即运，又《四部丛刊》拟目及“影片免税”之事。(4) 4月14日，“为影片递呈事”，给孙伯恒寄信。张元济给北洋政府的呈文写道：“（自制活动影片）分运各省城商埠，择地开演，借以抵制外来有伤风化之品，冀为通俗教育之助，一面运销外国，表彰我国文化，稍减外人轻视之心，兼动华侨内向之情。”本是争取影片的免税优惠政策，属于“在商言商”，但张元济很懂得“讲政治”，呈文从敦风俗、施教化，以及文化“走出去”，增强民族向心力、凝聚力的高度来论析，颇有说服力。(5) 5月6日，商务印书馆召开公司第220次董事会议，推举郑孝胥为董事长。张元济参与会议并提出购买政府公债等提案。他当日的日记记载：“约请鲍王诸君、一商发售活动影片事。”“鲍”即鲍咸昌、“王”为王显华，二人皆为公司高管。(6) 5月7日，张元济又与鲍咸昌、鲍庆甲商议“影片进行、与外国联络，并赴各地试演摄照办法。又后日赴富春江摄照，又照蚕织各事种种办法”。这里就涉及活动影片部具体的工作了。可见，张元济对活动影戏部既有宏观战略决策，争取政府政策支持上的参与；也有较为微观切实的如制作内容、拍摄题材，以及推广发行方面的关心和指导。

从1920年起张元济不再担任经理之职，虽还以董事和监理的身份参与商务印书馆的重要决策与相关工作，但显然比以前管得少一些，也不那么具体了。从1920年到1923年的4年间，与活动影戏部（电影部）相关联的主要有以下几次：(1) 1920 年 1 月 2 日日记记载："制造影片事。余函知陈春生、可与美国某公司接洽。系郭生所介绍。"陈春生就是前面提及的活动影戏部主任。(2) 同年 5 月，梅兰芳应李宣龚邀请，来商务印书馆电影部拍摄戏曲片《春香闹学》、《天女散花》，张元济很关注这件事。《天女散花》借天蟾舞台开拍时，张元济还亲自到现场观看。此事梅兰芳在《我的舞台生活》中也有记载。(3) 1923 年 1 月 16 日，商务印书馆第 278 次董事会召开。在会上董事郭秉文提议，公司日下经济宽裕，制造活动影片一项已有销路，似可加以扩充。对此，张元济提出："郭君提议本日可以先行记录。一面由总务处核定后提请下次会议再行讨论。"(4) 1923 年 5 月 12 日，与蔡元培一起去青年会观看有关相对论的影片。(5) 1923 年 7 月 24 日，商务召开第 284 次董事会议，议题之一是讨论电影部（又称影片部）发展特别是硬件建设问题。就影片部在花棚原址改建一事，张元济提议："公司于影片部事屡谋发展，总以难得具体办法而止。近时虽因闻孔雀公司来华将有大举，恐公司难与竞争，曾主停办。旋以同人多主继续，鄙意不进则退，应就现状稍稍扩展，建筑费一千七百余两。"各位董事都没有异议。

根据杨小仲回忆，大约是在 1925 年，张元济有感于电影部陈春生、任彭年等人制作的影片，不能与一些新兴电影公司相抗衡，尤其是在教育方面也不能起到大的辅助作用，于是，向曾经创作《好兄弟》剧本、时任机要科服务股股长的杨小仲征询改革电影部的意见。杨小仲写出了万言意见书呈报给张元济，张元济给予认可，并用红笔批注后，转交给高凤池；但高凤池对此态度比较冷淡。后经过讨论协商，决定由杨小仲主持，先试拍一片，用来比较。于是，杨小仲着手自编、自导《醉乡遗恨》。到第二年 5 月拍摄完成后公映，得到社会好评。著名导演郑正秋等人赞扬该影片与中国电影前途大有关系。这部影片的成功，也促成了商务印书馆扩大改组电影部。1925 年 12 月 8 日，商务的第 310 次董事会议上，总务处报告说，本公司民国六年（1917 年）间创设影片部，现影业竞争甚烈，用人、行政有非公司章程所能限制，提议另组公司为妥。张元济说："影片部虽另组公司，不过形式上一种表示，其完全主权仍为公司所掌。若添招外股，意见难免参差，于管理上转有不便。"于是，董事会经过讨论后决定，影片部照准所拟另组公司，一切办法由总务处拟定并报告董事会。1926 年商务电影部另组公司之后，经营和发展并不理想，因此存世的时间也就不长。杨小仲说："至 1928 年，国光影片公司亏蚀甚多，商务印书馆董事会就决定将国光影片公司解散结束。”[①] 这里，人的因素也是很重要的，商务高层意见的不一、具体支持措施不到位等也是原因之一。张元济强调“得人”确实是很有远见的。

通过以上梳理我们看到，商务印书馆电影部在创建、发展过程中，尤其是在创业阶段，张元济一直是十分关注、积极支持的。他注重电影的社会功能和文化责任，强调其思想倾向和文化品位。但作为企业家，张元济不仅讲社会效益，同时也“在商言商”，高度重视经济效益和可持续发展。在他看来，商务的电影部要么服务教育、服务出版，为商务的主版块业务发挥积极作用，间接获取经济利益；要么完全按照市场化原则，进行公司化运作，参与市场竞争，接受同业的挑战与受众的检验。专业人做专业事，当电影专业化程度越来越高，专门的电影公司发展越来越成熟，市场竞争越来越激烈时，商务印书馆急流勇退，退出电影行业，未尝不是明智之举。不过，商务印书馆电影部在中国早期电影发展史上的探索和贡献，应该也已经载入史册。它的成功与失败，经验与教训，也或多或少给我们今天的出版传媒集团多元化发展一些借鉴和启示。

① 杨小仲：《忆商务印书馆电影部》，载《中国电影》，1957 年第 1 期。

附录 11　两件有价值的出版史料

近来兴趣集中在中国近现代出版企业制度研究方面，因此特别留心与之相关的史料。阅读上海市档案馆编著的《旧中国的股份制（一八六八一一九四九年)》，发现中间有两种比较重要的出版史料。一种是关于中国书业有限公司的，属近代；另一件是关于良友图书印刷股份有限公司的，属民国。这两件史料没有被张静庐编的《中国近现代出版史料》（八卷本，上海书店出版社影印再版）收录，宋原放主编的《中国出版史料》“近代部分”、“现代部分”（湖北教育出版社、山东教育出版社出版）也均未收入。而汪耀华选编的《民国书业经营规章》（上海书店出版社出版）同样没有涉及良友图书印刷股份有限公司。鉴于两份史料的重要价值，加之《旧中国的股份制（一八六八—一九四九年)》一书刊印仅千册，流布不广，治出版史者很少注意到，因此有介绍的必要。下面笔者对这两件重要的出版史料分而述之。

一

书中收有中国书业有限公司的史料有二：一是《中国书业有限公司缘起》(以下简称《缘起》)，一是公司的《章程》①。

《缘起》的文字不是很长，不妨抄录如下：

> 保固有之势力，辟将来之利益，以为我社会扩充生计者，商业而已。传先哲之精蕴，启后学之童蒙，而为我国家培育人材者，书籍而已。至经商而专业为书，则国家教育之成败，社会进化之迟速，悉于是托命焉。其业之隆替，即以人材之多寡，为实验之衡。书业而有失败，即国家社会之运命，亦将随以中踬，其所系顾不重哉。印版书之发明也，典籍流传，为之大增。中兴以来，书业之盛，以粤、蜀、

---

① 上海市档案馆编著:《旧中国的股份制（一八六八——九四九年)》，中国档案出版社，1996 年，第 90—95 页。

江、湘为最。中省刊行之本，衣被遍天下。自西人聚珍石印之法，输入中国，而刊目之用，日形其绌，至今日而几绝响矣。迩者朝廷停罢科举，广开学校。旧时典册，不适教科，庠序之中，咸欲购取新编，以供训迪。海内达识之流，闻风兴起。沪上一埔，书肆林立。进步文明，此实先导。然而经营伊始，缺点实多。无消息以相关通，无章程以相部勒。同一有用之书，而彼此编译，各自为谋。优者犹思创作，黠者不耻袭取，面目改变，则专利无权辞义雷同，则购资虚耗。推其流弊，悉数难终，小则丧失信用，大则贻误学术。使非有以整齐而划一之，几何不立见失败也耳？往者同文书局之设，影印精良，规模宏达，中外推重，卒以经理失宜，重资虚掷，曾几何时，嘎然中止。前车之鉴，其可不深长思耶？用敢不辞苦口，敬告同人，凛优胜劣败之危言，据同舟共济之大义，重鸠团体，明定商联，合各省为大群，化幺匿为拓声，以拯国觉民为天职。宗旨必期相同，以大局公益为指归，利害必思与共。谨定名曰：中国书业有限公司。用竞争于对外，萃秦越为一家，则我书业之宏大博实，莫之于京，而互相砥砺，益求精善，其影响于国家社会者，庸有既哉。

这份资料也包括章程，档案的原件均没有标注年月，据上海市档案馆研究人员考订，时间应是1905年7月。《公司章程》包括正本的35条，另附有《现行招股章程》。《公司章程》第一款“名号”中第一条曰：“本公司以联合全国书业团体，共享固有之利权，辅佐教育普及，驱策文明之进步为宗旨。故定名为：中国书业有限公司。遵照钦定大清商律有限公司章程，在商部呈请注册。”第二款是“营业”方面的，第二条这样说明：“本公司系办理各种石印、铅印、铜版、印刷，翻译各种书籍、图画，发行杂志，制造标本，铸售铜模，铜版、铅字、铅版，并制造运售学校一切用品及印刷机器纸张、物料等。”第三款是“营业地方”，标明为“上海英租界”，“编辑所、印刷所先行赁屋开办，再行择地建造”。本款有4条，涉及本埠、外省，乃至偏僻之区，内容详尽，不赘述。第四款的5条，是关于“股本”的，其中第七条云：“本公司股本共集银圆五十万元，分作五万股，每股计银圆十元。先收二十万元，作为有限公司优先股。除本埠创办同业先认十万之外，再招外股十万元（除本埠同业外，学界、商界皆得预股）。其余三十万元，作为普通股，俟办有成效，需用款项，分三次续招，须于两个月前登报布告。”第九条则申明“本公司为中国书业同人组织创办，并为保全华商利益起见，故专收华人股本”。第五款的 4 条分别论述“股东权利”。第六款“办事权限”是关于董事、司理（即现在的经理）、查账等人员责权利及办事规则等问题。第七款为“分派利息”。第八款是“附则”。《现行招股章程》文字不长，亦全文转录：

一、本公司创办人，共认定一万股，其余一万股在外招集。凡属华人，均可附股。

二、发起赞成，不支薪水，不沾利益。俟公司成立，即行告退，归入股东。

三、本公司收股银日期，以本年七月初一日为始，以拾月三十日截止。如于限内股数已足，即行登报停收。

四、凡愿附股者，于七月初一日后、十月三十日前，开具店号、姓名、籍贯、住址，向本公司代收股本处挂号，并将所认每股三十元，同时缴纳，制取收据。

五、收股截止，应换股单，于两个月内登报布告。

发起者：中西书局　公艺书局　会文学社　同文书社　宝善斋　文富楼　文盛书局　读味楼　彪蒙书室　同文晋记　新学界图书社　文通书局

这些发起单位，有的是我们熟悉的，出版史上有明确记载；更多的是大家不太清楚的。这里，我们还有一点疑问提出来讨论。上述两份史料，编著者是分列于“中国图书公司”下的。分明标明是“中国书业有限公司”，为什么冠以“中国图书公司”的总帽子呢？我们推测是馆藏档案原件整理者这样标注的。其实，从《缘起》和《章程》的实际内容看，叫“中国书业有限公司”名副其实，因为它的经营范围不限于图书出版发行。

至于中国图书公司或称中国图书有限公司，晚清民国时期上海倒是有过两家。据朱联保编撰《近现代上海出版业印象记》记载：1906 年苏州洞庭山人席子佩（裕福）与曾少卿发起组织中国图书公司，以出版小学教科书为业务重心。席、曾两人都是上海的大资本家；他们拉南通张謇为董事长。这个公司于 1914 年 4 月关闭，出盘给了商务印书馆，改名为中国和记图书公司。[①] 这个中国图书有限公司成立时曾在《申报》刊登广告，宋原放主编的《中国出版史料》收录了该公司的《招股缘起》、《章程》以

① 朱联保编撰：《近现代上海出版业印象记》，学林出版社，1993 年，第 103 页。

及《开收股份广告》。[①] 同是这一家公司，《上海出版志》所记有所不同，其“1843—1949 上海出版机构一览表”中，中国图书公司的创办时间标注为 1908—1918 年，地址在河南路（今河南中路），创办人、主持人为席豫福、傅子濂等[②]。“豫福”显然是“裕福”之误。席子佩（？—1929），原名裕福，字子佩，祖籍江苏吴县洞庭东山，迁居青浦（今属上海市）朱家角镇。清光绪二十三年（1897 年）冬其兄席子眉病逝，继任《申报》经理。美查公司因《申报》营业不振，于光绪三十二年（1906 年）正式以 75 000 元代价将《申报》全部产业出让给席子佩等人。清宣统元年（1909 年）正式签订合同，主权移归国人。民国元年（1912 年）席等又将《申报》产业以 120 000 元代价转让给史量才。可见，席子佩办中国图书有限公司，正是他接掌《申报》的初期。此公司与我们前面所叙述的中国书业有限公司显然没有什么联系；而迄今为止，还未见有关于中国书业有限公司的考证与分析。因此之故，上海市档案馆的那份史料也弥足珍贵。

二

良友图书印刷公司，是由广东人伍联德集资创办的一家以印刷业务为主的机构，发展成以出版为主的新型出版社。公司从 1925 年 7 月 15 日正式开张到 1946 年五六月间宣告停业，前后经历了二十多年的时间。在我国近现代众多的中小型出版机构中，算得上是历史比较悠久、影响也比较大的一家。[③] 良友公司是股份制的形式，起初主要从事印刷，称良友印刷公司。

据曾担任过《良友画报》主编的马国亮回忆：在良友公司史上，有几次招股融资活动。“良友开创之初，曾先后招股了两期：第一期为四万元，第二期为六万元。”“一九二九年初，为了更大地发展业务，良友公司又再一次扩充招股。”这次“共招十万元，分为一千股，每股百元，然后成立‘良友图书印刷股份有限公司’”[④]。而我们参照《上海通史 第10卷·民国

---

① 宋原放主编，汪家熔辑注：《中国出版史料》（近代部分 第三卷），湖北教育出版社、山东教育出版社，2004 年，第 151—158 页。

② 《上海出版志》编纂委员会编：《上海出版志》，上海社会科学院出版社，2000 年，第 251 页。

③ 王余光、吴永贵：《中国出版通史》（民国卷），中国书籍出版社，2008 年，第 116—121 页。

④ 马国亮：《良友忆旧：一家画报与一个时代》，生活·读书·新知三联书店，2002 年，第 47 页。

文化》，注意到两点不同：一是公司成立时间。二是第三期招股时间。①该书论述如下："1926 年底将公司迁至北四川路 20 号 B（商务印书馆对面、伊文思书局隔壁），增添机器，经营出版，加设出版部，为良友图书印刷公司，并且开始编辑出版其他书籍。""1928 年公司全年营业额二十五万多元，其中印刷占 33%，出版占 52%，其他体育用品占 15%。另外，已在香港、广州、梧州设立分公司。1928 年 11 月公司利用良友杂志良好的社会影响，向社会公开招募 10 万元（每股 100 元，共 1 000 股，其中400 股向老股东定向募集，另外 600 股向社会公开发售），将股本扩大到 20 万元。到 1931 年，在公司创办 7 周年之际，公司的年营业额已达到 53.4 万余元，还在全国和海外设立了 10 家分公司。良友已经成为全国一家知名的文化机构。这年 10 月，良友公司又一次扩充资本，向社会公开招股。此次同样招股 1 000 股（每股 100 元），40%向老股东定向募集，60%面向社会。经过这样扩张，公司的实力大大加强。"笔者的这些数据主要来自《上海良友图书印刷有限公司第二次扩充招股简章》、《创业七周年记》（《良友》1931 年 10 月第 62 期）、《1930 年 8 月 15 日上海良友图书印刷有限公司第二次公开招股简章》。

到底是 1928 年 11 月还是 1929 年初，良友公司再次面向社会招股，合理的解释是，1928 年 11 月公司公开发布招股简章，实际招股工作的完成在 1929 年初。马国亮先生是凭记忆写作的，说的大体也不错。至于良友图书印刷股份有限公司正式注册成立的时间，马国亮说是 1929 年，许敏说是 1926 年，看来值得商榷。笔者觉得，《旧中国的股份制（一八六八年——九四九年）》所收录的有关良友公司的几种史料有助于解开这个疑惑。

书中收录的第一种史料是《良友图书印刷股份有限公司创立会议决录（1927 年 7 月15 日）》。这个《会议决录》文字不多，抄录如下：

中华民国十六年七月十五日，良友图书印刷股份有限公司在上海北四川路本公司内举行创立会，计划到会股东五十二户，计五百六十二股；每股一权，计五百六十二权。即行开会，会推余汉生君为临时主席，报告筹备经过情形，经众认为满意，遂由主席将公司章程逐条

① 许敏：《上海通史 第 10 卷·民国文化》，上海人民出版社，1999 年，第 200 页。

宣诵，略经修改，即行通过。继由各股东投票选举董事、监察人，选举结果如后

董事：李自重　五百六十权

李伟才　五百三十二权

洪我仙　五百十二权

伍联德　五百零四权

陈爵信　四百八十四权

余汉生　四百六十八权

刘维贺　四百四十权

黄保民　三百八十五权

监察人：陈炳洪　五百五十四权

检查资产员，当议决由全体董事、监察人依照公司条例第一一四条之规定，详细检查报告本会。会议毕，略用茶点，遂即宣告散会。

临时主席余汉生

可见，股东正式议决成立良友图书印刷股份有限公司是 1927 年 7 月 15 日。此前公司自行如何称谓，与到政府有关部门登记注册，还是有出入的。此次会后，公司应该是正式向国民政府的全国注册局递交了有关材料。1928 年，全国注册局批令（第 2260 号）就是给良友公司的回复：

批良友图书印刷股份有限公司代理人潘序伦呈乙件，代理呈请公司成立注册由。呈件均悉。查所报告各件大致尚无不合，惟公司章程第三十六条关于公积金之提存未按照《公司条例》第一百八十三条办理，应修正；又股票样张印有摘录章程，其第三项载本公司股息订周年一分，按之原章，并无此项规定，究以何为据，应删除。统仰遵办具复。此批。

中华民国十七年九月十五日

局　长　李宗侗

副局长　任祖棻

这便是有关良友公司的第二种史料。全国注册局批复下达后，良友图书印刷股份有限公司就算名正言顺了。公司按照有关法律要求，很快在 1928 年 9 月出台了《良友图书印刷股份有限公司章程》和《上海良友图书印刷公司董事会章程》。这两份文件与一般公司章程和董事会章程没有

很大的区别。《公司章程》的原始档案缺第十一条。章程的“第一章 总则”如下：“第一条　本公司依照现行公司条例股份有限公司之规定，定组织名为：良友图书印刷股份有限公司。第二条　本公司设总公司于上海北四川路，分公司在香港、广州及其他大城市。第三条　本公司专营印刷及出版事业。第四条　本公司营业年限自成立起永远成立。第五条　本公司之公告方法以通函及登载上海通行日报两种以上。”公司的注册资本是20万元，分为2 000股。全部章程除“总则”外，另有“股份”，“股东会”，“董事、监察人”，“会计”，“附则”几章。《董事会章程》有18条，对董事的产生及补选办法、董事的任职资格及责权利、董事会的召开等有明确细致的规定，不再赘述。看来，马国亮先生说良友图书印刷股份有限公司正式成立是1929年是不够确实的。公司大致的发展过程及名称演变应该是：良友印刷公司（1925年）——良友图书印刷公司（1926年）——良友图书印刷股份有限公司（1928年）。

（原载《出版史料》2012年第4期）

参考文献

一、著作部分

[1] 商务印书馆编. 商务印书馆九十年——我和商务印书馆 [M]. 北京：商务印书馆，1987.

[2] 商务印书馆编. 商务印书馆九十五年——我和商务印书馆 [M]. 北京：商务印书馆，1992.

[3] 商务印书馆编. 商务印书馆一百年 [M]. 北京：商务印书馆，1998.

[4] 商务印书馆编. 商务印书馆百年大事记（1897—1997）[M]. 北京：商务印书馆，1997.

[5] 商务印书馆编. 商务印书馆一百一十年 [M]. 北京：商务印书馆，2009.

[6] 朱联保编撰. 近现代上海出版业印象记 [M]. 上海：学林出版社，1993.

[7] 王学哲，方鹏程. 勇往直前　商务印书馆百年经营史（1897—2007）[M]. 台北：台湾商务印书馆，2007.

[8] 王学哲，方鹏程. 商务印书馆百年经营史（1897—2007）[M]. 武汉：华中师范大学出版社，2012.

[9] 中共上海市委党史研究室，上海市总工会编. 上海商务印书馆职工运动史 [M]. 北京：中共党史出版社，1991.

[10] 汪耀华编选. 民国书业经营规章 [M]. 上海：上海书店出版社，2006.

[11] [法] 戴仁. 上海印书馆 1897—1949 [M]. 李桐实，译. 北京：商务印书馆，2000.

[12] 王云五. 商务印书馆与新教育年谱（全二册）[M]. 南昌：江西教育出版社，2008.

[13] 史春风. 商务印书馆与中国近代文化 [M]. 北京：北京大学出版社，2007.

[14] 李家驹. 商务印书馆与近代知识文化的传播 [M]. 北京：商务印书馆，2005.

[15] 汪家熔. 商务印书馆史及其他——汪家熔出版史研究文集 [M]. 北京：中国书籍出版社，1998.

[16] 杨扬. 商务印书馆：民间出版业的兴衰 [M]. 上海：上海教育出版社，2000.

[17] 王建辉. 出版与近代文明 [M]. 开封：河南大学出版社，2006.

[18] 胡国祥. 近代传教士出版研究 [M]. 武汉：华中师范大学出版社，2013.

[19] [美] 何凯立. 基督教在华出版事业（1912—1949）[M]. 陈建民，王再兴，译. 成都：四川大学出版社，2004.

[20] 范军. 中国出版文化史研究书录（1978—2009）[M]. 开封：河南大学出版社，2011.

[21] 吴相. 从印刷作坊到出版重镇 [M]. 南宁：广西教育出版社，1999.

[22] 吴方. 仁智的山水——张元济传 [M]. 上海：上海文艺出版社，1994.

[23] 王绍曾. 近代出版家张元济 [M]. 北京：商务印书馆，1984.

[24] 郭太风. 王云五评传 [M]. 上海：上海书店出版社，1999.

[25] 李西宁. 人淡如菊——张元济 [M]. 济南：山东画报出版社，1998.

[26] 柳和城. 张元济传 [M]. 南京：南京大学出版社，1996.

[27] 张人凤. 张菊生先生年谱 [M]. 台湾：商务印书馆，1995.

[28] 张人凤，柳和诚编著. 张菊生年谱长编 [M]. 上海：上海交通大学出版社，2011.

[29] 张人凤. 张元济研究文集 [M]. 上海：上海辞书出版社，2007.

[30] 海盐县政协文史资料委员会，张元济图书馆编．出版大家张元济——张元济研究论文集［M］．上海：学林出版社，2006.

[31] 张树年．我的父亲张元济［M］．上海：东方出版中心，1997.

[32] 陆廷珏等校点．张元济日记（上、下）［M］．北京：商务印书馆，1981.

[33] 张人凤整理．张元济日记（上、下）［M］．石家庄：河北教育出版社，2001.

[34] 王建辉．文化的商务——王云五专题研究［M］．北京：商务印书馆，2000.

[35] 朱永刚．王云五的出版经营管理思想与实践［M］．上海：华东师范大学出版社，2009.

[36] 王建辉．老出版人肖像［M］．南京：江苏教育出版社，2003.

[37] 王云五著，王学哲编．岫庐八十自述（节录本）［M］．上海：上海人民出版社，2007.

[38] 徐载平，徐瑞芳．清末四十年申报史料［M］．北京：新华出版社，1988.

[39] 吴永贵主编．中国出版史（上、下册）［M］．长沙：湖南大学出版社，2008.

[40] 宋原放，李白坚．中国出版史［M］．北京：中国书籍出版社，1991.

[41] 万启盈编著．中国近代印刷工业史［M］．上海：上海人民出版社，2012.

[42] 张秀民著，韩琦增订．中国印刷史（插图珍藏增订本）［M］．杭州：浙江古籍出版社，2006.

[43] 肖东发．中国图书出版印刷史论［M］．北京：北京大学出版社，2001.

[44] 汪家熔．中国出版通史·清代卷（下）［M］．北京：中国书籍出版社，2008.

[45] 王余光，吴永贵．中国出版通史·民国卷［M］．北京：中国书籍出版社，2008.

[46] 吴永贵．民国出版史［M］．福州：福建人民出版社，2011.

[47] 叶再生．中国近代现代出版通史［M］．北京：华文出版社，

2002.

[48] 王余光，吴永贵，阮阳. 中国新图书出版业的文化贡献［M］. 武汉：武汉大学出版社，1998.

[49] 中国近代现代出版史编纂组编. 中国近代现代出版史学术讨论会文集［M］. 北京：中国书籍出版社，1990.

[50] 范军. 中国出版文化史论稿［M］. 武汉：华中师范大学出版社，2012.

[51] 杨丽莹. 扫叶山房史研究［M］. 上海：复旦大学出版社，2013.

[52] 戚福康. 中国古代书坊研究［M］. 北京：商务印书馆，2007.

[53] 钱君匋. 书衣集［M］. 太原：山西人民出版社，1986.

[54] 应国靖. 现代文学期刊漫话［M］. 广州：花城出版社，1986.

[55] 俞子林编. 百年书业［M］. 上海：上海书店出版社，2008.

[56] 方汉奇主编. 中国新闻传播史（第二版）［M］. 北京：中国人民大学出版社，2009.

[57] 方汉奇. 中国近代报刊史［M］. 太原：山西教育出版社，1981.

[58] 秦绍德. 上海近代报刊史论［M］. 上海：复旦大学出版社，1993.

[59] 戈公振. 中国报学史［M］. 北京：中国新闻出版社，1985.

[60] 胡太春，李之杰. 中国报业经营管理史［M］. 太原：山西教育出版社，1998.

[61] 胡道静. 上海的日报［M］. 上海：上海通志馆，1935.

[62] 虞和平主编. 中国现代化历程（第一卷）［M］. 南京：江苏人民出版社，2007.

[63] 熊月之. 西学东渐与晚清社会（修订本）［M］. 北京：中国人民大学出版社，2011.

[64] 姚民权，罗伟虹. 中国基督教简史［M］. 北京：宗教文化出版社，2000.

[65] 陈伯海主编. 上海文化通史（上、下卷）［M］. 上海：上海文艺出版社，2001.

[66] 马光仁主编. 上海新闻史（一八五〇—一九四九）［M］. 上海：

复旦大学出版社，1996.

[67] 汪耀华编．上海书业名录（一九〇六—二〇一〇）［M］．上海：上海书店出版社，2011.

[68] 忻平．从上海发现历史——现代化进程中上海人及其社会生活［M］．上海：上海人民出版社，1996.

[69] 苏智良主编．上海：近代新文明的形态［M］．上海：上海辞书出版社，2004.

[70] 沈祖炜主编．近代中国企业：制度和发展［M］．上海：上海社会科学院出版社，1999.

[71] 张忠民．艰难的变迁——近代中国公司制度研究［M］．上海：上海社会科学院出版社，2002.

[72] 江满情．中国近代股份有限公司形态的演变——刘鸿生企业组织发展史研究［M］．武汉：华中师范大学出版社，2007.

[73] 朱荫贵．中国近代股份制企业研究［M］．上海：上海财经大学出版社，2008.

[74] 严亚明．晚清企业制度思想与实践的历史考察［M］．北京：人民出版社，2007.

[75] 李彤．近代中国公司法中股东权制度研究［M］．北京：法律出版社，2010.

[76] 上海市档案馆编著．旧中国的股份制（一八六八年——九四九年）［M］．北京：中国档案出版社，1996.

[77] 林德发．中国近代民族企业文化［M］．北京：经济管理出版社，2010.

[78] 邓荣霖．现代企业制度概论［M］．北京：中国人民大学出版社，1995.

[79] 刘明慧．现代企业制度概论［M］．北京：中国财政经济出版社，2005.

[80] 程爱娟．现代企业经济学［M］．上海：华东理工大学出版社，2002.

[81] 张彦宁．现代企业管理思想［M］．北京：中国展望出版社，1988.

[82] 陈桂玲．情感管理［M］．北京：中国纺织出版社，2002.

[83] 甘忠泽. 品牌形象策划——透视品牌经营 [M]. 上海：复旦大学出版社，2000.

[84] 魏杰，等. 产权与企业制度分析 [M]. 北京：高等教育出版社，1997.

[85] 郭红玉. 股份制与股份有限公司 [M]. 北京：人民出版社，1992.

[86] 夏乐书，等. 资本运营：理论与实务 [M]. 大连：东北财经大学出版社，2000.

[87] 牛国良. 现代企业制度 [M]. 北京：北京大学出版社，2002.

[88] 黄保强. 现代企业制度 [M]. 上海：复旦大学出版社，2004.

[89] 葛树荣，徐培新. 现代企业管理学 [M]. 青岛：青岛出版社，1996.

[90] [英] 艾兰·布雷克. 董事会的构建：企业成功的基点 [M]. 刘有发，等，译. 北京：经济管理出版社，2003.

[91] 周蔚华. 出版产业研究 [M]. 北京：中国人民大学出版社，2005.

[92] 史正富，刘昶. 看不见的所有者——现代企业的产权革命 [M]. 上海：格致出版社、上海人民出版社，2012.

[93] 周蔚华. 出版产业散论 [M]. 上海：复旦大学出版社，2009.

[94] 于友先. 现代出版产业发展论 [M]. 苏州：苏州大学出版社，2003.

[95] 于友先. 现代出版产业论集 [M]. 北京：中国书籍出版社，2004.

[96] 吴赟. 文化与经济的博弈：出版经济学理论研究 [M]. 北京：中国社会科学出版社，2009.

[97] 刘益，等. 出版社经营管理 [M]. 北京：中国书籍出版社，2009.

[98] 王关义，等. 中国出版业管理科学化案例研究 [M]. 北京：经济管理出版社，2008.

[99] 鲁湘元. 稿酬怎样搅动文坛——市场经济与中国近现代文学 [M]. 北京：红旗出版社，1998.

二、论文部分

[1] 刘东林. 关于公司产权制度的理论探索 [J]. 北华大学学报（社会科学版），2004 (1)：58—62.

[2] 罗必良，李孔岳. 公司产权：一个理论假说及其政策含义 [J]. 华中师范大学学报（人文社会科学版），2004 (2)：26—30.

[3] 游依群. 论公司产权的控制与运行 [J]. 上海大学学报（社会科学版），2002 (6)：73—77.

[4] 陈金威. 公司产权关系刍议 [J]. 财贸研究，2003 (1)：111—116.

[5] 蔡秀平. 股份公司的产权及其保护 [J]. 闽江学院学报，2004 (3)：32—34.

[6] 王代敬. 股份有限公司的产权关系 [J]. 当代经济研究，1996 (5)：44—45.

[7] 张仲怀. 建立现代企业组织制度及运行机制的设想 [J]. 兰州大学学报（社会科学版），1994 (4)：18—22.

[8] 李鹏. 公司规模与组织制度 [J]. 企业管理，2003 (11)：92—95.

[9] 熊国胜. 建立科学高效的现代企业组织制度 [J]. 鄂州大学学报，1997 (1)：9—12.

[10] 王长春. 完善公司组织机构　实施现代企业制度 [J]. 经济管理学报，1997 (5)：11—13.

[11] 张秀丽. 完善现代企业制度　调整企业组织结构 [J]. 黄河科技大学学报，2004 (6)：57—64.

[12] 石五学. 论现代企业组织制度 [J]. 河南师范大学学报（哲学社会科学版），1996 (5)：30—31.

[13] 李晓冰. 出版集团的资本运作与财务管理 [J]. 出版广角，2003 (12)：27—28.

[14] 刘学，庄乾志. 如何正确认识企业资本运营 [J]. 中国民营科技与经济，1998 (3)：14—15.

[15] 李旭茂. 出版资本运营要点——出版资本运营若干问题之三 [J]. 出版经济，2001 (8)：23—26.

[16] 李华. 从辽宁出版传媒上市谈出版业的资本经营 [J]. 科技与出版，2008 (2)：23—24.

[17] 邱勤. 买房市场下的出版经营观 [J]. 天津商学院学报，2004 (6)：67—71.

[18] 长洲. 试论商务印书馆的成功之路——祝商务印书馆建馆 100 周年 [J]. 编辑学刊，1997 (3)：57—58.

[19] 高晓东. 20 世纪 30 年代商务印书馆科学管理改革述评 [J]. 理论界，2009 (10)：109—110.

[20] 潘文年. 20 世纪前半期的商务印书馆给我国现代出版企业的启示 [J]. 出版科学，2007 (2)：90—92.

[21] 钱益民. 1920—1921 年商务印书馆的改革 [J]. 浙江师范大学学报 (社会科学版)，2002 (3)：54—58.

[22] 陈江. 百年风雨　人间正道——商务印书馆百年简述 [J]. 中国出版，1997 (5)：7—9.

[23] 汪家熔. 抗日战争时期的商务印书馆 [J]. 编辑学刊，1995 (3)：85—90.

[24] 汪家熔. 抗日战争时期的商务印书馆（二） [J]. 编辑学刊，1995 (4)：90—95.

[25] 汪家熔. 抗日战争时期的商务印书馆（三） [J]. 编辑学刊，1995 (5)：84—90.

[26] 汪家熔. 抗日战争时期的商务印书馆（四） [J]. 编辑学刊，1995 (6)：88—92.

[27] 汪家熔. 抗日战争时期的商务印书馆（五） [J]. 编辑学刊，1996 (1)：72—74.

[28] 张志成. 创新与商务印书馆早期成长关系探析 [J]. 北京印刷学院学报，2008 (6)：13—17.

[29] 房鑫亮. 国难后商务印书馆的复兴 [J]. 探索与争鸣，2005 (8)：49—53.

[30] 张志强. 记录百年商务的光辉足迹——近 20 年来商务印书馆史研究著作述评 [J]. 中国出版，2001 (5)：51—52.

[31] 王建辉. 旧时代商务印书馆与政府关系之考察（1897—1949） [J]. 出版广角，2001 (1)：65—70.

[32] 王建辉. 旧时商务印书馆内部关系分析 [J]. 武汉大学学报(人文科学版), 2002 (4): 503—509.

[33] 林尔蔚. 商务印书馆前期经营管理思想 [J]. 上海大学学报(社会科学版), 1987 (3): 14—17, 43.

[34] 张丽明. 商务印书馆早期成功因素简析 [J]. 出版科学, 2007 (1): 89—90.

[35] 田浩. 谈商务印书馆人力资源管理之理念 [J]. 科技创新导报, 2008 (3): 70.

[36] 林君. 早期商务印书馆资金开拓 [J]. 编辑之友, 2007 (6): 83—85.

[37] 魏玉山, 孙煜华. 百战不殆的秘密——建国前商务印书馆、中华书局成功原因浅析 [J]. 编辑之友, 1995 (1): 60—63.

[38] 张丽明. 商务印书馆早期成功因素探析 [J]. 学习月刊, 2006 (10): 32—33.

[39] 吴永贵. 商务印书馆: 近代出版机构中保持活力的典范 [J]. 编辑之友, 2008 (5): 75—78.

[40] 李映辉. 论商务印书馆早期成功之道 [J]. 长沙大学学报, 2003 (3): 54—57.

[41] 应中伟, 夏洪胜. 商务印书馆核心能力的特征及其构成 [J]. 企业经济, 2005 (4): 55—56.

[42] 宋缨. 商务印书馆与中国现代出版文化 [J]. 出版科学, 2004 (5): 71—74.

[43] 李辉. 激动文化潮流——新文化运动中商务印书馆的改革 [J]. 中国出版, 1998 (4): 49—51.

[44] 王建辉. 上海商务印书馆编辑薪水和作者稿酬问题 [J]. 出版发行研究, 2002 (8): 65—72.

[45] 高信成. 商务印书馆发行队伍培训之回顾 [J]. 图书发行研究, 1995 (3): 42—45.

[46] 高信成. 商务印书馆发行队伍培训之回顾 (续完) [J]. 图书发行研究, 1995 (4): 44—45.

[47] 高小坤. 从"汉译名著 (珍藏本)"的校对看商务印书馆的校对管理 [J]. 中国出版, 2010 (2): 62—63.

[48] 王清．商务印书馆与中国近代版权保护（上）[J]．出版发行研究，1992（6）：53—55.

[49] 王清．商务印书馆与中国近代版权保护（下）[J]．出版发行研究，1993（1）：55—58.

[50] 王清．商务印书馆近代版权工作实践 [J]．法学杂志，1992（6）：11—13.

[51] 李辉．从张元济到王云五：以教育为己任——商务印书馆早期出版选题普及教育内涵初探 [J]．中国出版，1998（9）：51—53.

[52] 李凤雨．开近代文化企业先河——商务印书馆的创始人夏瑞芳 [J]．科技文萃，1994（10）：143—144.

[53] 柳和城．商务印书馆法律顾问丁榕 [J]．出版史料，2003（3）：86—92.

[54] 李辉．试论王云五在中国现代出版史上的地位 [J]．河南大学学报（社会科学版），2009（1）：92—96.

[55] 高生记．王云五的出版理论与实践 [J]．山西师范大学学报（社会科学版），2002（2）：143—147.

[56] 严如平．试论王云五在中国近代出版史中的地位 [J]．民国档案，1992（4）：91—97.

[57] 王中忱．新式印刷、租界都市与近代出版资本的形成 [J]．中国现代文学研究丛刊，1999（1）：125—135.

后　记

做出版工作，最大的矛盾是文化与经济的冲突。实现二者的平衡，达到两个效益的统一，一直是出版人孜孜以求的目标。而无论是对宏观层面的出版行业来说，还是对微观层面的出版机构而言，要想出版事业健康持续发展，出版产业不断进步壮大，制度建设与路径选择无疑是至关重要的。

笔者长期在出版机构从事实际的经营管理工作，深知平衡文化与经济之不易，也深感企业制度建设之重要，于是在产、学、研的结合中尝试将出版企业制度问题作为一个关注点。五年前，我的硕士研究生何国梅做学位论文时，便一起商定以晚清民国时期的商务印书馆企业制度研究作为主题。后来，本人又指导其他研究生选做书业企业制度的硕士、博士学位论文。自己也围绕这个方面写作和发表了几篇文章，引起了同行和学界的注意，得到学术圈子里一些朋友的鼓励。这无疑激发了我对此问题进行更加深入探究的兴趣。

我国大陆地区是在 20 世纪 90 年代初提出建立现代企业制度的。此后，对于企业制度尤其是股份有限公司制度的研究，逐渐成为学术界的一个热点。但在出版业界和出版学界，直到 2003 年中央提出文化体制改革方案，后来又启动出版机构的转制改企工作，现代企业制度的探索与研究才在这个领域逐渐受到重视。也正是在这一背景之下，我和何国梅商议将老商务的企业制度研究进一步拓宽和拓深。后来这一研究课题有机会申报了上海“文汇·彭心潮优秀图书出版基金”项目，并幸运地获得了批准。这里要特别感谢基金会秘书长潘大明先生的关心和一再督促，也要特别感谢时任复旦大学出版社有限责任公司董事长的贺兄圣遂给予的极大信任和鼎力支持。倘若没有他们的关爱与督责，这个项目有可能半途而废。

承接任务之后，由于何国梅初入职场，刚到编辑行列工作，不久又面临结婚生子的人生重任，加之我本人诸事繁杂，俗务缠身，书稿撰写任务一再延宕。现在，我们克服困难，勉力而为，同时适当调整写作策略，终于在2014年岁末之前交出了这份实在自己都还很不满意的答卷。其匆忙之中的疏忽、肤浅与错讹一定在所难免，只好等出版后接受同行与方家批评指正，也希望以后有再版和完善的机会。

在书稿的写作和出版过程中，我指导的博士生欧阳敏、宋泉前期帮忙查找资料，后期参加核实资料、引文，校对文稿，付出了辛勤的劳动；出版社张小新书记、段维总编辑等各位社领导从多方面给予关心、理解和支持，严定友副总编辑亲自终审把关，张忠、冯会平、刘敏、甘英、章光琼几位主任及时安排申报选题、编审加工、排版校对、装帧设计、下厂印刷等工作，使得相关工作的推进忙而有序，快而不乱，一路顺畅。倘若没有这么多同道、同事、同学的帮助，本书的问世还可能遥遥无期。

写作这篇“后记”之时我正远在北国京城，屋外已是寒冷的冬日，室内却洋溢着浓浓的暖意。今天正是西方的感恩节。我也不妨赶一下时髦，洋为中用：借此机会，以感恩之心，为我的亲人和朋友们送上最诚挚的谢意和最美好的祝福。

范　军

2014年11月27日